深部岩土力学与地下工程国家重点实验室
中国矿业大学(北京)公共危机管理与决策实验室
研究成果

高等教育应急管理系列教材

总主编　范中启

应急法治概论

主　　编　李遐桢
副 主 编　殷召良　卜　素
编写人员　朱梦妮　李　彬　刘　宇
　　　　　杨　洋　胡延玲　陈　冉
　　　　　张榆青　杨俊杰　荆　京

应急管理出版社
·北　京·

内 容 提 要

本教材以习近平法治思想为基本指导思想，系统介绍了应急法治基本理论和事故灾难、公共卫生事件、自然灾害等各类具体突发事件的应对法律制度。全书分为总则和分则。总则部分主要是关于应急法概述、应急工作体制和机制、预防与应急准备、应急处置与救援、恢复与重建等法律制度；分则主要介绍生产安全事故应急法律制度、道路交通安全事故应急法律制度、消防法律制度、防灾减灾法律制度和突发公共卫生事件应急管理法律制度等内容。

本书既可供高等院校师生、科研院所人员教学、学习和研究使用，也可为法律实务人员、应急管理人员、应急监管人员理解和适用相关法律法规提供有益参考。

序

德国著名社会学家乌尔里希·贝克（Ulrich Beck）指出，人类已经进入一个风险社会，在风险社会中，不明的和无法预料的后果成为历史和社会的主宰力量。2020年初，一场突如其来的新冠肺炎疫情对世界产生了重大影响。据美国约翰斯·霍普金斯大学统计数据显示，截至2021年10月底，全球累计确诊新冠肺炎病例超2.47亿例，全球新冠肺炎死亡病例超过500万例，而且全球疫情下降的拐点还没有出现。在全球性风险社会背景下，突发事件应急管理成为一种新常态。

应急管理是国家治理体系和治理能力的重要组成部分，加强应急管理体系和能力建设、有效应对风险挑战是推进国家治理体系和治理能力现代化的内在要求。党的十九大报告对应急管理作出重要战略部署并明确提出，要坚持总体国家安全观，构建满足人民美好生活需要的公共安全体系；十九届四中全会提出，要健全公共安全体制机制，优化国家应急管理能力体系建设；十九届五中全会进一步提出，要不断健全重大风险防范化解体制机制，显著增强突发公共事件应急能力。

从实践来看，2003年“非典”疫情对我国公共卫生体系造成了巨大冲击，成为我国应急管理的重大转折点，在这之后以“一案三制”为核心的应急管理体系逐步建立起来。2018年4月应急管理部的组建，实现了应急管理从综合协调体制向统一指挥、权责一致、权威高效体制转变，从多部门协同应对向更加专业化、职业化管理转变，从临时性指挥机构向常设制、常态化治理组织转变，从侧重应急处置向危机管理全过程转变，新时代中国应急管理体系得到逐步完善。2020年初暴发的新冠肺炎疫情是新中国成立以来我国遭遇的传播速度最快、感染范围最广、防控难度最大的重大突发公共卫生事件。以习近平同志为核心的党中央统揽全局、果断决策、科学防控，取得了疫情防控阻击战的重大战略成果，统筹推进疫情防控和经济社会发展取得显著成效，向世界重大突发公共卫生事件应急管理贡献了“中国智慧”和“中国方案”。

为了适应形势发展的需求，更好地开展高等学校应急管理的教学科研工作，中国矿业大学（北京）公共危机管理与决策实验室整合学校“安全科学与工程”国家一流学科的优势办学资源，联合中国矿业大学、华北科技学院等学校的优秀学者编写了这套高等教育应急管理系列教材。系列教材具有如下特色：一是体系完整，基本涵盖了应急管理专业教育的主要知识领域，能基本满足应急管理专业教学需求；二是内容较新，反映了国内外应急管理研究领域的最新成果，为该领域的教育者、学生、实践工作者提供最新信息和资料；三是应用性强，兼顾管理和技术两个维度，理论与实践相结合，偏重应用性。

教材编写是一项艰巨的系统工程。应急管理学科是一门正在快速发展的学科，其包含的知识面广、知识点多，涉及的问题复杂。在编写过程中，我们遵循了系统、全面、科学的原则，力求使系列教材涵盖应急管理专业教育的基本理论、基本方法、主要内容。但由于理论演进需要一个过程，同时应急管理领域还有很多问题需要进一步深入研究和探讨，也受制于编者的精力和能力，因此系列教材难免存在一些不足和缺陷，希望读者提出宝贵意见和建议。

这套高等教育应急管理系列教材是中国矿业大学（北京）公共危机管理与决策实验室的研究成果，也是校企合作、科教融合协同育人的最新成果。感谢中国矿业大学（北京）深部岩土力学与地下工程国家重点实验室何满潮院士团队、威讯柏睿数据科技（北京）有限公司给予的支持；感谢参与系列教材编写的专家和学者，他们认真负责、严谨务实的态度深深感动了我；也感谢应急管理出版社为系列教材的出版付出的大量心血。

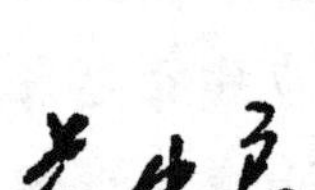

2021年11月

于中国矿业大学（北京）

前　言

保护人民群众生命财产安全和国家安全，需要全面提高国家应急能力，这需要法治保驾护航。每一种具体的安全，皆有相应的应急法律制度。有信息安全，则有信息安全方面的应急法律制度；有生物安全，则有生物安全方面的应急法律制度；有能源安全，则有能源储备、能源供应方面的应急法律制度；有生产安全，则有生产安全事故应急法律制度。应急具有专业性，关于应急的法律制度分散在《安全生产法》《传染病防治法》《防震减灾法》《防洪法》《抗旱条例》《草原法》《森林法》《消防法》《电力法》等诸多法律之中。我国制定了《突发事件应对法》，该法适用于事故灾难、公共卫生事件、自然灾害和社会安全事件应对。同时，《安全生产法》《生产安全事故应急条例》对生产安全事故应急作了规定；《传染病防治法》《突发公共卫生事件应急条例》对传染病等突发公共卫生事件应急作了规定；《防震减灾法》对应对地震这一自然灾害作了规定。而每一种突发事件的应急法律制度又有大量法律、法规和规章构成。例如，涉及自然灾害应对的法律主要有《防洪法》《森林法》《气象法》等。随着新时代中国特色社会主义现代化建设的不断发展，应急管理愈发重要，侧重安全与应急教学与研究的院校，其法学专业和应急管理专业多开设应急法治或者应急管理法课程，但目前市场上应急法治方面的教材不多。因此，我们组织多年讲授应急管理法课程的相关教师编写了本教材。本教材的主要特点如下：

一是作者全部来自于中国矿业大学（北京）从事法学本科、研究生教学工作的专职教师，这些教师具有多年从事应急法治教学的经验，以及扎实的法学专业理论基础、良好的专业知识水平。

二是总体结构设计注重全面性和系统性。本书前五章属于总则部分，以《突发事件应对法》作为蓝本，包括预防和应急准备、监测与预警、应急响应与处置、事后恢复与重建等；本书后五章则分别对生产安全事故、道路交通安全事故、火灾事故、防灾减灾及突发公共卫生事件的应急法律制度进行介绍。

每章开头用一段话引出本章内容，每章结尾列出本章重点，以课后习题引导学生复习和巩固所学知识，这样设计便于学生全面、系统学习，了解应急法律制度。因社会安全事件以及其他突发事件的应对具有很强的专业性和复杂性，鉴于本书编者能力有限，本教材不作介绍。

三是内容简洁明了，突出重点，并注重理论深度的拓展。本教材面向本科生，因此行文时特别注重对应急法的基本概念、基本知识、基本理论及主要法律制度的内容进行全面系统的阐述。

本教材是中国矿业大学（北京）法学系各位老师的集体成果。本书主编由李遐桢担任，副主编由殷召良、卜素担任。本教材的编写分工如下：第一章第一至四节、第三章第二节、第十章由李遐桢编写；第一章第五至六节由杨洋编写；第二章由殷召良编写；第三章第一节由荆京编写；第三章第三节、第五章第四节由李彬编写；第三章第四节由卜素编写；第四章由杨俊杰编写；第五章第一至三节由刘宇编写；第六章由朱梦妮编写；第七章由陈冉编写；第八章由胡延玲编写；第九章由张榆青编写。

我们虽然付出了最大的努力，但受学识所限，本书定然存在这样或那样的问题，如有不当之处，请学界同仁和读者予以海涵并指正。

编　者

2023年2月

目 录

第一章
应急法概述

应急与安全相伴而生。“凡事预则立，不预则废”，所以预防发生突发事件恰恰是最好的应急。为应对突发事件，需进行突发事件的预防工作与应急准备工作，并对可能发生的突发事件进行监测与预警；一旦发生突发事件，则启动应急预案，采取断然措施，防止事态恶化和造成更大损失。在突发事件消除后，重建家园、恢复秩序，继续我们的正常生活。所有这些，都需要在法治轨道上运行，应急法应运而生。

第一节 安全、风险、应急与应急法

德国学者贝克说“现代社会是一个风险社会”。在今天的全球风险社会和中国高风险社会中，风险、灾害、危机管理的重要性无须多言。如果说风险社会意味着一个时代性的转变，那么人类如何与风险、危机、灾害共生，就是我们这个时代最为重要、紧迫的研究主题[①]。应急则是针对风险、危机和灾害采取的措施。我国正处于伟大复兴的关键时期，但事故灾难、公共卫生事件、自然灾害、社会安全事件等各种风险交织叠加，传统风险与非传统风险共存，在全面依法治国的今天，依法防控各种风险，确保人民群众生命、财产安全是应急管理工作的重要任务，是以人为本、人民至上、生命至上的迫切需要，是建设平安中国，确保国家、社会、人民安全的重要举措。故此，应急法治建设对当下之中国应对各种灾害具有特别重要的意义。

一、安全的概念

什么是安全，是一个仁者见仁智者见智的问题，但学术界对安全是什么的追求从没有停止过。安全是一个与危险相对的概念，一般认为，安全泛指没有危险、不受威胁和不出事故的状态或条件[②]。人们需要安全，而对安全构成的威胁则是各种风险。从风险的概念出发，有学者认为安全应定义为“免除了不可接受的伤害或损害风险的状态”[③]。因此，安全的概念和风险的概念密切相关，界定安全是什么，就需要明确“风险”是什么，即在可接受的风险范围内则被视为安全，超越了可接受的风险范围则属于不安全。

---

① 童星，张海波．风险灾害危机研究［M］．北京：社会科学文献出版社，2017：1.
② 罗云．安全学［M］．北京：科学出版社，2015：1.
③ 同②：4.

二、风险的概念、特征与分类

（一）风险的概念

自从有人类以来，风险始终相伴。但“风险”这一概念由早期西方探险家首先使用并发展起来。它最早出现于西班牙语和葡萄牙语中，意指在危险的水域中航行，后来才渐渐演变成英语单词。由此可见，“风险”一开始就带有空间的含义。后来，“风险”被运用于商业和贸易中时，它与时间的联系变得更紧密起来。这一术语也被进一步拓宽，用以指代其他不确定的情境①。风险的描述一般是通过阐述危险造成的伤害或损失的可能性来进行的，通常包括识别处于危险之中并可能受伤害或损失的对象，例如人类健康或生态系统、个人财产、生活质量、从事某项活动的能力，以此来判断可能引起该损失的危险和伤害出现的可能性。

随着技术发展，人类对自然的控制能力越来越强，风险并未变得越来越小，技术发展所带来的不可预知的风险越来越多，风险也越来越大。例如，随着采煤技术的发展，采煤技术进步带来了更多不可预知的风险。再如，人类探索太空技术的发展，带来了越来越多未知的风险。尤其是很多现代工业活动对周围的人身、财产、环境具有高度危险性，但我们的社会并没有允诺不惜一切成本保护生命，因此人类不但认可了这些活动的存在，而且还从这些活动中创造了大量的物质财富供人类享用。从经济学的角度来看，最安全的成本最高，现代社会允许合理的、合法的风险存在，有时我们也愿意承受风险去从事某些活动。例如，乘坐飞机显然比步行或骑自行车风险更大；再如，投资者甘愿冒失去成本的风险而投资。在创建有活力的经济和创新型社会中，主动承担风险是一个不可或缺的核心元素，甚至成为推动社会发展的潜在动力。风险成为改变这个什么事情都可能发生的世界的推动力②。风险除了被认为与危险相关之外，也被视为全球资本发展的推动力、进步的积极力量，以及参与基于技术的全球化时代的前提。所以，风险是一把双刃剑：一方面带来了经济利益，另一方面则潜伏着对周围生命、财产或环境的危害。因此，虽然我们知道自己的行为或周围的工业活动存在风险，但必须依法负担容忍义务。但是，风险必须控制在可以被接受的程度，这就是可接受风险（Acceptable Risk）。可接受风险是指根据组织法律义务和职业健康安全方针已降至组织可容许程度的风险。现代社会，高度危险作业越来越多，我们要容忍高度危险作业，适当的冒险是社会创新的成本。但是，风险必须控制在人们能够接受的程度，否则就构成不能忍受的风险。风险是指在某一特定环境下，在某一特定时间段内，某种损失发生的可能性。风险是突发事件的诱因，突发事件是风险的结果。当然，并非所有的风险都能引起突发事件的发生，只有当风险释放所造成的危害达到一定程度，对周围的人身、财产、环境构成威胁时，风险才转化为突发事件。所以，风险是指

① ［英］大卫·丹尼．风险与社会［M］．马缨，王嵩，译．北京：北京出版集团公司，2009：7.

② 同①：10.

可能发生的，伤害人身安全和健康，或者损坏设备设施，或者造成经济损失的各种突发事件的不确定因素。

（二）风险的特征

一般认为，风险具有以下几个方面的特征：

一是风险具有客观性。无论是自然灾害，还是事故灾难，抑或是公共卫生事件或社会安全事件，其风险都是客观存在的，并不以人的意志为转移。但是，风险是否会导致事故，以及虽然导致事故但可能产生的影响，往往根据既有经验和措施难以判断、掌控，处理不当就可能导致事态迅速扩大。因此，基于风险的可识别性，人类需要对各种风险进行辨识并采取有效的行动，将风险控制在可接受的程度。

二是风险转化为突发事件具有可能性。风险控制措施得当，其在可接受范围内，通常并不会导致事故发生。但是，风险管控措施不当，则会转化为突发事件。因此，风险是否会转化为突发事件以及何时转化，具有可能性。突发事件一旦发生，将给国家、社会和人民群众造成损害。因风险导致突发事件发生的时间具有不确定性，风险转化为突发事件具有突发性特点。

三是风险是不断变化的。人类必然面对各种各样的风险，但风险并非一成不变。有些风险是过去就有的，例如地震；有些风险，则随着经济社会的发展和技术的进步而不断出现，例如航空技术带来的风险；有些风险则随着人类技术的进步而消失，例如鼠疫现在大规模暴发的概率几乎为零。

四是风险在一定程度上具有可预测性。风险并非深不可测，其有大有小，人类是可以预测的，否则也就不存在各种风险管控制度。各项风险管控措施都基于风险的可预测性、可管控性。

（三）风险的分类

风险的类型很多，应急法治中的风险，既有关系到国家安全、民族危亡的战争、紧急状态等，也有自然灾害、事故灾难、公共卫生事件、社会安全事件，还有环境污染、生态破坏等。无论刑法、民法等实体法，还是诉讼法等程序法，都是为控制风险而生。例如，刑法通过刑事制裁手段打击犯罪，防止犯罪行为发生；民法则通过调整平等主体之间的财产关系与人身关系，防止发生违约、侵权等行为；诉讼法则通过诉讼程序的设计防止诉讼过程中产生的各种风险。所以，控制风险是法律的主要使命，每一部法律都有要控制的特定风险。本书中所讲的风险主要是指《突发事件应对法》中的突发事件。依据《突发事件应对法》，突发事件是指突然发生，造成或者可能造成严重社会危害，需要采取应急处置措施予以应对的自然灾害、事故灾难、公共卫生事件和社会安全事件。依据《突发事件应对法》第六十九条，发生特别重大突发事件，对人民生命财产安全、国家安全、公共安全、环境安全或者社会秩序构成重大威胁，采取本法和其他有关法律、法规、规章规定的应急处置措施不能消除或者有效控制、减轻其严重社会危害，需要进入紧急状态的，由全国人民代表大会常务委员会或者国务院依照宪法和其他有关法律规定的权限和程序决定。

紧急状态期间采取的非常措施，依照有关法律规定执行或者由全国人民代表大会常务委员会另行规定。故此，至于战争等引起的紧急状态或者自然灾害等突发事件引起的紧急状态，则主要由《宪法》《戒严法》《反恐怖主义法》《反分裂国家法》等法律调整。因此，本书之风险限于导致《突发事件应对法》规定的突发事件发生的风险。安全之概念非常广泛，有国家安全、经济安全、能源安全、金融安全、生产安全、消防安全、交通安全等。不同的安全面临的风险也不同，例如网络安全面对的风险与能源安全面对的风险相去甚远。因此，本书研究之风险防控不可能面面俱到，而仅限于自然灾害、事故灾难、公共卫生事件等风险。

从风险管控角度，社会风险与私主体风险的管控主体和管控方式存在较大差别。私主体风险具有很大的公共性，因此，法律通常规定私主体应该承担风险管控的义务。但风险又与人民群众的生命财产密切相关，国家也要承担相应的风险管控责任。例如，生产经营单位要建立风险管控制度并对本单位风险采取相应的管控措施；而地方人民政府则需要从外部对生产经营单位的风险高低进行评估，确定并依法采取相应的管控措施。

三、应急、应急管理的概念

有的学者认为，“应”和“急”就是“防”与“救”的关系①。“应急”由“应”和“急”构成，“急”即急事，也就是灾害事故。“应”是指应对、应付，也就是如何处置与“急”相关的事件。在现代汉语中，应急通常是指应付迫切的需要，即在迫切需要的情形下，才会出现应急问题。因此，在语义学意义上，应急多强调各种危险因素导致突发事件发生后，所采取的各项措施，而非“防”和“救”的关系。“防患于未然”则需要“未雨绸缪”，风险管控对于防止风险演变为突发事件具有非常重要的作用。现代意义上的应急是指为应对各种可能发生或者已经发生的突发事件而采取的各种措施，包括技术、经济、物资、救援、管理、法治等。所以，风险防控问题不但是技术问题，还是管理问题，应急管理的概念应运而生。

应急管理有横向的，即企业对各类风险的管理；也有纵向的，即政府对各类风险的管理。为应对各种突发事件，应急管理作为一门科学而存在。但是，何谓“应急管理”，有不同的认识。例如，有学者认为，公共管理视角下的应急管理就是“应用科学、技术、规划与管理，应对能造成大量人员伤亡、带来严重财产损失、扰乱社会生活秩序的极端事件”②。美国联邦应急管理署（Federal Emergency Management Agency，FEMA）定义应急管理为“有组织地分析、规划、决策和分配可利用的资源以针对所有的风险灾难完成缓解（包括减少负面影响或防止）、准备、响应和恢复等功能”。基于《突发事件应对法》，应急管理是应对突发事件的管理，是对突发事件预防与应急准备、监测与预警、应急处置与

---

① 杨月巧．新应急管理概论［M］．北京：北京大学出版社，2020：12.

② ［美］米切尔·K·林德尔，卡拉·普拉特，罗纳德·W·佩里．应急管理概论［M］．王宏伟，译．北京：中国人民大学出版社，2013：5.

救援、事后恢复与重建等一系列管理活动的概括。2018 年应急管理部组建后，有学者认为从“防与救”来理解的应急是全灾种、大应急，我国的应急管理是大应急管理，“大”应急管理是一种综合性的管理活动。具体而言，应急管理应该包括应急预案体系建设、应急设备和基础设施建设、危险源与风险监测、隐患排查与防范、应急演习演练、应急宣传和培训、应急公众教育、应急科学和技术发展、应急救援设备设施建设和维护、应急救援队伍建设、应急储备建设、预测与预警、应急处置、恢复与重建、应急保障，以及应急责任追究与奖励等与突发事件应对直接或间接相关的多项内容。总之，大应急管理就是全灾种的防范、救助、救援一体化的综合减灾管理①。

本书认为，基于突发事件种类多样，自然灾害仅为其一。但自然灾害之类型多样，如果把自然灾害之应急管理称为“大”应急，也是一种相对的“大”，就是将所有的自然灾害的应急管理进行综合性管理。因导致突发事件发生的原因不同，应对具有相当程度的专业性，所以不可能由一个部门承担所有突发事件的应急管理工作。例如，核风险应急管理工作与网络安全应急管理工作存在天渊之别，难以也不可能由某一个部门来综合管理，而必然需要在党的领导下，由人民政府承担统一领导职责，协调各部门、调动各方力量应对突发事件的救援和处置。但是，日常应急管理工作，例如风险管理等仍由相关部门具体负责。正因如此，应急管理部门、公安部门、卫生健康主管部门等都是应急法的执法主体。

四、应急法的概念

法是由国家制定或认可并由国家强制力保证实施的，反映统治阶级意志的规范体系，这个意志的内容是由统治阶级的物质生活条件决定的。这是法的最基本的构成要素，是所有部门法在满足各自法律关系内部的调整要求之前必须首先满足的条件。准确掌握法的基本特征，对于认识理解法的含义和有效运用法律具有重要作用。

首先，法是一种特殊的社会规范。在法律规范出现之前，人类社会也有一些原始的自然规则，这些规则在一定程度上也能起到约束社会主体之间行为的作用。但是，较之道德、风俗习惯和宗教等其他规范，法律规范具有国家性、普遍适用性、强制性和严谨程序性等特点。这些特性从根本上区别于道德宗教等其他规范。法律是一种特殊的社会规范。

其次，法律是由国家制定或认可的。规范的效力往往由规范制定机关的权力位阶来决定。法律的制定机关是国家的立法机关，代表着国家的意志和权力。因此，法律的效力具有优先性和高效性。

再次，法律规定了权利和义务。法律权利和法律义务是相互依存的关系，法律权利的实现必须以相应法律义务的履行为条件。法律权利与法律义务是目的与手段的关系。离开了法律权利，法律义务就失去了履行的价值和动力。同样，离开了法律义务，法律权利也

① 杨月巧．新应急管理概论［M］．北京：北京大学出版社，2020：12.

形同虚设。

最后，法律是由国家强制力保证实施的，具有普遍约束力。法律是强制性规范，是国家运用警察、法院和监狱等国家机器保证其效力实现的。因此，法律具有至高的权威性和执行力，任何社会主体都必须遵守。任何违反法律的主体和行为都必将受到法律的制裁。

根据马克思辩证唯物主义阶级本质划分方法，可以准确概括出法的本质。首先，法是统治阶级意志的体现。它是在调整社会关系的过程中，由居于统治地位的阶级根据自己的意志和利益所制定的规范。因此，法律是统治阶级用来维护本阶级整体利益，统治被统治阶级的工具。其次，法是上升为国家意志的统治阶级意志。社会各阶级都存在各自的意志和利益，维护本阶级利益的方法和手段与社会其他阶级是一致的，效力都必须居于国家权力之下。但是，获得了统治阶级地位的阶级可以获得国家赋予统治阶级的权力，代表国家，运用国家最高权力来维护本阶级的利益。在权力位阶上居于统治地位，在这点上统治阶级是根本区别于被统治阶级的。最后，法的内容是由统治阶级的物质生活条件所决定的。经济基础决定上层建筑，马克思辩证唯物主义论准确定义了物质对意识的决定性作用。生产力的发展根本地决定了生产关系，而生产关系是法律关系中的决定性关系，也是决定统治与被统治阶级关系的根本因素。因此，在理解法的本质和含义时，必须从统治阶级的物质生活条件和生产力发展水平上来认识法的根本属性。

法律是行为规范，应急法也不例外，它以调整人的行为作为手段，达到调整社会关系的目的。从最广泛意义上讲，任何法律都是保护安全的，有的保护国家安全，有的保护经济安全，有的保护个人生命财产安全，虽然这些法律制度并未冠以“应急法”之名。从广义上讲，应急法是指调整人们在应对各类突发事件过程中产生的社会关系的法律规范的总称。它不但包括《突发事件应对法》，还包括《宪法》《戒严法》《反分裂国家法》《安全生产法》等。狭义上的应急法则是指以《应急管理法》命名的法律，我国尚无以应急管理法命名的法律，但我国有《突发事件应对法》。《突发事件应对法》是关于事故灾难、公共卫生事件、自然灾害和社会安全事件应对的法律制度，具有相对的综合性，从这个意义上讲，《突发事件应对法》在我国是狭义的应急法。

我国应急管理中有“一案三制”的提法，即应急预案、应急体制、应急机制和应急法制。“一案三制”并非并列关系，而是互相作用的，无论是应急预案的编制、演练、修改、启动，还是应急体制或者应急机制，都要依法而为，应急法制是对“一案二制”的调整。反之，应急预案、应急体制、应急机制又影响应急法制建设，甚至不同的应急体制或机制会影响应急法的立法模式。

第二节　应急法的调整对象

应急法的调整对象是人们在应对突发事件过程中产生的各种社会关系，包括以下几个方面。

一、调整人们在预防突发事件中形成的各种社会关系

预防突发事件发生的主体包括私主体和公主体。私主体主要是营利法人和非营利法人、非法人组织和公民。公主体则主要是国家机关，即各级人民政府及县级以上人民政府有关部门。

从私主体角度，应急法规定私主体应依法建立风险管控制度并采取相应的管控措施，采取措施排查和消除突发事件发生的各种隐患，防止突发事件发生。私主体不同，其风险也不同。危化品生产企业的风险主要来自于危化品，危化品生产企业要依法做好危化品的风险管控；而学校的风险则主要来源于人员密集引发的各种风险，学校要依法做好防止人员踩踏、火灾等引发各种突发事件的风险管控。为防止突发事件发生后措手不及，法人和非法人组织要依法对各种危险源进行辨识、评估，并采取管控措施，制定应急预案并组织演练，建立应急救援队伍，准备应急物资等。从行政管理的视角，预防突发事件发生，主要包括以下环节：首先，前端控制，即通过行政许可方式加强对从事特定行为的人或者某些特殊设备的管理。因此《行政许可法》《安全生产许可证条例》《特种设备安全法》等规定了从事某些行为的主体需要具备的条件或者某些设备需要达到的标准。其次，对行为的行政管理。对行为的行政管理主要包括两个方面：一是通过行政管理的手段对私主体的行为进行监督管理，防止引发突发事件的各种违法行为；二是通过行政管理的手段督促私主体建立健全各项应急管理制度，例如应急预案制度、物资保障制度、救援队伍制度等。所以，应急法也调整国家机关对私主体预防突发事件发生采取的各种措施的监管。

对私主体可能引发的突发事件，由私主体承担防止发生的责任；但是，自然灾害、公共卫生事件等突发事件，已经超越了某一个私主体能够防控的范围。现代国家要求国家承担更多的社会责任，保护人民群众生命健康和财产安全是国家应该承担的责任。因此，国家机关有义务防治自然灾害、公共卫生事件等突发事件。例如，国家应承担原始森林火灾之消防义务以及防震减灾、防治洪涝灾害等方面的义务。所以，在突发事件发生前，应急法也调整国家机关在建立应急体制、制定国家机关各层级应急预案、建立应急救援队伍、准备救援应急物资等过程中产生的各种社会关系。

二、调整突发事件处置和救援过程中产生的各种社会关系

突发事件发生后，启动应急预案，采取科学、合理的处置和救援措施，对于减少突发事件造成的损失和防止次生灾害具有重要意义。因此，应急法要调整人们在突发事件发生后，处置和救援过程中形成的各种关系，包括突发事件报告、应急信息发布、应急预案启动、应急处置措施、应急协作过程中形成的私主体之间、国家机关之间以及国家机关与私主体之间的社会关系。例如，依据《突发事件应对法》第四十八条，突发事件发生后，履行统一领导职责或者组织处置突发事件的人民政府应当根据其性质、特点和危害程度，立即组织有关部门，调动应急救援队伍和社会力量，依照《突发事件应对法》第四章和有关

法律、法规、规章的规定采取应急处置措施。在此过程中，人民政府、应急救援队伍、社会力量甚至单位之间存在各种社会关系，这些社会关系也属于应急法调整的范围。

三、调整事后恢复和重建过程中产生的各种社会关系

当突发事件的威胁和危害得到控制或者消除后，履行统一领导职责或者组织处置突发事件的人民政府应当停止执行依照应急法规定采取的应急处置措施，同时采取或者继续实施必要措施，防止发生自然灾害、事故灾难、公共卫生事件的次生、衍生事件或者重新引发社会安全事件。人民政府需要协调各方力量，恢复生产、生活、工作和社会秩序，并组织受灾群众重建家园，在此过程中，形成各种社会关系，这些社会关系也属于应急法的调整范围。

第三节　应急法的性质及特征

一、应急法的性质

一个国家现行有效的法律制度主要依据法律的调整对象，同时兼采法律调整手段，作出体系化划分，形成一个国家的法律体系或法律部门。在法律部门划分的问题上，不同国家的学者有不同观点或不同方案，大陆法系国家一般将法律分为公法和私法，但也有公法、私法和社会法的划分，还有宪法、民法、行政法、商法、刑事诉讼法、民事诉讼法、行政诉讼法的划分。我国受大陆法系影响深远，关于法律体系或法律部门的划分，也存在上述各种观点。但一般认为，当代中国的法律体系或法律部门主要包括宪法及宪法相关法、民商法、行政法、经济法、社会法、刑法、诉讼与非诉讼程序法①。所以，与调整对象密切相关的问题是应急法的性质，即应急法是公法、私法还是社会法，应急法是一个独立的法律部门还是隶属于现有的法律部门。有学者认为，应急法主要是一种公法制度②，也有学者专门研究行政应急，与之对应的为行政应急法学，认为应急法属于行政法的范畴③。应急法虽然调整在应对突发事件过程中国家机关之间、国家机关与其他主体之间的关系，但也调整私主体为应对突发事件而应该采取各种措施过程中形成的关系。应急法律规范有些是强制性的，私主体必须遵守；有些则授权私主体通过意思自治方式确定应急管理的具体措施。例如，生产经营单位建立安全生产风险管控制度，并采取相应的管控措施，单位内部之风险管控制度和风险管控措施，在很大程度上体现了私主体的意思自治。从应急的主体看，应急法不但调整行政机关的行政应急，还调整不属于行政应急的单位内部应急，应急管理也相应地区分为行政管理属性的应急管理和单位内部属性的应急管理。本书认为，突发事件发生的原因不同、影响程度不同、性质不同，造成的危害范围和大小

① 舒国滢．法理学导论［M］．北京：北京大学出版社，2019：126.
② 林鸿潮．应急法概论［M］．北京：应急管理出版社，2020：5-6.
③ 戚建刚．中国行政应急法学［M］．2 版．北京：清华大学出版社，2020.

也自然不同，应急的目的有保护国家利益、社会利益、私人利益之分。例如，保护国家安全的戒严法，当属于行政法之范畴；自然灾害的应对目的主要在于维护社会利益或公共利益，此应急法之部分当属于社会法之组成；事故灾难的应对目的主要在于雇员之人身财产安全，此属于劳动保护法之范畴，而劳动保护法则脱胎于劳动法，劳动法则肇始于民法上的雇佣合同，此为私法公法化。同时，现代社会，行政手段应对突发事件也出现了私法化趋势，例如安全承诺制度等。因此，应急法并非单纯的公法关系，也非单纯的私法关系，其维护目的具有多重性，这决定了其不可能以一部应急法概括全部，应急法通常以特别法中的“应急救援”等章节存在，例如《安全生产法》第五章规定了“生产安全事故的应急救援”。应急法是杂乱的，也是专业的，将其划入某一法律部门在很大程度上是徒劳的。但应急法又有其调整对象，而又难以被现有的法律部门所涵盖，在这个意义上承认应急法属于一个独立的法律部门亦未尝不可。

二、应急法的特征

有学者认为，应急法同时具有规范性和工具性，应急法同时具有刚性和弹性，应急法同时具有稳定性和变动性，应急法具有补充性①。本书认为，应急法具有以下几个方面的特征：

第一，应急法是组织法与行为法的结合。应急法主要包括两部分内容：一是应急组织法，二是应急行为法。应急组织法主要涉及单位内部应急队伍建设、应急救援组织和国家机关应急队伍建设、应急救援组织。应急行为法则要调整有关单位、国家机关等各主体在应对各种突发事件中的各种行为，例如危险源和危险区域辨识、评估、风险管控等。

第二，应急法是应对突发事件的过程法。应急管理有生命周期，应急管理的生命周期理论已经形成了比较成熟的观点，主要有四阶段生命周期理论和三阶段生命周期理论。四阶段生命周期理论以美国联邦应急管理署（FEMA）提出的 PPRR 理论为代表，即突发事件的应对周期分为 prevention（预防）、preparation（准备）、response（应对）和 recovery（恢复）。三阶段生命周期理论是最基本、最常见的理论，即灾前、灾中和灾后，这三个阶段是三个宽泛的阶段，其中包括一些更有限制的、不明显的、易变的次阶段。在我国，以《突发事件应对法》为代表的应急法主要以三阶段生命周期理论为依据，应急法要调整突发事件发生之前、发生之后和救援之后三个阶段，通过调整应对突发事件的整个过程实现立法目的。应急法关于突发事件事前之调整主要是正常状态下的调整，其目的在于采取预防措施防止发生突发事件，主要包括有关主体依法建立应急体制和机制，危险源和危险区域辨识、登记、评价，制定应急预案，准备应急物资，进行应急演练，预警等；应急法关于发生突发事件后之调整对象主要是应急救援与应急处置；应急法关于突发事件解除后之调整对象主要是恢复与重建。也正因如此，应急法是关于应对突发事件程序法和实体法的

① 林鸿潮．应急法概论［M］．北京：应急管理出版社，2020：7-9.

有机结合。

第三，应急法是技术规范和管理规范的有机统一法。各类突发事件致因存在较大差别，即使自然灾害这一类突发事件，如飓风、地震、泥石流、旱灾等预防和应急技术也存在较大差别；在应对事故灾难中，不同生产经营活动所需要的技术也不相同。例如，危险化学品生产与采煤在技术上存在很大差别。因此，应急法中存在大量关于技术规范或技术标准的规定。例如，为防止煤矿事故，我国制定了大量国家标准、行业标准，《煤矿安全规程》则是以部门规章的形式确定了采煤技术。应急管理对调动一切积极因素预防和应对突发事件具有重要意义。应急法律、行政法规、部门规章中关于应急体制、应急机制等的规定，多属于应急管理法律规范。因此，应急法是技术法与管理法的统一。

第四，应急法是关于常态与紧急状态的统一法。预防突发事件属于常态，风险防控是应急管理的日常工作；当风险失控而导致突发事件发生时，需要针对发生的突发事件进行救援和应急处置，因此紧急状态下应急优先，克减公民权利，应急法具有救援和应急处置权力优先性、紧急处置性、程序特殊性。

第四节　应急法的效力

法的效力是指法律的效力，表现为法对何种空间范围内的人和事产生法律拘束力。它包括法律的时间效力、空间效力、对人的效力和对事的效力。法律的时间效力，是指法律何时生效、何时失效以及法律对其生效以前的事件和行为有无溯及力；法律的空间效力，即法律适用的地域范围；法律对人的效力，即法律适用于什么法律主体；法律对事的效力是指法律适用于特定法律主体的何种活动。

一、应急法的时间效力

法律的生效时间主要有三种：一是自法律公布之日起生效，即在没有明确生效时间规定时，根据惯例，自法律公布之日起生效；二是法律条文中自行规定具体生效时间，例如《突发事件应对法》第七十条明确规定该法自 2007 年 11 月 1 日起施行；三是规定法律公布后符合一定条件时生效（立法机关另行发布专门文件规定法律的生效时间）。法律终止即法律被废止，指法律效力的消灭。它一般分为明示的废止和默示的废止两类。法律终止时间的具体形式主要有：①法律法规本身规定了有效期，有效期届满，从而自动失效；②新法律法规明确规定自本法实施之日起，旧法律法规立即失效；③法律法规据以存在的时代背景或者条件消失，或者其所调整的对象不复存在，或者其使命完成，使法律法规失去了存在的意义，从而自动失效（比如当年社会主义改造时期的一些特殊法律规定）；④权力机关进行法律法规清理，对外公布某项法律法规作废；⑤随着新法律法规的颁布实施，相关内容与已生效的新法抵触的旧的法律法规自动失效。

法的溯及力，也称法律溯及既往的效力，是指法律对其生效以前的事件和行为是否适用。如果适用，就具有溯及力；如果不适用，就没有溯及力。法律是否具有溯及力，不同法律规范之间的情况是不同的。关于法律溯及力问题，一般通行两个原则：一是“法不溯及既往”原则，即国家不能用现在制定的法律规范人们过去的行为，更不能由于人们过去从事某种当时是合法而现在看来是违法的行为，而依照现在的法律处罚他们；二是作为法律不溯及既往“原则的补充”，法律规范的效力可以有条件地适用于既往的行为。此外，法律修改内容的生效时间通常有明确规定。例如，根据 2021 年 6 月 10 日第十三届全国人民代表大会常务委员会第二十九次会议《关于修改〈中华人民共和国安全生产法〉的决定》，修改的内容自 2021 年 9 月 1 日起施行，已经修改的原规定在 2021 年 9 月 1 日之前继续有效。

二、应急法的空间效力

一般而言，法律的空间效力为“中华人民共和国领域内”，即应急法的效力适用于中华人民共和国的全部领域，包括领陆、领海和领空，即在中华人民共和国领域内的应急工作要受应急法的调整。应急法是否适用于香港特别行政区和澳门特别行政区，应按照我国香港特别行政区基本法和澳门特别行政区基本法的规定，只有列入这两个基本法附件三的全国性法律，才能在这两个特别行政区适用。因应急法的范围广泛，根据《全国人民代表大会关于建立健全香港特别行政区维护国家安全的法律制度和执行机制的决定》，第十三届全国人民代表大会常务委员会第二十次会议决定：在《中华人民共和国香港特别行政区基本法》附件三中增加全国性法律《中华人民共和国香港特别行政区维护国家安全法》，并由香港特别行政区在当地公布实施。因此，涉及国家安全等方面的应急法对于香港、澳门特别行政区是适用的。但是，大部分应急法并不适用于香港和澳门特别行政区。例如，《安全生产法》没有被列入其中，生产安全事故应急应适用香港、澳门特别行政区的法律。

但是，在中华人民共和国领域外发生突发事件，造成或者可能造成中华人民共和国单位财产损失、公民人身伤亡或财产损失的，由国务院外交部门会同国务院其他有关部门、有关地方人民政府，按照国家有关规定做好应对管理工作。

三、应急法对人的效力

应急法适用于各级人民政府和县级以上人民政府负有应急管理职责的有关部门、中国境内的中国公民、法人和非法人组织。中国公民是具有中华人民共和国国籍的人。中国法人和非法人组织是指依据中国法律在中国境内登记注册的法人或者非法人组织。在中华人民共和国境内的外国人、无国籍人应当遵守我国的应急法律制度，服从所在地人民政府及其有关部门发布的决定、命令或者配合其依法采取应急措施。

四、应急法对事的效力

应急法对事的效力主要是指各种风险引起的突发事件的应对，包括各类突发事件的预防与应急准备、监测与预警、应急处置与救援、事后恢复与重建等应对活动。

第五节 应急法律体系

一、法律渊源

（一）法律渊源的概念

法律渊源是指法律的外部表现形式。它包括四层含义：一是法律规范创制机关的性质及级别；二是法律规范的外部表现形式；三是法律规范的效力等级；四是法律规范的地域效力。

（二）我国的正式法律渊源

（1）宪法。它是国家根本大法，具有最高法律效力。

（2）法律，在这里指狭义的法律。法律是由全国人大及其常委会制定、颁布，其效力和地位仅次于宪法，而高于行政法规和其他法规。依据宪法规定，法律分为基本法律（如刑法、民法通则等）和基本法律以外的法律（如著作权法、商标法）。

（3）行政法规。行政法规是由国务院制定、发布，效力低于宪法、法律，高于地方性法规和其他法规、规章。

（4）地方性法规。地方性法规由各省、自治区、直辖市的人民代表大会及其常委会制定或批准，效力低于宪法、法律、行政法规。

（5）规章。规章分为部门规章和地方性规章，是由国务院各部门和省、自治区、直辖市人民政府，以及省、自治区人民政府所在地的市和经国务院批准的较大的市的人民政府制定的行政性法律文件。

（6）民族自治法规。民族自治法规是指民族自治地方（自治区、自治州、自治县）的人民代表大会及其常委会制定、颁布的，适用于民族自治地方的规范性文件，包括自治条例和单行条例。

（7）我国政府承认或加入的国际条约和国际惯例。

法律的渊源不包括国家机关作出的非规范性法律文件，如判决书、逮捕证、结婚证等。

（三）可以作为法律渊源的系统化的规范性文件

（1）法规汇编，又称法律汇编，是指将规范性法律文件依照一定的目的或标准，作出系统排列，汇编成册。法规汇编既可以是官方的，也可以是非官方的。

（2）法典编纂，是指对规定于不同规范性法律文件而同属于某一部门法的现行法律规范进行审查、修改和补充，编制具有特定结构的、统一的部门法典的活动。法典编纂是国家的重要立法活动，只能由国家立法机关进行。

（3）法规清理，是指有关国家机关在职权范围内，按照一定的方法，对一定范围内的规范性法律文件进行审查，确定它们是否继续适用或是否需要修改、补充、废止的专门活动。

二、中国应急法律体系的发展历程

（一）新中国成立后至十一届三中全会召开期间的萌芽时期

应急法制建设工作开始，主要用于应对重大应急自然灾害事件和以传染性疾病为重心的公共卫生事件。自然灾害包括地震、洪涝、泥石流等自然灾害事件，其中“7·28”唐山地震位列20世纪世界地震史死亡人数第二，给我国的应急管理和救灾工作提出了重大挑战。国家在这个阶段的应急管理工作主要是根据部门对口的原则，由各部门机构牵头解决归属领域的专门灾害，目的也主要是以应对和处置为主。对于公共卫生事件，国家主要是从建设医疗卫生专门机构，防治传染病的方向进行应急管理。期间应急管理法制建设成果主要包括1950年中央政府发布的《关于发动秋季种痘运动的指示》，卫生部公布的《种痘暂行办法》。该办法实施两年内，全国接种牛痘人数已达5亿多，随后此类病毒被彻底消灭。这一成功经验对后续我国针对传染性疾病为重心的公共卫生事件的应对提供了借鉴，我国此次新冠病毒在国内的有效控制就是得益于管控和接种两项措施。

新中国成立初期对于突发事件的应急处置工作，主要还是以“就事论事”“一事一议”的形式展开，条块分割非常明显，部门之间各自为政，突发事件应急效率非常低下，且主要以灾后的处置救援和恢复重建为主，造成资源的大量浪费和应急效率的严重低下，对于未来重大应急自然灾害事件和公共卫生事件的预防和救援等工作没有制定系统的法律规章制度，但是也提供了一定意义上的经验借鉴。

（二）改革开放后到21世纪初期间的发展时期

在此期间，我国的生产力得到了很大发展，国家法制体系建设取得重大成就。尤其是1982年《宪法》的颁布和实施，为我国应急法制的建立奠定了宪政基础和法律保障。但与前一个阶段比较而言，重大自然灾害、严重人为事故等突发事件呈现出复合叠加性，危害性迅速扩大。

为了应对不利局面，国家在防灾减灾救灾工作中大力加强法制体系建设，先后颁布和实施了《传染病防治法》《动物防疫法》《防沙治沙法》《海上交通安全法》《矿山安全法》《防洪法》《安全生产法》和《破坏性地震应急条例》等在内的一大批应急管理单行性法律、法规。尤其是在2005年将“中国国际减灾委员会”更名为“国家减灾委员会”，2007年8月正式出台《突发事件应对法》，从提高政府应对自然灾害能力、加强防灾减灾体系建设角度设定了防灾减灾的总体规划，为国家应对突发事件提供了顶层设计和行动纲领。

（三）以“非典”为代表的重大公共卫生事件的挑战

面对“非典”为代表的重大公共卫生事件对我国初步建立的应急管理法制体系的破坏，国家重新检视应急管理法制体系中大量的“单行性”法缺陷，开始着力打造系统的应急管理法治体系。主要包括：①“一案三制”体系正式确立并开始构建；②2002 年 5 月，国务院颁布和实施《突发公共卫生事件应急条例》；③2004 年 5 月，国务院颁布《国务院有关部门和单位制定和修订突发公共事件应急预案框架指南》，并要求各省、自治区和直辖市编制突发公共事件总体应急预案；④同年颁布《全面推进依法行政实施纲要》，明确提出国家要建立健全各种预警和应急机制，将应急管理全面纳入依法行政领域；⑤2005 年，国务院陆续发布《军队参加抢险救灾条例》和《重大动物疫情应急条例》，为突发事件的应急处置及灾后的恢复重建工作提供了重要的救援队伍支撑和法制依据；⑥2006 年，国务院成立应急管理办公室，发布并实施《国家突发公共事件总体应急预案》。这个时期的法治工作，为我国突发事件事前、事发、事中和事后的全流程应急管理工作提供了重要的立法保障，对于复合型突发事件的处理系统化，科学化。这标志着中国应急管理体系基本形成了。

（四）从汶川地震到新冠疫情期间

汶川地震发生不到一个月的时间，国务院就发布了《汶川地震灾后恢复重建条例》，有力保障了灾后各项工作正常有序开展，促进灾区经济社会的恢复和重构，充分反映了前期应急管理法治工作的成果。2009 年 5 月，正值汶川地震发生一周年，中国政府发布首个防灾减灾白皮书——《中国的减灾行动》。此次白皮书的发布意义重大，它对我国减灾的法制、机制和体制建设做了细致介绍，使得我们可以清楚地了解到当时我国社会自然灾害现状及应急管理体系的构成。2013 年在党的十八届四中全会上，习近平总书记对全面依法治国作出一系列重要部署，对我国应急法制建设提供了顶层设计；同年 10 月，国务院办公厅颁布《突发事件应急预案管理办法》，为加强我国应急预案的编制工作，增强应急预案的针对性、实用性和可行性提供了指导依据。2018 年 3 月，国家机构改革组建应急管理部，系统性地重构了应急管理体系，整合 11 个部门的 13 项职责，设置 22 个机关司局、1 个派驻机构、5 个部属单位、5 个国家级议事协调机构。2019 年国务院制定《生产安全事故应急条例》，大大规范了针对生产安全事故的应急工作。

三、我国应急法律体系的基本构成

（一）应急综合法

《突发事件应对法》调整的是非常态下的国家权力和公民权利的基本关系，属于宪法性法律，同时又是统率其他应对突发事件法律的基本法。在目前我国的应急管理法律体系中居于主导地位，较之其他专门类应急管理法律属于应急管理综合法。

《突发事件应对法》共七十条，分为七章：第一章总则，主要包括立法意义、适用范围、法律概念、立法机关、应急管理体制、各级责任机关和职责、实施过程中可能出现的协调问题。第二章预防与应急准备，主要包括突发事件应急预案体系、应急预案的内容，包括健全安全管理制度、易燃易爆炸品管理、应急管理培训制度、救援队伍建设、救援物资保障和巨灾风险保险等。第三章监测与预警，主要包括突发事件信息系统、突发事件监测制度、突发事件预警制度、各级预警的应对措施等。第四章应急处置与救援，主要包括处置和救援主体，根据自然灾害、事故灾难或者公共卫生事件、社会安全事件的性质所采取的具体处置措施、救援物资保障和救援机关的协调等。第五章事后恢复与重建，主要包括恢复和重建机关主体、权责和具体措施。第六章法律责任，主要包括针对政府、政府工作人员、企业和有关单位违规后的责任和处置。第七章附则，主要包括适用本法需要进入紧急状态的相关事宜及生效日期。

（二）关于自然灾害类法

我国是世界上自然灾害种类最多的国家，国家科委国家计委国家经贸委自然灾害综合研究组将自然灾害分为八大类：气象灾害、海洋灾害、洪水灾害、地质灾害、地震灾害、农作物生物灾害、森林生物灾害和森林火灾。根据这些灾害的不同特点，国家制定了比较细化的应急管理法律法规体系，主要包括：《水法》《防汛条例》《蓄滞洪区运用补偿暂行办法》《防沙治沙法》《人工影响天气管理条例》《军队参加抢险救灾条例》《防震减灾法》《破坏性地震应急条例》《森林法》《森林防火条例》《森林病虫害防治条例》《森林法实施条例》《草原防火条例》《自然保护区条例》《地质灾害防治条例》《海洋石油勘探开发环境保护管理条例》《气象法》等。

（三）关于事故灾难类法

目前我国根据事故灾难性质将事故灾难所引发的事故分成四个部分，主要包括工矿商贸等企业的各类安全事故、交通运输事故、公共设施和设备事故、环境污染和生态破坏事件。其中，工矿商贸等企业的各类安全事故的相关法律法规体系中主要包括《生产安全事故报告和调查处理条例》《放射性同位素与射线装置安全和防护条例》《建筑法》《消防法》《矿山安全法实施条例》《国务院关于预防煤矿生产安全事故的特别规定》《煤矿安全监察条例》《国务院关于特大安全事故行政责任追究的规定》《建设工程质量管理条例》《劳动保障监察条例》《工伤保险条例》。

交通运输事故相关法律法规体系中主要包括《建设工程安全生产管理条例》《道路运输条例》《内河交通安全管理条例》《渔业船舶检验条例》《河道管理条例》《海上交通安全法》《海上交通事故调查处理条例》《铁路运输安全保护条例》。

公共设施和设备事故相关法律法规体系中主要包括《电力监管条例》《电信条例》《计算机信息系统安全保护条例》《特种设备安全监察条例》《环境保护法民用核设施安全监督管理条例》等。

环境污染和生态破坏事件相关法律法规体系中主要包括《防治海岸工程建设项目污染损害海洋环境管理条例》《水污染防治法实施细则》《大气污染防治法》《环境噪声污染防治法》《水污染防治法》《固体废物污染环境防治法》《海洋环境保护法》《防止拆船污染环境管理条例》《淮河流域水污染防治暂行条例》《防止船舶污染海域管理条例》《危险化学品安全管理条例》《放射性污染防治法》《核电厂核事故应急管理条例》《农业转基因生物安全管理条例》《森林防火条例》《森林病虫害防治条例》《森林法实施条例》《草原防

火条例》《自然保护区条例》《地质灾害防治条例》《海洋石油勘探开发环境保护管理条例》等。

（四）关于公共卫生事件类法

随着波及世界范围的公共卫生事件对社会影响的不断加深，我国对公共卫生事件的应急管理工作也从早期的推广普遍的天花接种发展到对“非典”和新冠病毒防治的有效抗击。随之快速发展的就是配套的公共卫生事件类相关法律法规体系的建设，主要包括《传染病防治法》《传染病防治法实施办法》《突发公共卫生事件应急条例》《抗击新冠肺炎疫情的中国行动》《食品卫生法》《进出境动植物检疫法》《动物防疫法》《国境卫生检疫法》《植物检疫条例》《国境卫生检疫法实施细则》《重大动物疫情应急条例》。

（五）关于社会安全事件类法

应急管理法律法规体系应分为一般危机管理法和紧急状态法两大部分，一般社会安全事件类在应急管理体系中属于危机管理法范畴，突发社会安全事件类在应急管理体系中属于紧急状态法范畴。通常，在一般危机管理法与紧急状态法之间实行“一般危机管理法优先适用”的原则。但在目前我国紧急状态法立法空白的情况下，突发社会安全事件类也只能和一般社会安全事件类一并在现有应急管理法律法规体系内解决。随着国际环境的不断变化和国内社会的快速发展，突发社会安全事件在应急管理体系中的分量开始不断加大。突发社会安全事件一旦发生，往往造成或者可能造成重大人员伤亡、重大财产损失和对全国或某一地区的经济社会稳定、政治安定构成重大威胁或损害，伴随重大社会影响和涉及社会安全。从我国的现状来看，突发社会安全事件主要包括：重大刑事案件、重特大火灾事件、恐怖袭击事件、涉外突发事件、金融安全事件、规模较大的群体性事件以及其他社会影响严重的突发性社会安全事件。针对这些不同种类的突发社会安全事件，社会安全事件类相关法律法规体系的建设也取得了较大的发展，主要包括的法律法规有《民族区域自治法》《戒严法》《人民警察法》《监狱法》《信访条例》《企业劳动争议处理条例》《行政区域边界争议处理条例》《殡葬管理条例》《营业性演出管理条例》《中国人民银行法》《商业银行法》《保险法》《证券法》《银行业监督管理法》《期货交易管理暂行条例》《预备役军官法》《领海及毗连区法》《专属经济区和大陆架法》《国防交通条例》《民兵工作条例》《民用运力国防动员条例》《退伍义务兵安置条例》《军人抚恤优待条例》《价格法》《农业法》《粮食流通管理条例》《中央储备粮管理条例》《民用爆炸物品管理条例》《种子法》《野生动物保护法》《民用航空安全保卫条例》《农药管理条例》《兽药管理条例》《饲料和饲料添加剂管理条例》《水生野生动物保护实施条例》《陆生野生动物保护实施条例》等。

四、新时期中国应急管理法律体系的建设目标

在中国第二个百年奋斗目标开始的新时期，在中国应急管理法律体系建设中，要继续以习近平新时代中国特色社会主义思想为指导，以习近平同志为核心的党中央对应急管理

工作所作全方位、立体式的深入阐述为纲要，建立更加完善成熟的中国应急管理法律体系。这是指导新时代应急管理工作的科学理论，是建设中国特色应急管理法律法规体系的根本指南。在借鉴世界主要国家的应急管理做法时，我们要扬长避短，注意借鉴国外法律法规比较健全、体制机制比较完善、职责比较明晰、社会资源配置优化等优点，同时也要从中国的国情出发，发挥我们的优势，以习近平新时代中国特色社会主义思想为指导，加快推进中国特色应急管理法律法规体系建设。

（一）明确公共应急管理法制在我国“依法治国”基本方略中的应有地位

要细化《宪法》中的紧急状态条款对紧急状态确认和宣布的程序、紧急状态下宪法和部分法律的效力、行政紧急权的行使和基本人权保障原则、公民基本权利的限制与中止等相关规定，使应急管理法律法规体系与我国社会主义法律法规体系协调统一。与宪法相配套，制定统一的《紧急状态法》也应提上日程。目前多数学者提出我国的应急法律体系应分为一般危机管理法和紧急状态法两大部分，并且在一般危机管理法与紧急状态法之间建立相互协调、相互衔接和相互配套的关系，实行“一般危机管理法优先适用”的原则。《紧急状态法》是一部最高级别的应急法律，在我国还属于立法空白，制定《紧急状态法》，既是我国应急实践对应急立法工作提出的新要求，也是世界各国应急立法的发展趋势。它的制定有利于填补我国突发事件应急管理法制体系中基本法律的重大缺陷。《突发事件应对法》仅是对宪法所规定的政府行政权仍然能够有效控制突发事件的情形作出了规范，也就是将常态的应急管理纳入法制体系。而对于一般的突发事件应对措施难以应对的特别严重的“紧急状态”，则需要《紧急状态法》来调整，使《紧急状态法》和《突发事件应对法》协调地在应急管理法律法规体系中发挥综合作用。因应急管理部改革的实际需要，应急管理部拟建立“1+5”模式的应急管理法律体系。其中，“1”就是应急管理方面的综合性法律，“5”就是5个方面的单行法律，包括安全生产法、消防法，以及自然灾害防治、应急救援组织、国家消防救援人员方面的法律。在这个大框架下，又划分了安全生产、消防、自然灾害防治三个法律子体系。安全生产方面，逐步形成以《安全生产法》为基本法，以《危险化学品安全法》《矿山安全法》《煤矿安全条例》等相关行业领域安全生产单行法律、法规和规章为骨干，形成相对完善的安全生产法律法规子体系。围绕自然灾害防治，拟制定作为基本法的《自然灾害防治法》，以《防震减灾法》《防洪法》等为骨干，形成相对完善的自然灾害防治法律法规子体系。

（二）根据社会发展及时修订《突发事件应对法》，出台相应的实施细则

总体来看，《突发事件应对法》部分存在仅做原则性规定但无法律、法规具体化规定的情况，或者对建立某项制度已提出明确要求但配套制度缺失的情况。对此，各级政府及其部门应立足于应急管理实践中出现的新情况、新问题，并考虑应急立法的前瞻性和预见性，积极履行法定职责，抓紧研究制定相关配套制度。重点细化和补充突发事件风险评估制度、社会动员制度、财产征用制度、应急物资储备及保障制度、突发事件信息报告员制度、突发事件监测制度等，切实增强各项应急管理制度的可行性和实效性。

（三）明确应急管理部作为《突发事件应对法》的主要执法主体地位

应急管理部组建前，《突发事件应对法》在实践中都由各级政府负责，出现了标准不统一、各级主体不协调等严重影响应急管理效果的情况。明确应急管理部作为《突发事件应对法》的主要执法主体，使其发挥专业性和协调职能，将有利于推进各级主体建立完善应急管理体制机制，彼此配合，各司其职，使应急管理工作协调统一。

（四）开展应急管理法律法规的协调、吸收、退出和统一工作

依据《立法法》的规定，依照应急法律规范的不同效力等级和一般法理，分别对现有应急法律、法规和规章进行必要的修改、补充和废止，消除同一层次或不同层次应急法律规范之间的不统一、不协调现象，以增强应急法制的协调性和实效性。

（1）要按照新的国家机构职责来清理修订各部门有关规章。机构改革后，需要对全部的法律、法规、规范性文件进行梳理，根据新的形势和需求进行重新修订，全面构建国家与地方相衔接、部门与行业相配套、政府与企业相协调的应急管理法规体系。

（2）要清理修订完善应急管理标准。通过清理，废除一批过时的标准，修订完善现行的标准，同时要组织起草一批急需的标准。

（3）抓紧启动国家突发事件总体应急预案修订工作。组织修订安全生产类、自然灾害类专项预案，加强各类应急预案的衔接协调，形成全灾种、全行业、全层级的应急预案体系。

（4）建立规范的应急救援评估制度。做到评估程序合法、评估方法科学、评估内容全面、评估结论真实，有针对性地加强应急能力建设，优化应急救援队伍和装备物资部署，使应急救援评估工作成为吸取教训、总结经验、推动工作的有力抓手。

（五）大力推进地区之间、部门之间、条块之间、军地之间的跨域协作，建立完善社会力量参与应急救援的法规制度，建立强有力的法规制度保障

要通过建立健全应急协作制度、开展应急队伍系统作战训练演练、制定共享共通的应急通信与信息系统标准等途径，强化应急协作，建立应急协调机制，提高应急协作的程序化、制度化和规范化水平。按照“优化、协同、高效”的原则，构建政府与企业、社会组织间的合作机制，真正形成多层次、全方位、宽领域的协作网络。制定完善应急预案、应急物资管理、应急能力建设、应急管理执法、应急救援、援助补偿、灾后恢复等相关的法律，使之细化、实化，形成一整套科学完备的应急管理法律法规体系，为应急管理提供科学的法律依据和保障。

五、《突发事件应对法》与其他相关领域法律之间的关系

我国并无统一之应急法，也无紧急状态法，应急法散见于《宪法》《戒严法》《国家安全法》《安全生产法》《防震减灾法》《传染病防治法》《消防法》等诸多特别法之中，但又存在自然灾害、事故灾难、公共卫生事件和社会安全事件应急综合法的《突发事件应对法》。因此，对《突发事件应对法》在整个法律体系中与其他相关领域法律之间的关

系，有必要予以理清。

（一）《突发事件应对法》与其他领域专门应急法之间的关系

《突发事件应对法》是关于突发事件应对管理的一般性规定，其关于突发事件应对管理体制、预防与应急准备、监测与预警、应急处置与救援、事后恢复与重建以及法律责任的规定，属于一般性规定，在其他法律、行政法规或者国务院的有关规定对某一类型的突发事件应对管理工作另有规定的，应该优先适用其他法律、行政法规或者国务院的有关规定。例如，《安全生产法》对生产安全事故、《传染病防治法》对公共卫生事件应对管理工作另有规定的，应该适用这些特别规定。在没有特别规定时，适用《突发事件应对法》。主要原因在于：生产安全、公共卫生突发事件预防、应对等具有特殊性，不宜优先适用《突发事件应对法》。且《突发事件应对法》以突发事件发生或者假设发生作为前提，所以本法以应急准备、监测与预警、应急处置与救援、事后恢复与重建为核心，与《安全生产法》等的立法存在很大差别，生产安全事故应对中也有应急准备、监测与预警、应急处置与救援等内容，但其所采用的技术标准等与其他突发事件应对不同。生产安全事故影响的范围和造成的损害与自然灾害、公共卫生事件相比有较大差异，事后恢复与重建多由生产经营单位承担。因此，法律、行政法规或者国务院的有关规定对突发事件分级、应对管理工作责任单位、监测与预警、应急处置与救援、信息报送报告与公布、法律责任等另有规定的，从其规定。

（二）《突发事件应对法》与关于紧急状态相关法之间的关系

紧急状态，各国立法上名称不一，类似提法有"紧急情况""非常状态""戒严状态""战争状态"等。紧急状态比突发事件的危机更为严重，因此《现代汉语词典》将紧急状态定义为"非常紧急的形势，一般指国家面临战争的状态"。从法律层面上，《法学大词典》则将紧急状态定义为："国家在全国范围内或部分地区的安全和社会秩序受到严重威胁、破坏时（如战争、内乱以及严重自然灾害等）宣告的危机状态。"2004 年 3 月 14 日，中华人民共和国第十届全国人民代表大会二次会议通过的第四次宪法修正案，用紧急状态取代了戒严，紧急状态包括戒严但不限于戒严。宪法规定的非常法律状态仍然保持三类：紧急状态、战争、动员。战争和动员问题依据宪法和国防法、国防动员法等有关法律处理。我国有专门的《戒严法》，适用于处理发生严重危及国家的统一、安全或者社会公共安全的动乱、暴乱或者严重骚乱。因此，很多学者主张我国应该制定《紧急状态法》，以取代《突发事件应对法》或者与《突发事件应对法》相衔接。依据《突发事件应对法》第六十九条，发生特别重大突发事件，对人民生命财产安全、国家安全、公共安全、环境安全或者社会秩序构成重大威胁，采取《突发事件应对法》和其他有关法律、法规、规章规定的应急处置措施不能消除或者有效控制、减轻其严重社会危害，需要进入紧急状态的，由全国人民代表大会常务委员会或者国务院依照宪法和其他有关法律规定的权限和程序决定。紧急状态期间采取的非常措施，依照有关法律规定执行或者由全国人民代表大会常务委员会另行规定。因此，我国是否需要在《突发事件应对法》之外另行制定《紧急状态法》，如果制定，《紧急状态法》规范何种社会关系，属于应急法研究的重点和热点。

第六节 应急法的基本原则

应急法的基本原则是指其效力贯穿于应急法始终的根本规则，是对立法者在应急工作所行政策的集中反映，是克服成文法局限性的工具。应急法的基本原则具有以下几个特征：①内容的根本性，即应急法的具体规定不能违反基本原则；②效力的贯穿始终性，即应急法基本原则贯彻于应急法的始终，应急法中确立的各项法律制度都必须与基本原则保持一致。它是应急工作价值观念和价值取向之高度抽象的表达，是用于揭示整个应急法的实质精神和指导应急立法、应急执法、应急行为以及作为解释应急法的依据和补充法律漏洞之基础的根本原则。所以，应急法的基本原则是应急活动的基本准则。结合我国《突发事件应对法》《防震减灾法》《安全生产法》《消防法》《职业病防治法》等法律，本书认为，应急法的基本原则包括“两个至上”原则、公众参与原则、信息发布和真实原则、比例原则、应急优先原则以及预防为主、预防与应急相结合原则。

一、“两个至上”原则

习近平总书记在中共中央政治局就我国应急管理体系和能力建设进行第十九次集体学习时强调：应急管理是国家治理体系和治理能力的重要组成部分，承担防范化解重大安全风险、及时应对处置各类灾害事故的重要职责，担负保护人民群众生命财产安全和维护社会稳定的重要使命。无论《突发事件应对法》，还是《安全生产法》《防震减灾法》，抑或是《消防法》，都是以保护人民群众生命财产安全为立法目的。应急工作事关人民群众生命财产安全，事关改革开放、经济发展和社会稳定大局，事关党和政府的形象和声誉。这就要求各级人民政府和有关部门、企事业单位必须始终把应急工作放在重中之重的位置，始终把保障人民群众生命财产安全放在首位，进一步牢固树立生命至上的理念，严格落实主体责任制，确保人民生命财产安全，绝不能以牺牲人的生命作为发展的代价。保障人民群众生命和财产安全是应急法的根本目的。当人的生命和财产发生冲突时，应以保护人的生命作为目标，做到“生命至上”。

二、公众参与原则

公众参与原则是指社会公众是应急活动的参与者，应急法应采取措施确保公众参与应急活动。公众参与表现为：一是国家建立有效的社会动员机制，组织动员企事业单位、社会组织、志愿者等各方力量依法有序参与突发事件应对工作，增强全民的公共安全和防范风险意识，提高全社会的避险救助能力。二是公众参与应急工作的监督。国家建立突发事件应对工作投诉、举报制度，公布统一的投诉、举报方式。地方人民政府及其有关部门、居民委员会、村民委员会、有关单位及其工作人员不履行或者不正确履行突发事件应对工作职责的，任何单位和个人有权向上级人民政府及其有关部门投诉、举报。接到投诉、举报的有关人民政府及其有关部门，应当立即组织调查处理，以适当方式将调查处理结果告知投诉人、举报人，并对投诉人、举报人的相关信息予以保密，保护投诉人、举报人的合法权益。三是突发事件信息报告义务。获悉突发事件信息的公民、法人或者其他组织，应当立即向所在地人民政府、有关主管部门或者指定的专业机构报告。四是支持应急工作义务。有关人民政府及其部门为应对突发事件，可以征收、征用单位和个人的财产作为应急物资；在确保安全的前提下，成年公民有参与应急救援的义务。五是国家鼓励公民、法人和其他组织为人民政府开展突发事件应对管理工作提供物资、资金、技术支持和捐赠。

三、信息发布和真实原则

《突发事件应对法》第十条规定："有关人民政府及其部门作出的应对突发事件的决定、命令，应当及时公布。"第五十三条规定："履行统一领导职责或者组织处置突发事件的人民政府，应当按照有关规定统一、准确、及时发布有关突发事件事态发展和应急处置工作的信息。"因此，我国应急法确立了信息发布和真实原则。信息发布和真实原则包括信息发布原则和信息真实原则。应急工作需要公众参与，公众甚至是某些突发事件的直接应对主体。所以，信息发布要及时。国家建立健全突发事件信息发布制度，有关人民政府及其有关部门应当及时向社会公布突发事件相关信息及有关突发事件应对管理的决定、命令、措施等信息。信息真实原则是指国家发布的应急信息必须客观、准确。为确保信息发布并真实，我国法律规定：一是信息发布主体法定，通常由县级以上人民政府负责应急信息发布。二是信息发布主体统一，通常由县级以上人民政府统一发布。三是发布内容准确。四是国家建立健全突发事件新闻采访报道制度，有关报道应当及时、准确、客观、公正。五是对不实信息要及时澄清。有关人民政府及其有关部门发现影响或者可能影响社会稳定、扰乱社会和经济管理秩序的虚假或者不完整信息的，应当发布准确的信息予以澄清。六是任何单位和个人不得编造、传播有关突发事件事态发展或者应急处置工作的虚假信息。编造并传播有关突发事件事态发展或者应急处置工作的虚假信息，或者明知是有关突发事件事态发展或者应急处置工作的虚假信息而进行传播的，责令改正，给予警告；造成严重后果的，依法暂停其业务活动或者吊销其执业许可证；负有直接责任的人员是国家工作人员的，还应当对其依法给予处分；构成违反治安管理行为的，由公安机关依法给予处罚。

四、比例原则

比例原则，是行政合理原则的下位原则。比例原则作为公法原则被广泛应用并有丰富含义，而作为行政法上的比例原则，其主要内容是指①：一是最小损害原则。行政主体作

① 胡建淼．行政法学［M］．4版．北京：法律出版社，2015：55.

出行政行为有多种决定可以选择时，应当选择牺牲相对人利益最小而最接近实施行政法目的的行为。二是罪罚相当原则。如果相对人违反行政管理而应当被处罚时，行政主体所决定的处罚应当与被处罚人的违法行为相当。具体到应急法，比例原则是指行政机关在行使行政紧急权力时，应当全面权衡有关的公共利益和个人利益，采取对公民权益造成限制或者损害最小的行政行为，并且使行政行为造成的损害与所追求的行政目的相适应①。其主要内容包括：一是有关人民政府及其有关部门采取的突发事件应对管理措施，应当与突发事件可能造成的社会危害的性质、程度和范围相适应；二是有多种可供选择的应急措施时，应当选择有利于最大限度地保护公民、法人和其他组织权益，且对生态环境影响较小的措施；三是根据突发事件的发展变化情况及时调整相应措施，做到科学、精准、有效。

五、应急优先原则

应急优先原则是指在突发事件发生后，行政机关行使行政紧急权力时具有优先性。它主要包括四个方面的内容：一是与常态行政行为相比，应急行为优先，在应急状态下，应急处置行为要优先于其他行政行为。二是因采取突发事件应对管理措施，诉讼、行政复议、仲裁、国家赔偿等活动不能正常进行的，属于不可抗力的范围，适用有关时效中止和程序中止的规定，但法律另有规定的除外。三是为应对突发事件，采取的应急措施中，可以克减公民权利。例如，禁止或者限制使用有关设备、设施，关闭或者限制使用有关场所，中止人员密集的活动或者可能导致危害扩大的生产经营活动以及采取其他保护措施。四是有关人民政府及其部门为应对突发事件，可以依法征收、征用单位和个人的财产作为应急物资。

六、预防为主、预防与应急相结合原则

《突发事件应对法》第五条确立了“预防为主、预防与应急相结合”的原则。它包括预防为主原则和预防与应急相结合原则。预防为主原则是指应急法应以预防突发事件的发生作为立法的主要目的和任务。它包括两个方面的内容：一是国家建立重大突发事件风险评估体系，国家机关及其有关部门依法对本行政区域内的危险源和危险区域进行风险辨识、对可能发生的突发事件进行综合性评估、监测，采取管控措施防止发生突发事件。二是企事业单位应依法采取措施，对本单位发生的事故灾难等风险进行辨识、评估、分级和管控，排查事故隐患，防止事故发生。例如，《突发事件应对法》第三十六条规定：“法人和其他组织应当建立健全安全管理制度，定期开展危险源辨识评估，制定安全防范措施；定期检查本单位各项安全防范措施的落实情况，及时消除事故隐患；掌握并及时处理本单位存在的可能引发社会安全事件的问题，防止矛盾激化和事态扩大；对本单位可能发生的突发事件和采取安全防范措施的情况，应当按照规定及时向所在地人民政府或者人民

① 莫于川．中华人民共和国突发事件应对法释义［M］．北京：中国法制出版社，2007：140.

政府有关部门报告。”预防与应急相结合原则则强调在预防突发事件发生的同时，应当做好应急准备工作。应急准备工作主要包括制定应急预案、建立应急救援队伍、储备应急物资等。

【本章重点】

1. 风险是指可能发生的，伤害人身安全和健康，或者损坏设备设施，或者造成经济损失的各种突发事件的不确定因素。风险具有客观性、转化为突发事件的可能性、不断变化性以及可预测性等特征。

2. 现代意义上的应急是指为应对各种可能发生或者已经发生的突发事件而采取的各种措施，包括技术、经济、物资、救援、管理、法治等。应急法是指调整人们在应对各类突发事件过程中产生的社会关系的法律规范的总称。

3. 应急法的调整对象是人们在应对突发事件过程中产生的各种社会关系。应急法有其调整对象，而又难以被现有的法律部门所涵盖，在这个意义上承认应急法属于一个独立的法律部门亦未尝不可。应急法是行为法与组织法的结合，是应对突发事件的过程法，是技术规范和管理规范的有机统一法，是关于常态与紧急状态的统一法。

4. 应急法的效力是指应急法律的效力，表现为应急法对何种空间范围内的人和事产生法律拘束力，它包括时间效力、空间效力、对人的效力和对事的效力。

5. 我国应急法律体系由应急综合法、关于自然灾害类法、关于事故灾难类法、关于公共卫生事件类法和关于社会安全事件类法构成。我国并无统一的应急法，也无紧急状态法，应急法散见于《宪法》《戒严法》《国家安全法》《安全生产法》《防震减灾法》《传染病防治法》《消防法》等诸多特别法之中，但又存在自然灾害、事故灾难、公共卫生事件和社会安全事件综合法的《突发事件应对法》。

6. 应急法的基本原则包括“两个至上”原则、公众参与原则、信息发布和真实原则、比例原则、应急优先原则以及预防为主、预防与应急相结合原则。

【课后习题】

1. 结合具体案例，谈一谈应急法的调整对象。
2. 什么是应急法，并举例说明应急法的法律渊源。
3. 国家应急预案是否为我国应急法体系的组成部分，为什么？
4. 结合具体案例分析我国应急法的基本原则。

第二章
应急工作体制和机制

《现代汉语词典》将“体制”解释为“国家、国家机关、企业、事业单位等的组织制度”①。体制不但要求有实体机构，也要求各实体机构之间的关系，这种关系主要体现为一种组织关系，从法律层面则表现为不同机构之间的权利义务关系或者职责的划分与协调。机制泛指一个工作系统的组织或部分之间相互作用的过程和方式。机制强调一个系统内部各组织或部分之间的协同。有的学者认为，机制是在突发事件应急体制下有效运行的机理性制度，指突发事件全程中各种系统化、制度化、程序化、规范化和理论化的应急管理方法与措施②。

第一节　我国的应急工作体制

对参与应急管理的主体是否限于政府理解不同，学术界对应急管理体制有不同理解。有的学者认为，应急管理体制是指为保障公共安全，有效预防和应对突发事件，避免、减少和减缓突发事件造成的危害，消除其对社会产生的负面影响，而建立起来的以政府为核心，其他社会组织和公众共同参与的组织制度体系③。也有的学者认为，应急管理体制是指政府各系统、部门整合各种资源，根据应急法制，针对各类突发事件的性质、特点和可能造成的社会危害，建立起旨在预防或减少危机发生的工作组织机构④。从我国《突发事件应对法》以及国外参与应急的组织看，应急管理主要以政府为中心，但不限于政府，而是包括政府在内的各种社会组织、企业、普通民众等。但非政府主体参与应急活动，多由政府组织、指导和管理。且应急管理有企事业单位层面的，也有国家层面的。应急管理应该有广义上的，也有狭义上的。广义上的应急管理则包括公共管理层面的应急管理和单位内部的应急管理，上述学者观点中第一种观点就是从广义上界定应急管理体制的。狭义上的应急管理仅指公共管理层面的应急管理，即为了公共利益的需要，由政府主导的针对突发事件的预防、准备、预警、处置、救援和事后处置，上述第二种观点就是从狭义上界定应急管理体制的。本书中的应急管理体制是从狭义上使用的，是指各级人民政府为有效应

① 中国社会科学院语言研究所词典编辑室．现代汉语词典［M］．7 版．北京：商务印书馆，2016：1289.
② 段华明．应急管理体制机制研究［M］．北京：社会科学文献出版社，2017：8.
③ 陈月，蔡文强．应急管理概论［M］．北京：中国法制出版社，2020：21.
④ 杨月巧．新应急管理概论［M］．北京：北京大学出版社，2020：33.

对突发事件，避免、减少和减缓突发事件造成的危害，消除其对社会产生的负面影响，而形成的工作组织机构。依据《突发事件应对法》第四条，我国应急管理体制概括为“统一领导、综合协调、分类管理、分级负责、属地管理为主”。应急管理部组建之后，关于我国应急管理体制，经历了一个变化过程，最初将其概括为“统一指挥、专常兼备、反应灵敏、上下联动、平战结合的应急管理体制”。2019 年 11 月党的十九届四中全会通过的《中共中央关于坚持和完善中国特色社会主义制度推进国家治理能力现代化若干重大问题的决定》指出，“健全公共安全体制机制。完善和落实安全生产责任和管理制度，建立公共安全隐患排查和安全预防控制体系。构建统一指挥、专常兼备、反应灵敏、上下联动的应急管理体制，优化国家应急管理能力体系建设，提高防灾减灾救灾能力”。所以，我国现行的应急管理体制应该为“统一指挥、专常兼备、反应灵敏、上下联动”。本书认为，我国应急工作体制包括应急工作领导体制和应急管理体制。应急管理工作领导体制是“统一领导”，而应急管理体制则为“统一指挥、专常兼备、反应灵敏、上下联动”。

一、应急工作领导体制

我国应急工作领导体制是“统一领导”，它包括以下两层含义。

（一）应急工作坚持中国共产党的领导

中国特色社会主义最本质的特征是中国共产党领导，中国特色社会主义制度的最大优势是中国共产党领导。党是我们各项事业的领导核心，健全风险防范化解机制，坚持从源头上防范化解重大安全风险，真正把问题解决在萌芽之时、成灾之前，在当代中国，没有党的领导，这个是做不到的。做好应急工作，关键在党，而要把应急管理工作这件大事办好，最关键的也是要坚持党的领导。所以，应急管理工作领导体制首先是“坚持中国共产党对突发事件应对管理工作的领导”。这有其深刻的原因：一是中国特色社会主义最本质的特征是中国共产党领导，党是我们各项事业的领导核心。做好应急管理工作，关键在党，而要把应急管理工作这件大事办好，最关键的也是要坚持党的领导。二是“党委和行政”对应急管理工作负同等责任，“党委书记”和“行政主要负责人”同为应急管理工作第一责任人，也要求应急管理工作坚持中国共产党的领导。这就要求：一是必须坚决落实习近平总书记关于应急管理工作一系列重要讲话和重大论述；二是必须坚决落实《中共中央、国务院关于推进安全生产领域改革发展的意见》《中共中央、国务院关于推进防灾减灾救灾体制机制改革的意见》；三是必须坚持党委领导，确保习近平总书记关于应急管理工作重要论述落到实处。

（二）具体应对突发事件时，由县级以上人民政府统一领导

我国对突发事件的应对工作，由县级人民政府统一领导。根据突发事件影响范围和级别，履行统一领导职责的人民政府不同。依据《突发事件应对法》第七条，县级人民政府对本行政区域内突发事件的应对工作负责；涉及两个以上行政区域的，由有关行政区域共同的上一级人民政府负责，或者由各有关行政区域的上一级人民政府共同负责。突发事件

发生后，发生地县级人民政府应当立即采取措施控制事态发展，组织开展应急救援和处置工作，并立即向上一级人民政府报告，必要时可以越级上报。突发事件发生地县级人民政府不能消除或者不能有效控制突发事件引起的严重社会危害的，应当及时向上级人民政府报告。上级人民政府应当及时采取措施，统一领导应急处置工作。

承担统一领导职责的是县级以上各级人民政府。但有些突发事件具有很强的行业性，例如民航、铁路、海事、核利用等行业或者领域发生突发事件的特殊性，所以《突发事件应对法》第七条第四款规定，“法律、行政法规规定由国务院有关部门对突发事件的应对工作负责的，从其规定；地方人民政府应当积极配合并提供必要的支持”。也就是说，应急管理以属地人民政府管理为主，但又允许国务院有关部门的行业管理为例外①。

为进一步明确统一领导职责，《突发事件应对法》第九条进一步规定，国务院和县级以上地方各级人民政府是突发事件应对工作的行政领导机关，其办事机构及具体职责由国务院规定。所以，国务院和县级以上地方各级人民政府中承担具体应急职能的部门和机构并非应急领导机关，而仅仅是应急工作机构而已。即使按照《突发事件应对法》第七条第四款，由国务院有关部门承担特定应急工作的，其行政领导机关也应当是国务院而不是这些部门。

二、应急管理体制

（一）统一指挥

突发事件应对需要调动各方面的力量、物资等，甚至需要全社会参与，不是一个政府机关的某一个部门可以胜任。统一指挥的目的是实现资源统一调度，形成全国或某一个行政区域一盘棋的组织指挥体制是我国应急救援的一大特点，也是我国应急救援的优势所在。统一指挥，首先要明确应急管理的指挥权。我国实行党委领导下的政府负责制，依据《突发事件应对法》第八条，主要包括两个层面：一是国务院层面；二是县级以上地方人民政府层面。

国务院层面主要有三个方面的内容：

（1）国务院在总理领导下研究、决定和部署特别重大突发事件的应对工作。在党中央领导下，国务院是突发事件应急管理工作的最高行政机关。总理主持国务院常务会议研究、决定和部署特别重大突发事件的应对工作，批准设立国家突发事件应急指挥机构，批准派出工作组指导有关工作。

（2）设立国家突发事件应急指挥机构，这里的应急指挥机构既包括相关领域的突发事件应急指挥机构，如国家防汛抗旱指挥部，也包括综合性的应急指挥机构。国务院要不要设或者设哪一类应急指挥机构，由国务院根据实际需要决定。

（3）必要时，国务院可以派出工作组指导有关工作。国务院派出工作组的情况通常是

① 莫于川．中华人民共和国突发事件应对法释义［M］．北京：中国法制出版社，2007：79.

发生在一个或者多个区域内的特别重大突发事件，如防治“禽流感”“非典”“新冠肺炎”。工作组的主要任务是指导地方有效开展应急工作，督促落实有关应急法律和政策措施，对全国性的特别重大的突发事件需要国务院处置的，必要时还需要统一指挥或指导有关地区、部门开展处置工作。

县级以上地方人民政府层面主要包括：

（1）设立统一的应急指挥机构。县级以上地方各级人民政府设立由本级人民政府主要负责人、相关部门负责人、驻当地中国人民解放军和中国人民武装警察部队有关负责人组成的突发事件应急指挥机构，以整合资源，统一领导、协调本级人民政府各有关部门和下级人民政府开展突发事件应对工作。

（2）根据实际需要，设立相关类别突发事件应急指挥机构，组织、协调、指挥突发事件应对工作。这里的“实际需要”主要有两种情形：一种是专业性较强且影响单一的突发事件的应急；另一种是现场应急处置的需要。

（3）应急指挥机构在性质上属于议事协调机构。国务院和县级以上地方各级人民政府是突发事件应对工作的行政领导机关，因此履行应急统一领导职责的属于县级以上各级人民政府。

（二）专常兼备

专常兼备是对应急救援队伍的要求，其表述的意义是我国应急救援队伍中具备“专业救援队伍”和“常备救援队伍”。安全具有很强的专业性，对安全构成危险的各类风险也具有特殊性。不同风险引致的突发事件的救援千差万别。单就应急管理部门的工作而言，就包括安全生产类、自然灾害类等突发事件和综合防灾减灾救灾工作，涵盖了消防管理职责、救灾职责、地质灾害防治职责、水旱防治职责、草原防火职责、森林防火职责、震灾应急救援职责等。不同的事件有不同的特征、不同的应对处置措施，需要专业应急技术和专业应急救援队伍。县级以上人民政府有关部门可以根据实际需要设立专业应急救援队伍。国家综合性消防救援队伍是应急救援的综合性常备骨干力量，按照国家有关规定执行综合应急救援任务。不同专常的队伍在统一指挥下处置不同的突发事件，发挥专常兼备的特点。

企事业单位是生产安全、消防安全等安全的责任主体，应当依法建立由本单位职工组成的专职或者兼职应急救援队伍。

县级以上人民政府及其有关部门可以建立由成年志愿者组成的应急救援队伍。乡级人民政府、街道办事处和有条件的居民委员会、村民委员会可以建立基层应急救援队伍，及时、就近开展应急救援。

此外，国家鼓励和支持社会力量建立提供社会化应急救援服务的应急救援队伍。

（三）反应灵敏

反应灵敏是对应急救援在时间上的要求。反应灵敏要求：一是突发事件信息能够即时上报并启动应急预案；二是采取统一指挥，便于及时协调并调动各方力量参与救援；三是专常兼备，确保应急救援人员能够第一时间赶赴现场，开展专业救援；四是县级以上人民政府应当加强专业应急救援队伍与非专业应急救援队伍的合作，联合培训、联合演练，提高合成应急、协同应急的能力。

（四）上下联动

上下联动是指上级政府对下级政府，上级政府与下级政府有关部门，政府和有关部门与社会有关组织、团体之间的联动。上下联动是协调联动，在强调“属地为主”的同时，又说明了上级政府和下级政府之间、上级政府和下级政府各部门之间、政府与社会各方力量之间的联动关系。

三、应急工作方针

现代汉语词典将“方针”解释为“为发展某项事业制定的指导原则”。应急工作方针是指导应急管理事业制定的指导原则。有的学者认为，“综合协调、分类管理、分级负责、属地管理为主”是应急管理的工作方针。本书认为，它们并非应急管理工作的指导方针，而是我国的应急管理机制。《安全生产法》将“安全第一、预防为主、综合治理”作为安全生产工作的方针，在借鉴我国安全生产工作方针的基础上，结合我国应急管理工作的实际情况，本书将我国应急管理工作的指导方针概括为“安全第一、预防为主、预防与救援相结合”。

（一）安全第一

无论何种类型的突发事件，都是对安全的威胁，它们有的威胁人民群众生命财产安全，有的威胁社会秩序安全，有的威胁国家安全，有的威胁经济安全，有的威胁网络安全，有的威胁金融安全，等等。习近平同志从总体国家安全观出发，提出我国国家安全体系是集政治安全、国土安全、军事安全、经济安全、文化安全、社会安全、科技安全、信息安全、生态安全、资源安全、核安全等于一体的体系。“安全第一”是应急管理工作的总目标和总追求，是我国应急管理工作的首要方针。

（二）预防为主

为实现“安全第一”的工作方针，“预防突发事件”则是首要的措施。不同的突发事件，其发生机理不同，具体的预防措施也千差万别。例如，应对地震灾害，我们主要是通过提前预报方式，让人民群众采取措施，减轻损失。但是应对事故灾难，则要求生产经营单位承担安全生产主体责任，通过安全风险管控和隐患排查治理等措施防止事故发生。概括各种具体应对突发事件措施的核心要义，预防突发事件则主要通过综合治理的方式来实现。综合治理是指国家要采取政治、经济、文化、税收等各种手段，实现预防突发事件或者尽快、尽早地预报、发现和预警突发事件的能力。

（三）预防与救援相结合

传统应急法治侧重于救灾。但现代应急管理更加强调预防。如果采取切实可行的技术手段和管理措施，有些突发事件是能够减少或者预防的，例如生产安全事故。但因各种原因，事故灾难仍时有发生。有些突发事件虽然可以提前预知，但依据目前人类智慧尚不能够预见、不能避免且不能克服，例如地震灾害、飓风灾害等。而凡事预则立、不预则废。因此，应急管理工作必须采取预防与救援相结合的方针，既要重视突发事件的预防，又要做好突发事件一旦发生的应急救援准备工作。

四、应急管理机关

依据《突发事件应对法》第九条，县级以上各级人民政府统一领导突发事件应对工作，是应急领导机关。根据分类管理需要，各级人民政府有关部门分别承担相应的应急管理职责，这些有关部门称为应急管理机关。因突发事件具体类型不同，具体负责的应急管理机关也存在差异。

在中央政府层面，例如，公安部门对社会安全事件的应急管理负责，承担预防、应急预案编制等应急准备工作；卫生行政主管部门对公共卫生事件的应急管理负责，承担公共卫生事件预防、控制等工作。除此之外，还有综合性应急机关。例如，依据《安全生产法》第十条，国务院应急管理部门对全国安全生产工作实施综合监督管理；县级以上地方各级人民政府应急管理部门对本行政区域内安全生产工作实施综合监督管理。国务院交通运输、住房和城乡建设、水利、民航等有关部门依照有关法律、行政法规的规定，在各自的职责范围内对有关行业、领域的安全生产工作实施监督管理；县级以上地方各级人民政府有关部门依照有关法律、行政法规的规定，在各自的职责范围内对有关行业、领域的安全生产工作实施监督管理。对新兴行业、领域的安全生产监督管理职责不明确的，由县级以上地方各级人民政府按照业务相近的原则确定监督管理部门。应急管理部门和对有关行业、领域的安全生产工作实施监督管理的部门，统称负有安全生产监督管理职责的部门。负有安全生产监督管理职责的部门应当相互配合、齐抓共管、信息共享、资源共用，依法加强安全生产监督管理工作。2018 年，依据国家机构改革方案组建应急管理部，负责组织编制国家应急总体预案和规划，指导各地区各部门应对突发事件工作，推动应急预案体系建设和预案演练；建立灾情报告系统并统一发布灾情，统筹应急力量建设和物资储备并在救灾时统一调度，组织灾害救助体系建设，指导安全生产类、自然灾害类应急救援，承担国家应对特别重大灾害指挥部工作；指导火灾、水旱灾害、地质灾害等防治；负责安全生产综合监督管理和工矿商贸行业安全生产监督管理等。公安消防部队、武警森林部队转制后，与安全生产等应急救援队伍一并作为综合性常备应急骨干力量，由应急管理部管理，实行专门管理和政策保障，采取符合其自身特点的职务职级序列和管理办法，提高职业荣誉感，保持有生力量和战斗力。应急管理部要处理好防灾和救灾的关系，明确与相关部门和地方各自的职责分工，建立协调配合机制。

在地方政府层面，地方人民政府各部门通常与中央人民政府保持一致，设立对应的部门，负责对某一类突发事件的应对管理工作，同时设立应急管理部门负责协调职责。例如，北京市应急管理局的主要职责是：①负责本市应急管理工作，指导各区各部门各单位应对安全生产类、自然灾害类等突发事件和综合防灾减灾救灾工作，负责安全生产综合监督管理和工矿商贸行业安全生产监督管理工作；②拟订本市应急管理、安全生产等政策，组织编制应急体系建设、安全生产和综合防灾减灾规划，起草相关地方性法规和政府规章草案，组织制定相关规程和标准并监督实施；③指导本市应急预案体系建设，建立完善事故灾难和自然灾害分级应对制度，组织编制本市总体应急预案和安全生产类、自然灾害类专项预案，综合协调应急预案衔接工作，组织开展预案演练，推动应急避难设施建设；④牵头建立本市统一的应急管理信息系统，负责信息传输渠道的规划和布局，建立监测预警和灾情报告制度，健全自然灾害信息资源获取和共享机制，依法统一发布灾情；⑤组织指导协调本市安全生产类、自然灾害类等突发事件应急救援，综合研判突发事件发展态势并提出应对建议，协助市委、市政府指定的负责同志组织重大灾害应急处置工作；⑥统一协调指挥本市各类应急专业队伍，建立应急协调联动机制，推进指挥平台对接，衔接解放军和武警部队参与应急救援工作，指导本市综合性消防救援队伍开展有关应急救援工作；⑦统筹本市应急救援力量建设，负责组织消防、森林火灾扑救、抗洪抢险、地震和地质灾害救援、生产安全事故救援等专业应急救援力量建设，指导综合性应急救援队伍建设和各区及社会应急救援力量建设；⑧负责本市消防管理工作，指导消防监督、火灾预防、火灾扑救等工作；⑨指导协调本市森林火灾、水旱灾害、地震和地质灾害等防治工作，负责自然灾害综合监测预警工作，指导开展自然灾害综合风险评估工作；⑩组织协调本市灾害救助工作，组织指导灾情核查、损失评估、救灾捐赠工作，管理、分配市级救灾款物并监督使用；⑪依法行使本市安全生产综合监督管理职权，指导协调、监督检查市政府有关部门和各区政府安全生产工作，组织开展安全生产督查、考核工作；⑫按照分级、属地原则，依法监督检查本市工矿商贸生产经营单位贯彻执行安全生产法律法规和标准情况及其安全生产条件和有关设备（特种设备除外）、材料、劳动防护用品的安全生产管理工作，依法组织并指导监督实施安全生产准入制度，负责危险化学品安全监督管理综合工作和烟花爆竹经营单位安全监督管理工作，负责煤矿、非煤矿山安全生产监督管理工作；⑬依法组织指导本市生产安全事故调查处理，监督事故查处和责任追究落实情况，组织开展自然灾害类突发事件的调查评估工作；⑭开展应急管理方面的对外交流与合作，组织参与安全生产类、自然灾害类等突发事件的对外救援工作；⑮制定本市应急物资储备和应急救援装备规划并组织实施，会同市粮食和储备局等部门建立健全应急物资信息平台和调拨制度，在救灾时统一调度；⑯负责本市应急管理、安全生产宣传教育和培训工作，组织指导应急管理、安全生产的科学技术研究、推广应用和信息化建设工作；⑰承担市突发事件应急委员会的具体工作，负责规划、组织、协调、指导、检查本市突发事件应对工作及应急管理的预案、体制、机制和法制建设，承担市安全生产委员会、市防火安全委员会（市森林防火指挥部）、市人民政府防汛抗旱指挥部的具体工作；⑱完成市委、市政府交办的其他任务。北京市应急管理局正转变职能，加强、优化、统筹北京市应急能力建设，构建统一领导、权责一致、权威高效的应急能力体系，推动形成统一指挥、专常兼备、反应灵敏、上下联动、平战结合的应急管理体制。一是坚持以防为主、防抗救结合，坚持常态减灾和非常态救灾相统一，努力实现从注重灾后救助向注重灾前预防转变，从应对单一灾种向综合减灾转变，从减少灾害损失向减轻灾害风险转变，提高本市应急管理水平和防灾减灾救灾能力，防范化解重特大安全风险。二是坚持以人为本，把确保人民群众生命安全放在首位，确保受灾群众基本生活，加强应急预案演练，增强全民防灾减灾意识，提升公众知识普及和自救互救技能，切实减少人员伤亡和财产损失。三是树立安全发展理念，坚持生命至上、安全第一，完善安全生产责任制，坚决遏制重特大安全事故①。

突发事件应对工作需要调动各方面的资源，因此除了主责部门负责日常管理之外，还涉及其他部门。例如，卫生行政主管部门（国家卫生健康委员会以及地方卫生健康主管部门）负责制定并组织落实疾病预防控制规划、国家免疫规划以及严重危害人民健康公共卫生问题的干预措施，制定检疫传染病和监测传染病目录；负责卫生应急工作，组织指导突发公共卫生事件的预防控制和各类突发公共事件的医疗卫生救援。但公共卫生事件应对还需要发展和改革部门、民政部门、海关、市场监督管理部门、国家医疗保障部门、国家药品监督管理部门、应急管理部门、公安机关等配合。

五、其他应急主体

依据《突发事件应对法》，突发事件应对工作中还存在其他主体，具体包括：

（1）公民、法人和其他组织。公民、法人和其他组织有义务参与突发事件应对工作，公民、法人和其他组织负有及时报告信息、主动采取自救措施、积极配合政府及有关部门预防和处理突发事件等义务。

（2）中国人民解放军、中国人民武装警察部队和民兵组织。中国人民解放军、中国人民武装警察部队和民兵组织依照《突发事件应对法》和其他有关法律、行政法规、军事法规的规定以及国务院、中央军事委员会的命令，参加突发事件的应急救援和处置工作。

（3）外国政府和有关国际组织。在实际工作中，许多突发事件的预防、监测与预警、应急处置与救援、事后恢复与重建工作仅凭一国力量无法完成。例如，2019 年末 2020 年初席卷全球的新冠疫情，都无法由一个国家单独应对，必须诉诸国际合作，所以《突发事件应对法》规定，中华人民共和国政府在突发事件的预防、监测与预警、应急处置与救援、事后恢复与重建等方面，同外国政府和有关国际组织开展合作与交流。

（4）人民代表大会常务委员会。县级以上人民政府作出应对突发事件的决定、命令，应当报本级人民代表大会常务委员会备案；突发事件应急处置工作结束后，应当向本级人民代表大会常务委员会作出专项工作报告。

---

① 北京市应急管理局机构职能［EB/OL］.［2021-08-23］. http：//yjglj. beijing. gov. cn/col/col2490/index. html.

第二节 我国的应急工作机制

《突发事件应对法》对突发事件应对工作机制未作明确规定。因此，我国应急工作机制如何，有不同的理解。有的学者将我国应急工作机制概括为“统一指挥、反应灵敏、协调有序、运转高效”[①]。但也有的学者将应急工作机制归纳为应急预案体系、应急救援指挥体系、应急处置体系、救援力量体系、风险防范化解体系和综合减灾工作体系等六大体系[②]。机制首先是一个系统内部的概念，如果一个体系就是一个系统，那么系统中存在各种机制。应急工作是一个系统工程，因此应急工作机制是确保应急管理体制得以有效运行的有机过程和方式。因此，本书将我国的应急管理工作机制概括为“党委领导、政府负责、军地联合、社会协同、公众参与”。

一、党委领导

党的领导是做好党和国家各项工作的根本保证，党政军民学、东西南北中，党是领导一切的，我国应急管理工作也不例外，应急管理工作必须坚持党总揽全局、协调各方的领导核心地位。我国是世界上自然灾害最为严重的国家之一，灾害种类多，分布范围广，发生频率高，造成损失重，这是一个基本国情。同时，我国各类事故隐患和安全风险交织叠加、易发多发，影响公共安全的因素日益增多。加强应急管理体系和能力建设，既是一项紧迫任务，又是一项长期任务。这就需要调动全社会各方面力量，做好防灾减灾工作，做好各类突发事件的应对工作。中国共产党有能力、也有责任领导中国人民做好突发事件应对工作。因此，应急管理工作坚持中国共产党的领导，党委领导是我国应急工作机制得以顺畅的保障。各级党委和政府要切实担负起“促一方发展、保一方平安”的政治责任，严格落实责任制。各级党委通过党委会研究应急管理工作，带动各级党委、政府有关部门抓应急工作，党委要抓应急管理工作的大事，基层党组织要发挥战斗堡垒作用。

二、政府负责

应急管理工作主要由政府负责。依据《突发事件应对法》，突发事件的预防和应对主要由政府负责，但涉及生产安全事故、消防事故时，则主要由企事业单位负责，政府监管。政府负责是由县级以上地方人民政府组织本行政区域内突发事件的预防和应对工作。例如，依据《突发事件应对法》第二十条规定，县级人民政府应当对本行政区域内容易引发自然灾害、事故灾难和公共卫生事件的危险源、危险区域进行调查、登记、风险评估，定期进行检查、监控，并责令有关单位采取安全防范措施。省级和设区的市级人民政府应

① 段华明．应急管理体制机制研究［M］．北京：社会科学文献出版社，2017：8.

② 杨月巧．新应急管理概论［M］．北京：北京大学出版社，2020：55.

当对本行政区域内容易引发特别重大、重大突发事件的危险源、危险区域进行调查、登记、风险评估，组织进行检查、监控，并责令有关单位采取安全防范措施。县级以上人民政府和有关部门要对可能发生的突发事件进行监测、预警；突发事件发生后，履行统一领导职责或者组织处置突发事件的人民政府应当针对其性质、特点和危害程度，立即组织有关部门，调动应急救援队伍和社会力量，依照有关法律、法规、规章的规定采取应急处置措施。政府负责并非由县级以上人民政府单独负责，而是要求县级以上人民政府单独或者组织有关部门承担突发事件预防、监测、预警和应急救援与处置工作等。所以，政府负责延伸出以下几个机制：综合协调、分类管理、分级负责、属地管理为主。

（一）综合协调

按照《突发事件应对法》《安全生产法》《职业病防治法》《传染病防治法》《防震减灾法》《生产安全事故应急条例》等法律、行政法规，国务院各有关部门分别负责相关类别突发公共事件的应急管理工作。但是，应对突发事件，需要调动各方面力量参与其中。例如，2003 年春天爆发的 SARS 危机和 2020 年全球范围内的新冠疫情等，需要调动多个部门，多方参与。这就要求突发事件应对由县级以上各级人民政府作为突发事件应对工作的行政领导机关。在突发事件发生后，政府被宪法和法律赋予了非常广泛的行政职权，为突发事件的政府防治权力提供了宪法和法律依据。因此，县级以上人民政府统一领导，综合协调政府各部门，调动各方面的人财物，有效控制突发事件。为了协调各部门，大多数国家多设立一个专门从事应急管理的政府机构作为核心。例如，加拿大的“关键基础设施保护与危机准备局”、美国的“国土安全部”、俄罗斯的“紧急情况部”，通过设置综合协调机构实现部门联动的目的。

（二）分类管理

依据《突发事件应对法》，突发事件包括事故灾难、公共卫生事件、自然灾害和社会安全事件。不同类别的突发事件，其预防管理主体和应对措施存在诸多差异。例如，公共卫生事件和地震灾害应对方面就存在极大差别。分类管理体现在以下三个方面：一是日常监管（预防）的分类管理。在突发事件预防方面，则将其划入不同的部门，如公安部门负责社会安全的监督管理，应急管理部门负责事故灾难和自然灾害的预防，卫生行政主管部门负责公共卫生事件的日常监督管理。二是预案的分类管理。我国针对不同灾种，分别制定了《国家突发公共安全事件应急预案》《国家防汛抗旱应急预案》《国家气象灾害应急预案》《国家地震应急预案》《国家安全生产事故灾难应急预案》《国家突发公共卫生事件应急预案》等。三是救援的专业化。应急管理呈现出专业化、专门化的特点。例如，瑞士国家应急中心是联邦应对各类突发事件的专门技术中心，现有人员都具有某一方面的专业技术特长。在我国，公共卫生事件应对则主要是医疗人员，煤矿事故救援则主要是矿山救护人员，火灾扑救则主要是消防救援人员。

（三）分级负责

我国突发事件应对以县级人民政府为主，当县级人民政府无力承担时，才由其上级人民政府负责。突发事件发生地县级人民政府不能消除或者不能有效控制突发事件引起的严重社会危害的，应当及时向上级人民政府报告。上级人民政府应当及时采取措施，统一领导应急处置工作。

（四）属地管理为主

突发事件应对工作以地方人民政府的属地管理为主，县级人民政府对“本行政区域内”突发事件的应对工作负责。突发事件发生后，发生地县级人民政府应当立即采取措施控制事态发展，组织开展应急救援和处置工作，并立即向上一级人民政府报告，必要时可以越级上报。

三、军地联合

军队作为重要的国家应急救援力量，无论是抢险救灾，还是事故救援，重大突发事件的处置都离不开军队力量的参与。2007 年颁布的《突发事件应对法》对军队参与应急救援作出了明确规定：“中国人民解放军、中国人民武装警察部队和民兵组织依照本法和其他有关法律、行政法规、军事法规的规定以及国务院、中央军事委员会的命令，参加突发事件的应急救援和处置工作。”此外，《国家突发公共事件总体应急预案》指出：“解放军和武警是处置突发公共事件的骨干和突击力量。”在我国自然灾害多发、事故类型复杂的背景下，为加强应急救援队伍建设，从而进一步推进应急管理体系和能力现代化，有必要进一步健全军地应急救援协调联动机制，整合军地资源，发挥军队作为应急救援力量的优势。

在我国，军地联合应对突发事件，主要有以下几个方面的内容：一是军队有关负责人作为应急指挥机构的成员，县级以上地方人民政府设立由本级人民政府主要负责人、相关部门负责人、驻当地中国人民解放军、中国人民武装警察部队和国家综合性消防救援队伍有关负责人组成的突发事件应急指挥机构，统一领导、协调本级人民政府各有关部门和下级人民政府开展突发事件应对管理工作；二是县级以上地方人民政府汇总分析突发事件隐患和预警信息，认为可能发生重大或者特别重大突发事件的，应当向当地驻军通报；三是可以预警的自然灾害、事故灾难或者公共卫生事件即将发生或者发生的可能性增大时，县级以上地方人民政府应向当地驻军通报；四是军队参加突发事件的应急救援和处置工作。中国人民解放军、中国人民武装警察部队和民兵组织依照本法和其他有关法律、行政法规、军事法规的规定以及国务院、中央军事委员会的命令，参加突发事件的应急救援和处置工作。

四、社会协同

应对突发事件需要法人、非法人组织参与。社会协同，就是协调整合全社会的资源，一致地完成应对突发事件的目标。依据《突发事件应对法》，社会协同主要有以下措施：一是法人和其他组织有义务参与突发事件应对工作；二是有关人民政府及其部门为应对突发事件，可以征用单位的财产。

五、公众参与

应急管理工作要坚持群众观点和群众路线，坚持社会共治，完善公民安全教育体系，推动安全宣传进企业、进社区、进学校、进家庭，加强公益宣传，普及安全知识，培育安全文化，开展常态化应急疏散演练，支持引导社区居民开展风险隐患排查和治理，积极推进安全风险网格化管理，筑牢防灾减灾救灾的人民防线。公民、法人和其他组织有义务参与突发事件应对工作。有关人民政府及其部门为应对突发事件，可以征用单位和个人的财产。

【本章重点】

1. 应急管理体制是指各级人民政府为有效应对突发事件，避免、减少和减缓突发事件造成的危害，消除其对社会产生的负面影响而形成的工作组织机构。

2. 我国应急工作体制包括应急管理体制和应急管理工作领导体制。应急管理工作领导体制是“统一领导”，而应急管理体制则为“统一指挥、专常兼备、反应灵敏、上下联动”。

3. 我国应急管理工作的指导方针可概括为“安全第一、预防为主、预防与应急相结合”。

4. 我国应急管理工作机制可概括为“党委领导、政府负责、军地联合、社会协同、公众参与”。

【课后习题】

1. 结合具体实例，谈一谈我国应急工作体制主要有哪些应急主体参与其中，各自负有何种应急职责。

2. 如何理解党委领导应急管理工作?

3. 公众参与主要体现在哪些方面?

4. 突发事件应急由政府负责，政府负责体现在哪些方面?

第三章 预防与应急准备法律制度

预防为主是应急管理工作的基本方针。依据《突发事件应对法》，预防与应急准备法律制度主要包括制定应急预案并定期和不定期组织演练，对应急预案进行更新、修改，企事业单位内部和各级人民政府及县级以上人民政府有关部门要加强突发事件风险管控，辨识风险，评估风险，并根据风险性质、风险等级等采取管控措施。国家建立突发事件监测预警体系，根据具体情况，企事业单位要对单位内部突发事件进行监测预警，各级人民政府也要加强对本区域范围内突发事件的监测预警。应急准备法律制定还包括应急避难场所制度、资金保障制度、运输保障制度和应急物资保障制度等。建设素质过硬的应急救援队伍是应急救援人力资源的重要保障，应急救援队伍法律制度主要包括应急救援队伍建设法律制度和应急救援队伍管理制度，它包括企事业单位内部应急救援队伍，还包括县级以上人民政府和有关部门依法组织建立的应急救援队伍。

第一节 应急预案制度

一、应急预案的内涵、分类与功能

（一）应急预案的内涵

1974 年 6 月 1 日，英国弗利克斯伯勒（Flixborough）一家化工厂发生环烷氧化装置泄漏爆炸事故。事故发生后，英国卫生与安全委员会设立了重大危险咨询委员，负责研究重大危险源的辨识、评价技术和控制措施，首次提出应当制订应急预案——这是应急预案的起源[①]。

对我国大多数人来说，“应急预案”一词在 2003 年“非典”疫情之前是十分陌生的。但是，随着我国应急管理体系的建设和发展，诸如“×地迅速启动×应急预案”一类的话语和新闻频频见于媒体，逐渐为公众所关注和熟知。2020 年初以来为了抗击新冠疫情，全国各地也纷纷制定或启动应急预案。那么，应急预案到底是什么？

应急预案是我国“一案三制”应急管理体系建设工作中的重要内容，是突发公共事件应急准备工作的基础，它的建立和运行需要应急管理体制、机制和法制的支撑与保障。

① 童星，张海波．基于中国问题的灾害管理分析框架［J］．中国社会科学，2010（1）：132-146.

《突发事件应对法》对应急预案的规定比较原则，没有细致、具体的规定。其他单行的应急法如《防洪法》《抗震减灾法》《安全生产法》《消防法》《传染病防治法》等从不同层面和角度对不同突发事件应急预案的编制和管理也作出了一些规定，但大多比较简略和原则。很长一段时间，应急预案的编制和管理都缺乏统一、具体的规范。2013 年 10 月 25 日，国务院办公厅印发《突发事件应急预案管理办法》[①]，首次从国家层面明确了应急预案的概念，并对应急预案管理原则提出要求，即应急预案管理要遵循统一规划、分类指导、分级负责、动态管理的原则。该《办法》在层级上虽然只是一个规范性文件，不是行政法规，但在实践中发挥了明显作用。2018 年应急管理部组建以后，应急预案进入了新一轮的修订期。

依据《办法》第二条，应急预案是指各级人民政府及其部门、基层组织、企事业单位、社会团体等为依法、迅速、科学、有序应对突发事件，最大程度减少突发事件及其造成的损害而预先制定的工作方案。应急预案不是法律规范，它只是各种应急法律规范在特定范围内的具体执行方案。从突发事件处置的过程来讲，应急预案要规定政府及其管理部门和所有需要制定预案的单位在突发事件的事前、事发、事中、事后的工作程序和内容。从突发事件处置的内容来讲，它要明确回答谁来做、怎样做、做什么、何时做、用什么资源做等一系列问题[②]。

（二）应急预案的分类

依照不同的标准，应急预案分类多种多样。按照制定主体的不同，应急预案分为政府及其部门应急预案、单位和基层组织应急预案两大类。

1. 政府及其部门应急预案

政府及其部门应急预案由各级人民政府及其部门制定，包括总体应急预案、专项应急预案、部门应急预案等。

1）总体应急预案

总体应急预案是应急预案体系的总纲，是政府组织应对突发事件的总体制度安排，由县级以上各级人民政府制定。总体应急预案主要规定突发事件应对的基本原则、组织体系、运行机制，以及应急保障的总体安排等，明确相关各方的职责和任务。总体应急预案主要解决“谁来做”的问题。总体应急预案名称为《×省（区、市）人民政府突发公共事件总体应急预案》，正文前应有总目录，并就预案的整体情况作简要说明。按国务院办公厅统一行文规定的要求打印，并按有关规定标注密级。2018 年 3 月，中共中央印发《深化党和国家机构改革方案》，将组织编制国家总体应急预案和规划，指导各地区各部门应对突发事件工作，推动应急预案体系建设和预案演练的职责划归应急管理部。

2）专项应急预案

---

① 为行文方便，本节将其简称为《办法》。

② 闪淳昌，薛澜. 应急管理概论：理论与实践［M］. 北京：高等教育出版社，2018：381.

专项应急预案是政府为应对某一类型或某几种类型突发事件，或者针对重要目标物保护、重大活动保障、应急资源保障等重要专项工作而预先制定的涉及多个部门职责的工作方案，由有关部门牵头制订，报本级人民政府批准后印发实施。专项应急预案主要解决“做什么”的问题，按照突发事件分类，分别编制自然灾害、事故灾难、公共卫生事件和社会安全事件四类专项应急预案。

3）部门应急预案

部门应急预案是政府有关部门根据总体应急预案、专项应急预案和部门职责，为应对本部门（行业、领域）突发事件，或者针对重要目标物保护、重大活动保障、应急资源保障等涉及部门工作而预先制定的工作方案，由各级政府有关部门制定。部门应急预案主要解决“怎么做”的问题。依据《突发事件应对法》第十七条，中央层面的部门应急预案由国务院有关部门根据各自的职责和国务院相关应急预案制定；地方层面的部门应急预案则由地方各级人民政府和县级以上地方各级人民政府有关部门根据有关法律、法规、规章、上级人民政府及其有关部门的应急预案以及本地区的实际情况制定。

4）联合应急预案

《办法》鼓励相邻、相近的地方政府及其有关部门联合制定应对区域性、流域性突发事件的联合应急预案。联合应急预案侧重明确相邻、相近地方人民政府及其部门间信息通报、处置措施衔接、应急资源共享等应急联动机制。联合应急预案主要解决“协作做”的问题，很多建立了区域应急管理合作机制的地方政府之间会制定这种联合应急预案，主要应用在环境突发事件、气象灾害、洪涝灾害等方面。

例如，结合京津冀冰雪灾害天气交通保障联动工作实际和现有各类相关应急预案，2015 年 12 月 26 日，北京、天津、河北三地突发事件应急委员会（应急管理工作小组）联合印发了《京津冀冰雪灾害天气交通保障应急联动预案》。该预案是京津冀协同发展大背景下三地联合制定的第一部应急联动预案，其目的是全面提高京津冀三地跨区域冰雪灾害天气交通保障联动和协同应对能力，构建信息互通、联合会商、协同指挥、资源支援等交通保障应急联动机制，最大限度地减少冰雪灾害天气对京津冀交通的影响，保障滞留人员和车辆疏散及时、安置有序。2022 年修订的《北京市安全生产条例》第十二条明确规定：“本市建立健全区域安全生产协同工作机制，协同推进京津冀安全生产地方标准建设，加强一体化应急救援，推动京津冀安全生产协同发展。”为进一步推动京津冀一体化应急救援，推动京津冀安全生产协同发展，提供了法律保障。

2. 单位和基层组织应急预案

依据《办法》第九条的规定，单位和基层组织应急预案是由机关、企业、事业单位、社会团体和居委会、村委会等法人和基层组织制定，侧重明确应急响应责任人、风险隐患监测、信息报告、预警响应、应急处置、人员疏散撤离组织和路线、可调用或可请求援助的应急资源情况及如何实施等，体现了自救互救、信息报告和先期处置等特点。大型企业集团可根据相关标准规范和实际工作需要，参照国际惯例，建立本集团应急预案体系。

一般来说，不同单位和基层组织的规模和能力差别很大，很难有统一的标准。因此，这些单位编制预案的思路应该是比较收敛而不是发散的，就是立足于自身有限的应急资源规定信息预警和先期处置。其应急预案的形式甚至未必需要是正式的，可以采取“一张图”的简明形式①。

无论政府及其部门应急预案，还是单位和基层组织应急预案，都要求有相关配套文件。这些配套文件主要有：

（1）现场工作方案。依据《办法》第十条，政府及其部门、有关单位和基层组织可以根据应急预案，并针对突发事件现场处置工作灵活制定现场工作方案，侧重明确现场组织指挥机制、应急队伍分工、不同情况下的应对措施、应急装备保障和自我保障等内容。

（2）操作手册。依据《办法》第十一条，政府及其部门、有关单位和基层组织可以结合本地区、本部门和本单位具体情况，编制应急预案操作手册，内容一般包括风险隐患分析、处置工作程序、响应措施、应急队伍和装备物资情况，以及相关单位联络人员和电话等。

现场工作方案和操作手册是应急预案的一部分，属于操作面的内容，是应急预案中最为详细、具体的部分。一般的应急预案，不需要区分预案正文和现场工作方案、操作手册。操作层次比较复杂的应急预案，则需要区分预案正文与现场工作方案、操作手册。现场工作方案、操作手册多以附件形式出现。一般来说，预案的正文部分侧重总体战略层面的指挥决策和安排，并适当兼顾战术层面的操作；现场工作方案和操作手册则侧重战术层面的具体操作②。

（三）应急预案的功能

1. 应急预案是体制机制的重要载体

应急预案的最大价值就在于，将法律上的应急策略和方法转化为可供操作的具体方案，可以说，应急预案本身不是法律，而是法律的执行方案。应急预案本身也不是机制，而是机制的具体化③。应急预案是应急管理体系建设的龙头，是“一案三制”的起点，应急预案起着应急规划、纲领和指南的作用，是应急理念的载体，是应急行动的宣传书、动员令、冲锋号，是应急管理部门实施应急教育、预防、引导、操作等多方面工作的有力“抓手”④。

2. 应急预案使应急工作有章可循

突发事件的发生，打破了原有的社会秩序，使社会陷入混乱状态。突发事件的应对工作涉及面广，时间紧，任务急，应急预案可以实现多个地区部门机构、组织、单位的统一配合、协调联动，有利于对突发事件快速作出响应和进行处置，有利于避免和防止突发事

---

① 林鸿潮．应急法概论［M］．北京：应急管理出版社，2020：143.

② 同①：144.

③ 林鸿潮．公共应急管理机制的法治化［M］．武汉：华中科技大学出版社，2009：8.

④ 莫于川．应急预案法治论：突发事件应急预案的法治理论与制度建构［M］．北京：法律出版社，2020：37.

件扩大或升级，减少损失，也有利于开展后续的恢复与重建工作。例如，2007 年 3 月 4 日至 5 日，吉林省发生了 1951 年以来最为严重的强暴风雪天气袭击。吉林省气象部门、吉林省政府及受灾地区迅速启动气象灾害应急预案，组织开展应对工作。长春市仅用 2 天时间就在市区实现供气零影响、供电零跳闸、供水零爆裂、有线信号零中断、学校零停课和交通零重特大事故，实现了群众生产生活的基本正常和社会秩序的总体平稳。

3. 应急预案能实现应急资源的优化配置

突发事件的应对处置，往往需要调动大量人、财、物等社会资源。应急预案既要确定需要的物资资源种类、数量和规格，保证应急资源充足，也要进行统筹规划，合理配置，避免出现资源配置过剩而导致积压和浪费。

4. 应急预案使应急处置措施明确，环环相扣

通过科学方法制定的应急预案，汲取了同类突发事件应对处置的经验教训，能够较好地把握突发事件的发展规律，制定出比较合理的处置程序和措施。同时，通过演练，应急管理人员对这些程序和措施能够熟练掌握，在突发事件发生后，能够按图索骥，根据事件的发展进程，环环相扣，采取应对措施①。

二、应急预案的编制

（一）应急预案编制的原则

1. 以人为本，健全机制

要把保障人民群众的生命安全和身体健康作为应急工作的出发点和落脚点，最大限度地减少突发公共事件造成的人员伤亡和危害。要不断改进和完善应急救援的装备、设施和手段，切实加强应急救援人员的安全防护和科学指挥。要充分发挥人的主观能动性，充分依靠各级领导、专家和群众，充分认识社会力量的基础性作用，建立健全组织和动员人民群众参与应对突发公共事件的有效机制。

2. 依靠科学，依法规范

制定、修订应急预案要充分发挥社会各方面，尤其是专家的作用，实行科学民主决策，采用先进的预测、预警、预防和应急处置技术，提高预防和应对突发公共事件的科技水平，提高预案的科技含量。预案要符合有关法律、法规、规章，与相关政策相衔接，与完善政府社会管理和公共服务职能、深化行政管理体制改革相结合，确保应急预案的全局性、规范性、科学性和可操作性。

3. 统一领导，分级管理

在国务院统一领导下，组织有关部门、单位制定和修订本部门的突发公共事件应急预案。要按照分级管理、分级响应和条块结合、以块为主的原则，落实各级应急响应的岗位责任制，明确责任人及其指挥权限。

---

① 闪淳昌，薛澜．应急管理概论：理论与实践［M］．北京：高等教育出版社，2018：382.

4. 加强协调配合，确保快速反应

应急预案的制定和修订是一项系统工程，要明确不同类型突发公共事件应急处置的牵头部门或单位，其他有关部门和单位要主动配合、密切协同、形成合力；要明确各有关部门和单位的职责和权限；涉及关系全局、跨部门、跨地区或多领域的，预案制定、修订部门要主动协调有关各方；要确保突发公共事件信息及时准确传递，应急处置工作反应灵敏、快速有效；充分依靠和发挥人民解放军和武警部队在处置突发公共事件中的骨干作用和突击队作用；充分发挥民兵在处置突发公共事件中的重要作用。

5. 坚持平战结合，充分整合现有资源

要经常性地做好应对突发事件的思想准备、预案准备、机制准备和工作准备，加强培训演练，做到常备不懈。按照条块结合，资源整合，降低行政成本的要求，充分利用现有资源，避免重复建设，充分发挥我国社会主义制度集中力量办大事的优越性。新冠疫情发生以来，习近平总书记多次在不同场合提出“平战结合”的要求，指出要坚持平时和战时结合、预防和应急结合、科研和救治防控结合，加强疫病防控和公共卫生科研攻关体系和能力建设。要统筹各方面科研力量，提高体系化对抗能力和水平。

6. 借鉴国外经验，符合我国实际

认真借鉴国外处置突发公共事件的有益经验，深入研究我国实际情况，切实加强我国应急能力和机制的建设，提高社会管理水平，要充分发挥我们的政治优势、组织优势，在各级党委和政府的领导下，发挥基层组织的作用，建立健全社会治安综合治理、城乡社区管理等社会管理机制。

（二）应急预案编制的基本环节

应急预案编制应当按照相应的应急预案编制框架或者指南进行。省级专项应急预案和部门应急预案编制框架由省人民政府组织制定；其他应急预案编制指南由相应政府及其有关部门，根据实际情况组织制定。应急预案编制总体上遵循“全”“准”“活”“练”四原则：“全”体现为预案编制横向和纵向的全覆盖；“准”要求应急预案编制务必结合实际、有针对性；“活”强调应急预案并非一成不变，要随着应急目标等变化不断调整完善，加强应急预案的动态管理；“练”指的是预案的实际效果，即应急预案的演练[①]。通常，应急预案的编制包括如下几个基本环节。

1. 拟定编制规划

依据《办法》第十三条，各级政府应当针对本行政区域多发易发突发事件、主要风险等，制定本级政府及其部门应急预案编制规划，并根据实际情况变化适时修订完善。单位和基层组织可以根据应对突发事件需要，制定本单位、本基层组织应急预案编制计划。

2. 成立编制小组

依据《办法》第十四条，应急预案编制部门和单位应组成预案编制工作小组，吸收预

① 陶振．突发事件应急预案：体系、编制与优化［J］．行政论坛，2013（5）：60-66.

案涉及主要部门和单位业务相关人员、有关专家及有现场处置经验的人员参加。编制工作小组组长由应急预案编制部门或单位有关负责人担任。预案编制小组的成员确定后，应当进行分工，明确任务，保证预案编制工作的科学有序。例如 2003 年 11 月，国务院办公厅成立由国务委员兼国务院秘书长为组长的专门应急预案工作小组，负责编制《国家突发公共事件总体应急预案》，组织国务院有关部门拟订专项预案和部门预案，指导各省（区、市）政府制定应急预案。

3. 风险评估和资源调查

风险评估是应急预案的源头环节，是改进应急预案工作最重要的基础性工作。依据《办法》第十五条，编制应急预案应当在开展风险评估和应急资源调查的基础上进行，风险评估是指针对突发事件特点，识别事件的危害因素，分析事件可能产生的直接后果以及次生衍生后果，评估各种后果的危害程度，提出控制风险、治理隐患的措施。应急资源的调查，要求全面调查本地区、本单位第一时间可调用的应急队伍、装备、物资、场所等应急资源状况和合作区域内可请求援助的应急资源状况，必要时对本地居民应急资源情况进行调查，为制定应急响应措施提供依据。

4. 征求意见

依据《办法》第十六条，应急预案草案拟定之后，应当征求意见：①政府及其部门应急预案编制过程中应当广泛听取有关部门、单位和专家的意见，与相关的预案做好衔接，涉及其他单位职责的，应当书面征求相关单位意见，必要时向社会公开征求意见；②单位和基层组织应急预案编制过程中，应根据法律行政法规要求或实际需要，征求相关公民、法人或其他组织的意见。

5. 进行预案评审

为保证应急预案的科学性、合理性以及与实际情况的符合性，预案编制工作小组或牵头单位应当将预案送审稿及各有关单位复函和意见采纳情况说明、编制工作说明等有关材料报送应急预案审批单位进行评审。依据《办法》第十七条，预案编制工作小组或牵头单位应当将预案送审稿及各有关单位复函和意见采纳情况说明、编制工作说明等有关材料报送应急预案审批单位。因保密等原因需要发布应急预案简本的，应当将应急预案简本一起报送审批。依据《办法》第十八条，应急预案审核内容主要包括预案是否符合有关法律、行政法规，是否与有关应急预案进行了衔接，各方面意见是否一致，主体内容是否完备，责任分工是否合理明确，应急响应级别设计是否合理，应对措施是否具体简明、管用可行等。必要时，应急预案审批单位可组织有关专家对应急预案进行评审。

6. 审批转发与备案

（1）审批转发。依据《办法》第十九条，国家总体应急预案报国务院审批，以国务院名义印发；专项应急预案报国务院审批，以国务院办公厅名义印发；部门应急预案由部门有关会议审议决定，以部门名义印发，必要时，可以由国务院办公厅转发。地方各级人民政府总体应急预案应当经本级人民政府常务会议审议，以本级人民政府名义印发；专项应急预案应当经本级人民政府审批，必要时经本级人民政府常务会议或专题会议审议，以本级人民政府办公厅（室）名义印发；部门应急预案应当经部门有关会议审议，以部门名义印发，必要时，可以由本级人民政府办公厅（室）转发。单位和基层组织应急预案须经本单位或基层组织主要负责人或分管负责人签发，审批方式根据实际情况确定。

（2）备案。依据《办法》第二十条，应急预案审批单位应当在应急预案印发后的20个工作日内依照下列规定向有关单位备案：①地方人民政府总体应急预案报送上一级人民政府备案；②地方人民政府专项应急预案抄送上一级人民政府有关主管部门备案；③部门应急预案报送本级人民政府备案；④涉及需要与所在地政府联合应急处置的中央单位应急预案，应当向所在地县级人民政府备案。法律、行政法规另有规定的从其规定。

三、应急预案的动态管理

应急预案并非一成不变，应当与时俱进。应急预案的管理应该是动态的，《办法》对此提出了明确要求，从多个角度推动建立应急预案的持续改进机制和实施全过程管理。

（一）应急预案的实施

1. 宣传普及、教育培训

1）宣传普及

依据《突发事件应对法》第二十九条，县级人民政府及其有关部门、乡级人民政府、街道办事处应当组织开展应急知识的宣传普及活动和必要的应急演练。居民委员会、村民委员会、企业事业单位应当根据所在地人民政府的要求，结合各自的实际情况，开展有关突发事件应急知识的宣传普及活动和必要的应急演练。新闻媒体应当无偿开展突发事件预防与应急、自救与互救知识的公益宣传。

宣传普及的方式是多种多样的，依据《办法》第二十九条，对需要公众广泛参与的非涉密的应急预案，编制单位应当充分利用互联网、广播、电视、报刊等多种媒体广泛宣传，制作通俗易懂、好记管用的宣传普及材料，向公众免费发放，进行宣传。

2）教育培训

与宣传不同，教育培训的重点是让受众掌握应急预案中的操作性程序和技能。依据《突发事件应对法》第二十五条，县级以上人民政府应当建立健全突发事件应急管理培训制度，对人民政府及其有关部门负有处置突发事件职责的工作人员定期进行培训。应急预案编制单位应当通过编发培训材料、举办培训班、开展工作研讨等方式，对与应急预案实施密切相关的管理人员和专业救援人员等组织开展应急预案培训。各级政府及其有关部门应将应急预案培训作为应急管理培训的重要内容，纳入领导干部培训、公务员培训、应急管理干部日常培训内容。

各级各类学校应当把应急知识教育纳入教学内容，对学生进行应急知识教育，培养学生的安全意识和自救与互救能力。教育主管部门应当对学校开展应急知识教育进行指导和监督。

培训内容可以是涉及应急管理理论、方法、技术、实践等的全面立体培训（如应急预案培训），也可以是特定内容的培训（如灭火器使用培训等）。培训对象中，最重要的是指挥者和专业应急人员。指挥者需要熟悉预案规定的指挥与协调、应急响应启动、响应程序和响应行动等全方位、全过程的工作程序和方法；应急响应专业人员需要掌握操作流程、响应行动需要的资源和技能等。对于公众来说，要掌握预警信息的接收，熟悉疏散撤离的路线方式、场所与危险警示标志等，学会防护和保护的知识与技能。

培训应该是一个持续的过程，在一定的时间段内进行多次培训，以达到最佳效果①。

2. 落实应急响应体制和机制

应急预案是为了实现应急响应的功能而对相关部门作出的一整套工作安排，涉及的机制非常多，诸如应急联动机制、信息报告与共享机制、预警机制、专家咨询和辅助决策机制、资源征用与补偿机制等。应急预案公布之后，突发事件处置的牵头部门和协作部门要马上落实应急响应体制和机制，由应急指挥部负责人安排，召集各种机制涉及的部门。各相关部门对号入座，与其他协作部门建立工作联系，廓清各自职责，熟悉合作伙伴与合作方式，还要将其在预案中承担的职责细化为具体环节和任务，在部门内部将工作分配到若干小组和个人，确保所有环节无遗漏、任务无空白。

3. 落实应急资源

应急资源指突发事件应对处置所需要的全部资源，包括物资、装备、设施、资金、人员（含专家组、专业抢险队伍、群众队伍和志愿者）等。应急预案编制过程中，确定了应急响应所需要的各类资源的缺口，在预案实施时要立即补足②。具体来说，就是要求所有涉及部门在落实资源任务分配后，限期到位并且要对资源到位情况进行核查。

（二）应急预案的演练

依据国务院《突发事件应急演练指南》（2009），应急演练是指各级人民政府及其部门、企事业单位、社会团体等组织相关单位及人员，依据有关应急预案，模拟应对突发事件的活动。《生产安全事故应急演练基本规范》（AQ/T 9007—2019）将应急演练定义为针对可能的事故情景，依据应急预案而模拟开展的应急活动。

科学性、针对性、可操作性是应急预案的灵魂，要保证应急预案的质量，在实践中进行应急演练，反复检验，不断更新完善是最为行之有效的方式。应急演练一方面可以暴露出应急预案的薄弱环节和存在的问题，在演练结束之后总结经验教训进行修订和完善，有助于提升其质量；另一方面通过应急演练可以测验有关行政机关、救援队伍和其他参与者的应急能力。

1. 应急演练的总体要求

依据《办法》第二十二条第一款，应急预案编制单位应当建立应急演练制度，根据实

① 陈月，蔡文强．应急管理概论［M］．北京：中国法制出版社，2017：56.

② 闪淳昌，薛澜．应急管理概论［M］．北京：高等教育出版社，2018：427.

际情况采取实战演练、桌面推演等方式，组织开展人员广泛参与、处置联动性强、形式多样、节约高效的应急演练。

依据《突发事件应急演练指南》，桌面演练通常在室内进行，其做法是所有参演人员围坐在一个大桌子旁，利用地图、沙盘、流程图、计算机模拟、视频会议系统等辅助手段，针对假定的演练情景，合练应急决策、响应及现场处置的过程，其目的是促进相关人员掌握自己的工作程序，明确自己的责任，提高指挥决策和协同配合能力。

依据《突发事件应急演练指南》，实战演练通常在特定场所进行，是指参演人员利用应急处置涉及的设备和物资，针对预先设置的突发事件情景及后续的发展情景，通过实际决策、行动和操作，完成真实应急响应的过程，从而达到检验和提高相关人员的临场组织指挥、队伍调动、应急处置技能和后勤保障等应急能力。例如 2022 年 1 月 20 日，由交通运输部和北京市人民政府联合主办，天津市、河北省、山西省、内蒙古自治区交通部门等应急力量联动参与了“迎战冬奥 · 2022 北京冬奥会极端天气交通运输应急联动综合保障演练”活动。近年来，一些单位还积极推广“双盲”演练（不预告时间、不预告地点），高标准、严要求，针对演练中发现的问题，由相关专家及时进行点评和总结，提出专业意见和整改要求，进而改进和完善应急预案。

2. 应急演练的频率

依据《办法》第二十二条第二、三款，专项应急预案、部门应急预案至少每 3 年进行一次应急演练。地震、台风、洪涝、滑坡山洪泥石流等自然灾害易发区域所在地政府，重要基础设施和城市供水、供电、供气、供热等生命线工程经营管理单位，矿山、建筑施工单位和易燃易爆物品、危险化学品、放射性物品等危险物品生产、经营储运、使用单位，公共交通工具、公共场所和医院、学校等人员密集场所的经营单位或者管理单位等，应当有针对性地经常组织开展应急演练。2015 年“8 · 12”天津市滨海新区爆炸事故，造成 165 人遇难、8 人失踪、798 人受伤，直接经济损失高达 68.66 亿元。国务院发布的《天津港“8 · 12”瑞海公司危险品仓库特别重大火灾爆炸事故调查报告》指出，瑞海公司未按规定制定应急预案并组织演练是事故反映出来的主要问题之一。

3. 应急演练的评估

依据《办法》第二十三条规，应急演练组织单位应当组织演练评估。《突发事件应急演练指南》指出：“演练评估是在全面分析演练记录及相关资料的基础上，对比参演人员表现与演练目标要求，对演练活动及其组织过程作出客观评价，并编写演练评估报告的过程。”评估的主要内容包括演练的执行情况，预案的合理性与可操作性，指挥协调和应急联动情况，应急人员的处置情况，演练所用设备装备的适用性，对完善预案、应急准备、应急机制、应急措施等方面的意见和建议等。鼓励委托第三方进行演练评估。

（三）应急预案的修订

应急预案编制后，编制单位应依法组织应急预案演练，以便及时发现应急预案存在的问题，提高应急预案的针对性、实用性和可操作性。

依据《突发事件应对法》第十七条第三款，应急预案制定机关应当根据实际需要和情势变化，适时修订应急预案。应急预案的制定、修订程序由国务院规定。2004 年北京密云密虹公园发生的踩踏事故即是由于行政机关没有及时修订和完善应急预案而造成重大伤亡后果的典型例子。

1. 应急预案修订的条件

依据《办法》第二十五条，有下列情形之一的，应当及时修订应急预案：①有关法律、行政法规、规章、标准、上位预案中的有关规定发生变化的；②应急指挥机构及其职责发生重大调整的；③面临的风险发生重大变化的；④重要应急资源发生重大变化的；⑤预案中的其他重要信息发生变化的；⑥在突发事件实际应对和应急演练中发现问题需要作出重大调整的；⑦应急预案制定单位认为应当修订的其他情况。例如，2010 年北京市修订《北京市突发事件总体应急预案》，新增了恐怖袭击、植物疫情和外来生物入侵等生物灾害、核事件与辐射事故、重污染天气、突发环境事件等内容。

没有上述这些必须修订预案的条件，预案也应该定期检查、修订。例如《重庆市突发事件应急预案管理实施办法》第三十条规定："总体、专项、部门应急预案原则上每 5 年评估 1 次，镇街综合应急预案、村（社区）应急工作方案原则上每 3 年评估 1 次；企事业单位应急预案根据国家有关规定进行评估。鼓励委托第三方机构开展应急预案评估工作。"

2. 应急预案修订的程序

依据《办法》第二十六条，涉及组织指挥体系与职责、应急处置程序、主要处置措施、突发事件分级标准等重要内容的修订工作应参照其编制、审批、备案、公布程序组织进行。仅涉及其他内容的，修订程序可根据情况适当简化。

3. 应急预案修订的建议

依据《办法》第二十七条，各级政府及其部门、企事业单位、社会团体、公民等，可以向有关预案编制单位提出修订建议。

突发事件千变万化，应急预案作为操作性方案和法律制度的决策实施机制，需要及时更新和优化。我国在很长一段时间内，将应急预案认作法律制度的细化和延伸，要求其保持较强的稳定性，导致应急预案的更新速度很慢，并且越是层级高的应急预案更新的速度越慢，这就使得应急预案与突发事件应对的实际需要严重脱节。《办法》所规定的应当修订应急预案的条件虽然比较全面，但这些条件的约束是弹性的，应急预案的修订制度不够彻底。

我国应急预案动态管理相对滞后，预案自我完善、持续改进的机制尚未建立。一些地方及部门还未充分认识到应急预案管理工作的重要性，把预案的发布当成终点，致使预案成为"编而不用"的文本文件；应急预案的修订年限普遍过长；应急预案中对修订的时间、程序缺乏明确具体的要求，难以根据实际变化及时修订应急预案；应急预案公开程度更不够，非常影响应急工作的透明度和社会力量的参与；应急预案的宣传培训不到位，预案的应用效果难以得到充分体现；应急预案缺乏演练，特别是缺乏实演，演练评估也不够专业。

第二节 突发事件风险管理法律制度

突发事件应对主要分为事前、事中和事后。事前主要是行为控制、风险管理，包括预防与应急准备、监测与预警等。事中则主要是突发事件发生后，应急处置与救援。事后则主要是突发事件结束后的恢复与重建。应急管理贯穿于突发事件的事前、事中和事后整个过程。

一、突发事件风险管控制度

很多风险具有两面性，它既是单位的内部风险，又是单位的外部风险。因此，预防突发事件发生的责任主体也有两个：一是企事业单位（私主体），二是国家。依据《突发事件应对法》，县级以上地方人民政府和有关部门对本地区存在的危险源、危险区域进行辨识、管控；企事业单位（私主体）要排查本单位的事故隐患，防范事故发生。

（一）风险管控与隐患排查治理

趋利避害是人的天性，事故发生风险的控制格外重要，风险控制是贯彻“预防为主”安全生产政策的主要措施。最早对重大危险源进行研究的是英国。1974 年，重大危险咨询委员会（ACMH）在英国成立，负责研究重大危险源的辨识、评价技术。1976 年，意大利北部塞韦索地区一化工厂发生毒性化学物质泄漏事故，危害十分严重，促使欧共体在 1982 年颁布《特定工业活动中重大事故灾害指令》，即《塞韦索指令》，欧共体成员国都根据该指令对危险源进行了辨识和评价。1984 年，英国政府颁布了《重大工业事故控制规程》。国际劳工组织（ILO）分别于 1988 年和 1992 年出版了《重大危险源控制手册》和《预防重大工业事故实施细则》。同时，在 ILO 的支持下，亚太地区国家如印度、泰国、巴基斯坦等建立了国家重大危险源辨识标准。1996 年，澳大利亚也颁布了重大危险源控制国家标准。欧盟于 1996 年颁布了《有关危险物质的重大事故灾害的控制指令》，也就是《塞韦索Ⅱ指令》，成为欧盟预防和应对危险物质事故的重要法律依据。与《塞韦索指令》相比，《塞韦索Ⅱ指令》所规范的范围更广泛，明确了“危险”“重大事故”“风险”等名词的定义，强调重大事故的控制要通过法律制度实现。该指令经过第三次修订后，适用范围扩大，同时要求欧盟各国对工业企业的环境风险进行评估，并制定了包括企业危险性评估和区域脆弱性评估两方面内容的风险评估方法。

我国最早使用“事故隐患”的概念并确立了事故隐患排查治理等一系列规章制度。《安全生产法》以及其他相关立法、国务院规范性文件以及原国家安全生产监督管理总局颁布的行政规章等都对风险防控、应急救援等进行了规定，风险、危险源、隐患三个概念有时单独出现，有时一并出现。在 2021 年之前，《安全生产法》仅使用了“事故隐患”这个概念，2021 年修订时增加了“风险”这个概念，生产经营单位应当采取“生产安全事故风险管控制度和隐患排查治理双重预防机制”来实现对生产过程中风险的控制。2007

年国家安全生产监督管理总局出台了《安全生产事故隐患排查治理暂行规定》，对事故隐患排查治理制度进行了细化，便于实践操作，对防范生产安全事故发生发挥了非常重要的作用。但《突发事件应对法》则使用了易引发事故灾难的危险源、危险区域风险评估的概念并建立了突发事件预警制度，同时也使用了“事故隐患”的概念。例如，该法第二十三条规定：“矿山、建筑施工单位和易燃易爆物品、危险化学品、放射性物品等危险物品的生产、经营、储运、使用单位，应当制定具体应急预案，并对生产经营场所、有危险物品的建筑物、构筑物及周边环境开展隐患排查，及时采取措施消除隐患，防止发生突发事件。”因此，事故隐患排查治理主要由矿山、建筑施工单位和易燃易爆物品、危险化学品、放射性物品等危险物品的生产、经营、储运、使用单位承担。

（二）行政许可与安全风险管控

行为自由的有限性说明法律要对人的行为进行控制，任何人不可为所欲为，妄自行为。而行政许可是控制人的行为的手段之一。《行政许可法》第二条规定，“本法所称行政许可，是指行政机关根据公民、法人或者其他组织的申请，经依法审查，准予其从事特定活动的行为”。第十二条规定，“下列事项可以设定行政许可：①直接涉及国家安全、公共安全、经济宏观调控、生态环境保护以及直接关系人身健康、生命财产安全等特定活动，需要按照法定条件予以批准的事项；②有限自然资源开发利用、公共资源配置以及直接关系公共利益的特定行业的市场准入等，需要赋予特定权利的事项；③提供公众服务并且直接关系公共利益的职业、行业，需要确定具备特殊信誉、特殊条件或者特殊技能等资格、资质的事项；④直接关系公共安全、人身健康、生命财产安全的重要设备、设施、产品、物品，需要按照技术标准、技术规范，通过检验、检测、检疫等方式进行审定的事项；⑤企业或者其他组织的设立等，需要确定主体资格的事项；⑥法律、行政法规规定可以设定行政许可的其他事项”。从上述规定来看，行政许可具有风险控制功能，包括：一是对从事特定活动的许可。对直接涉及国家安全、公共安全，直接关系人身健康、生命财产安全等的特定活动中，需要按照法定条件予以批准的事项，例如从事矿山、危化品生产、建筑施工等活动，需要取得安全生产许可证。二是直接关系公共安全、人身健康、生命财产安全的重要设备、设施、产品、物品，需要按照技术标准、技术规范，通过检验、检测、检疫等方式进行审定的事项。例如，灭火器材事关灭火效果，需要达到有关技术标准和技术规范的要求。

二、国家建立健全风险评价体系

风险评价体系是应急体系的重要组成部分。依据《突发事件应对法》，国家建立健全突发事件风险评估体系，国家要根据系统化原理，建立健全突发事件风险之危险源、危险区域辨识，风险评估的主体、方法、程序，风险管控等方面的制度和措施，对可能发生的突发事件进行综合性评估，采取有效防范措施，减少突发事件的发生，最大限度减轻突发事件的影响。

三、应急体系建设规划

我国实行应急体系建设规划制度。应急体系建设规划是指县级以上人民政府及有关部门预先制定的今后一段时期内为建立、健全应对突发事件体系而做的计划安排。应急体系建设规划分为县级以上人民政府制定的规划和县级以上人民政府有关部门制定的规划。县级以上人民政府无须制定专门的应急体系建设规划，但应当将突发事件应对管理工作纳入国民经济和社会发展规划。县级以上人民政府有关部门应当制定突发事件应急体系建设规划。除此之外，国土空间规划等规划应当符合预防、处置突发事件的需要，统筹安排突发事件应对管理工作所必需的设备和基础设施建设，合理确定应急避难、封闭隔离、紧急医疗救治等场所，实现日常使用和应急使用的相互转换。

四、风险过程管理

风险过程管理由风险识别（排查）、风险评价、风险监测、信息报告等内容组成，这是安全风险管控的主要内容。

（一）风险识别

风险识别是安全风险管控的基础，风险辨识主要是危险源辨识，它包括两个层面：一是企事业单位的风险辨识；二是县级以上地方人民政府的风险辨识。

1. 单位内部的风险辨识

企事业单位的风险辨识主要包括对人员、机器设备、生产环境、物质等各种生产要素可能存在的风险进行辨识，辨识风险源头，它主要是危险源辨识。危险源是引发事故的风险之一，不论危险源的危险性大小，都在风险范围之内，属于辨识对象。企事业单位内部的风险通常需要通过一定的技术手段才能够辨识出来。不同行业其风险辨识方法不同，应该分别采取不同的技术标准辨识不同行业的风险；即使同一个行业或企业，也可能存在各种不同的风险，例如不同企业、不同活动其风险各不相同。风险辨识存在于企业生产的各个环节和要素之中，人、机、环境等要素都属于风险辨识的对象。

法人和其他组织应当定期检查本单位各项安全防范措施的落实情况，及时消除事故隐患；掌握并及时处理本单位存在的可能引发社会安全事件的问题，防止矛盾激化和事态扩大；对本单位可能发生的突发事件和采取安全防范措施的情况，应当按照规定及时向所在地人民政府或者人民政府有关部门报告。

矿山、金属冶炼、建筑施工单位和易燃易爆物品、危险化学品、放射性物品等危险物品的生产、经营、运输、储存、使用单位，应当制定具体应急预案，并对生产经营场所、有危险物品的建筑物（构筑物）及周边环境开展隐患排查，及时采取措施管控风险和消除隐患，防止发生突发事件。

公共交通工具、公共场所和其他人员密集场所的经营单位或者管理单位应当制定具体应急预案，为交通工具和有关场所配备报警装置和必要的应急救援设备、设施，注明其使用方法，并显著标明安全撤离的通道、路线，保证安全通道、出口的畅通。

2. 人民政府辖区内的风险辨识

县级人民政府应当对本行政区域内容易引发自然灾害、事故灾难和公共卫生事件的危险源、危险区域进行调查、登记、风险评估，定期进行检查、监控，并责令有关单位采取安全防范措施。省级和设区的市级人民政府应当对本行政区域内容易引发特别重大、重大突发事件的危险源、危险区域进行调查、登记、风险评估，组织进行检查、监控，并责令有关单位采取安全防范措施。县级以上地方各级人民政府按照本法规定登记的危险源、危险区域，应当按照国家规定及时向社会公布。县级人民政府及其有关部门、乡级人民政府、街道办事处、居民委员会、村民委员会应当及时调解处理可能引发社会安全事件的矛盾纠纷。

（二）风险评价

风险评价是对辨识出的危险源、危险区域进行风险评价。通过对风险评价后确定不同的风险等级。风险评价包括两个层面：一是企事业单位对辨识出的危险源进行评价；二是县级以上地方人民政府对本区域范围内辨识出来的危险源、危险区域进行评价。企业内部风险防控、预警、风险评价要由评价机构或者企业自行承担。企业尤其是高危企业，是一个区域内的危险源，县级以上人民政府需要对整个企业的风险等级进行评价。

风险是由多种因素导致的，每个因素都有一个潜在的可以被计算的权重。这样，风险才可能被评价。风险评价是识别可能引起事故、灾害或带来伤害的危险的过程。风险评价是运用安全系统工程的原理和方法，以实现系统安全为目的，对系统中存在的风险因素进行辨识和分析，判断系统发生事故的可能性及其严重程度，为制定预警措施提供科学依据。20 世纪 60 年代，西方学者开始进行风险评价技术的研究，提出了一些评价方法。企业是内部风险评价的主体，政府主管部门一方面要对企业的内部风险评价进行监督，另一方面行政机关要对企业进行外部风险评价，设置不同的风险级别，分别进行管控。风险随时空变化其等级也会发生变化，所以要建立动态的风险评价机制。

（三）风险监测

风险评价的目的是对风险进行分级管控、预防风险事故的发生。针对不同等级的风险，分别采取不同的防控措施。例如，确立为黄色等级及以上的风险，要进行 24 h 监控。有风险则必须排查，不论是何种级别的风险，都应进行风险排查，防微杜渐。风险监测分为企事业单位内部的风险监测和行政机关的风险监测。

对于企事业单位而言，不断发现和识别存在于企业经营和管理活动中的危险和危害因素，即危险源辨识，是安全生产管理的起始点①。采取措施控制危险和危害演变为高风险的危险源，进行技术、经济、组织等方面的风险转移和控制，杜绝或减少事故发生的可能性是风险管理和控制方法的具体应用。在风险管理过程中，风险监控的主要对象为安全隐

① 严丰俊. 非公有制中小企业安全事故原因及消除［J］. 安庆师范学院（社会科学版），2007（2）：64-68.

患点或主要的危险源单元。企业应有计划地定期对自身的安全生产形势进行分析与总结，尤其是对已出现过的事故苗头、灾害险情及时记录，用系统安全工程的方法进行评价，这是风险监控的重要内容。在分析的基础上，进行安全教育，制定切实可行的整改措施，并认真贯彻，把事故、灾害消灭在萌芽状态。企业内部要对风险进行管控，而政府则从公共安全的视角，对风险进行管控。因此，风险监控的信息要实时与行政机关共享。

县级以上人民政府及其有关部门应当根据自然灾害、事故灾难和公共卫生事件的种类和特点，建立健全基础信息数据库，完善监测网络，划分监测区域，确定监测点，明确监测项目，提供必要的设备、设施，配备专职或者兼职人员，对可能发生的突发事件（风险）进行监测。

（四）建立突发事件信息系统和突发事件信息报告制度

1. 建立突发事件信息系统

国务院建立全国统一的突发事件信息系统。县级以上地方人民政府应当建立或者确定本地区统一的突发事件信息系统，汇集、储存、分析、传输有关突发事件的信息，并与上级人民政府及其有关部门、下级人民政府及其有关部门、专业机构、监测网点和重点企业的突发事件信息系统实现互联互通，加强跨部门、跨地区的信息共享与情报合作。

2. 建立突发事件信息报告制度

县级以上人民政府及其有关部门、专业机构应当通过多种途径收集突发事件信息。

（1）信息报告员制度。县级人民政府应当在居民委员会、村民委员会和有关单位建立专职或者兼职信息报告员制度。获悉突发事件信息的公民、法人或者其他组织，应当立即向所在地人民政府、有关主管部门或者指定的专业机构报告。专业机构、监测网点和信息报告员应当及时向所在地人民政府及其有关主管部门报告突发事件信息。

（2）上下级政府之间的信息报告。地方各级人民政府应当按照国家有关规定向上级人民政府报送突发事件信息。

（3）政府部门之间的信息报告。县级以上人民政府有关主管部门应当向本级人民政府相关部门通报突发事件信息。

（4）信息报告的要求。有关单位和人员报送、报告突发事件信息，应当做到及时、客观、真实，不得迟报、谎报、瞒报、漏报，不得授意他人迟报、谎报、瞒报，不得阻碍他人报告。

五、风险预警

（一）企业内部安全风险预警的分级

企业内部风险等级是由可能导致的后果的严重度和这种后果发生的概率决定的。风险等级可分为一般（Ⅳ）级、较重（Ⅲ）级、严重（Ⅱ）级和特别严重（Ⅰ级）级四级，预警级别依次用蓝色、黄色、橙色和红色表示。不同行业根据自身的行业特点和安全记录给出严重度、可能性的具体且相对定量化的等级划分标准，以满足自身安全风险预警的要求，并且根据实际情况制定具体风险控制措施。

针对内部安全风险预警级别，企业必须制定内部应急预案，并将其提交给当地政府主管部门以便制定外部应急预案。如果内部应急预案增加新的重要内容，那么企业需就其内部应急预案通过内部民主程序咨询员工。同主管部门的外部应急预案一样，运营方也须定期演练以检测和随时完善内部应急预案。通过民主程序和实践检测，保证应急预案的科学性与有效性。这既保障了员工的参与权，也体现了对员工生命权的尊重。应急预案中企业员工的参与可以确保将一线操作人员在紧急状况时可能遇到的事项纳入应急预案中，便于环境应急预案能快速、有效地得以实施。

（二）企业外部安全风险预警的分级

企业外部安全风险预警是企业内部生产安全事故风险预警的延伸，是政府主管部门对企业安全事故风险度不同而采取的预警措施。

县级以上地方人民政府应当及时汇总分析突发事件隐患和预警信息，必要时组织相关部门、专业技术人员、专家学者进行会商，对发生突发事件的可能性及其可能造成的影响进行评估；认为可能发生重大或者特别重大突发事件的，应当立即向上级人民政府报告，并向上级人民政府有关部门、当地驻军和可能受到危害的毗邻或者相关地区的人民政府通报，及时采取预防措施。

依据《突发事件应对法》，国家建立健全突发事件预警制度。可以预警的自然灾害、事故灾难和公共卫生事件的预警级别，按照突发事件发生的紧急程度、发展势态和可能造成的危害程度分为一级、二级、三级和四级，分别用红色、橙色、黄色和蓝色标示，一级为最高级别。预警级别的划分标准由国务院或者国务院确定的部门制定。

可以预警的自然灾害、事故灾难或者公共卫生事件即将发生或者发生的可能性增大时，县级以上地方各级人民政府应当根据有关法律、行政法规和国务院规定的权限和程序，发布相应级别的警报,决定并宣布有关地区进入预警期,同时向上一级人民政府报告,必要时可以越级上报,并向当地驻军和可能受到危害的毗邻或者相关地区的人民政府通报。

六、突发事件预警期的应对措施

依据《突发事件应对法》第四十四条，发布三级、四级警报，宣布进入预警期后，县级以上地方各级人民政府应当根据即将发生的突发事件的特点和可能造成的危害，采取下列措施：①启动应急预案；②责令有关部门、专业机构、监测网点和负有特定职责的人员及时收集、报告有关信息，向社会公布反映突发事件信息的渠道，加强对突发事件发生、发展情况的监测、预报和预警工作；③组织有关部门和机构、专业技术人员、有关专家学者，随时对突发事件信息进行分析评估，预测发生突发事件可能性的大小、影响范围和强度以及可能发生的突发事件的级别；④定时向社会发布与公众有关的突发事件预测信息和分析评估结果，并对相关信息的报道工作进行管理；⑤及时按照有关规定向社会发布可能受到突发事件危害的警告，宣传避免、减轻危害的常识，公布咨询电话。

依据《突发事件应对法》第四十五条，发布一级、二级警报，宣布进入预警期后，县级以上地方各级人民政府除采取本法第四十四条规定的措施外，还应当针对即将发生的突发事件的特点和可能造成的危害，采取下列一项或者多项措施：①责令应急救援队伍、负有特定职责的人员进入待命状态，并动员后备人员做好参加应急救援和处置工作的准备；②调集应急救援所需物资、设备、工具，准备应急设施和避难场所，并确保其处于良好状态、随时可以投入正常使用；③加强对重点单位、重要部位和重要基础设施的安全保卫，维护社会治安秩序；④采取必要措施，确保交通、通信、供水、排水、供电、供气、供热等公共设施的安全和正常运行；⑤及时向社会发布有关采取特定措施避免或者减轻危害的建议、劝告；⑥转移、疏散或者撤离易受突发事件危害的人员并予以妥善安置，转移重要财产；⑦关闭或者限制使用易受突发事件危害的场所，控制或者限制容易导致危害扩大的公共场所的活动；⑧法律、法规、规章规定的其他必要的防范性、保护性措施。

第三节　应急保障法律制度

广义上的应急保障包括应急预案、突发事件风险管控、应急队伍建设等，狭义上的应急保障主要是为应对突发事件所做的物质保障。本节中的应急保障是狭义上的，主要包括应急避难场所制度、资金保障制度、运输保障制度、能源保障制度、应急物资保障法律制度。

一、应急避难场所制度

应急避难场所是应对突发公共事件的一项灾民安置措施，是现代化大城市用于民众躲避火灾、爆炸、洪水、地震、疫情等重大突发公共事件的安全避难场所。应急避难场所在紧急时避难，在闲时用于应急逃生模拟平台、宣传应急逃生知识。为做好应急避难场所规划、建设、管理，国务院应急管理部门会同国务院卫生健康、自然资源、住房和城乡建设等部门统筹、指导全国应急避难场所的建设和管理工作，建立健全应急避难场所标准体系。县级以上地方人民政府负责本行政区域内应急避难场所的规划、建设和管理工作。

二、资金保障制度

经费保障是做好各类突发事件应急工作的前提条件。依据《突发事件应对法》第三十一条，国务院和县级以上地方各级人民政府应当采取财政措施，保障突发事件应对工作所需经费。依据《预算法》第四十条，各级一般公共预算应当按照本级一般公共预算支出额的百分之一至百分之三设置预备费，用于当年预算执行中的自然灾害等突发事件处理增加的支出及其他难以预见的开支。各级政府依照预算法的规定设置预备费，用于自然灾害救灾开支等支出，除此之外，还必须采取财政措施，保障各类突发事件的预防、应急准备、监测与预警、应急处置与救援、事后恢复与重建等各方面的经费。同时，各级人民政府要加强资金管理，提高资金使用绩效。

三、运输保障制度

应对突发事件需要人员和物资，保障应急物资和人员及时运输对及时应对突发事件、减少损失具有非常重要的意义。因此，国家要建立健全应急运输保障体系，统筹铁路、公路、水运、民航、邮政等运输方式，制定应急运输保障方案。县级以上地方人民政府应当根据国家应急运输保障方案，结合本地区实际做好应急调度和运力保障，确保运输通道和客货运枢纽畅通，以便人员和物资能够实现有效调配。

四、能源保障制度

现代社会，保障公民用能是公民的一项基础性权利，在应对突发事件过程中，无论是物资和人员的调配，还是居民基本生活，都需要能源保障。因此，国家建立健全能源应急保障体系，完善能源安全储备制度，建立政府储备与企业储备相结合、能力储备与实物储备相衔接、战略储备与运行调节储备并举的储备体系，提高能源安全保障能力，保障受突发事件影响地区的能源供应。

五、应急物资保障法律制度

应急物资是指为应对严重自然灾害、事故灾难、公共卫生事件和社会安全事件等突发公共事件应急全过程中所必需的物资保障。从广义上概括，凡是在突发公共事件应对过程中所用的物资都可以称为应急物资。在突发事件应急管理过程中，应急物资保障是应急管理体系中一项基本的、重要的活动，是所有后续应急管理活动开展的前提和物质基础。应急物资保障是否及时有效，直接影响应急管理的效果和效率。因此，应急物资保障法律制度也是整个应急管理法律体系中基础而重要的一部分。

（一）应急物资保障的概念和体系

应急物资保障是指“在面对突发事件时，通过快速识别和动态确定危险级别，以应急物资的调配为主题，进行有效计划、组织、领导、控制，以追求事件效益最大化和损失最小化的一种特殊需求的物质保障活动”[①]。应急物资保障工作一般分为物资需求分析、应急物资筹集和应急物资储存管理等方面[②]。

统一的应急物资保障体系是国家应急管理体系建设的重要内容，是精准布局推进国家应急管理体系和能力现代化的重要支撑，是应对和处置突发公共事件的物资基础保障，是决定突发事件应急处置成败的关键因素。2008 年汶川地震以后，中央应急物资储备库增加到 24 个，31 个省、自治区、直辖市和新疆生产建设兵团建立了省级物资储备库[③]，形成

---

① 包海．应急物资储备制度的完善建议探讨［J］．农村经济与科技，2019（10）：16.

② 王琳．应急物资保障问题研究［J］．产业创新研究，2020（11）：87-89.

③ 张永领．我国应急物资储备体系完善研究［J］．管理学刊，2010（6）：54-57.

了国家、省、市三级应急物资储备体系。

依据《突发事件应对法》第三十二条，国家建立健全应急物资储备保障机制，完善重要应急物资的监管、生产、储备、调拨和紧急配送体系。因此，应急物资保障体系包括应急物资的监管体系、生产体系、储备体系、调拨体系和紧急配送体系五大体系。在应对新冠疫情过程中，应急物资采购等问题凸显。因此，国家还要建立应急物资采购体系。要建立健全应急物资监测网络、预警体系和应急物资生产、采购、储备、调拨及紧急配送体系，完善应急工作程序，确保应急所需物资和生活用品的及时供应，并加强对物资储备的监督管理，及时予以补充和更新。地方各级人民政府应根据有关法律、法规和应急预案的规定，做好物资储备工作。

（二）调拨应急物资

进入预警期后，政府应采取应急物资保障措施。《突发事件应对法》第四十五条规定：发布一级、二级警报，宣布进入预警期后，县级以上地方各级人民政府应当针对即将发生的突发事件的特点和可能造成的危害，调拨应急救援所需物资、设备、工具，准备应急设施和避难场所，并确保其处于良好状态、随时可以投入正常使用。

（三）应急物资筹集法律制度

应急物资涉及面广、品种繁多，且由于事发地经济社会条件与地理气象等自然条件千差万别，保障需求存在较大的不确定性；工作综合性强，往往需要跨部门、跨区域、跨灾种协调多方资源提供保障。所以，应急物资的筹集工作需要采取多主体、多渠道、全方位的方式展开。

1. 采购、生产

人民政府采购用于自然灾害救助准备和灾后恢复重建的货物、工程和服务，依照有关政府采购和招标投标的法律规定组织实施。自然灾害应急救助和灾后恢复重建中涉及紧急抢救、紧急转移安置和临时性救助的紧急采购活动，按照国家有关规定执行。

县级以上地方各级人民政府应当根据本地区的实际情况，与有关企业签订协议，保障应急救援物资、生活必需品和应急处置装备的生产、供给。

突发事件发生后，国务院有关部门和县级以上地方人民政府及其有关部门，应当保证突发事件应急处置所需的医疗救护设备、救治药品、医疗器械等物资的生产、供应。

2. 捐赠

社会捐赠一直都是各国应急物资筹集的一个重要来源，我国也不例外。依据《突发事件应对法》第三十四条，国家鼓励公民、法人和其他组织为人民政府应对突发事件工作提供物资、资金、技术支持和捐赠。国家鼓励和引导单位和个人参与自然灾害救助捐赠、志愿服务等活动。

3. 征用

履行统一领导职责或者组织处置突发事件的人民政府及其部门，为应对突发事件可以征用单位和个人的财产，包括应急救援所需设备、设施、场地、交通工具和其他物资。被征用的财产在使用完毕或者突发事件应急处置工作结束后，应当及时返还。财产被征用或者征用后毁损、灭失的，应当给予补偿。

（四）应急物资储备法律制度

依据《突发事件应对法》第三十二条第二款，设区的市级以上人民政府和突发事件易发、多发地区的县级人民政府应当建立应急救援物资、生活必需品和应急处置装备的储备制度。到目前，我国已基本建立起应急物资储备体系。

我国倡导的是纵向分级储备，即中央和地方各级人民政府有关部门都应当储备物资，如《自然灾害救助条例》对市、县自然灾害救助物资储备提出明确要求；横向责任划分，即各级人民政府组成部门按职责划分储备内容。中央层面，国家建立健全应急物资储备保障制度，完善重要应急物资的监管、生产、储备、调拨和紧急配送体系。国家建立自然灾害救助物资储备制度，由国务院民政部门分别会同国务院财政部门、发展改革部门制定全国自然灾害救助物资储备规划和储备库规划，并组织实施。国务院有关部门和县级以上地方人民政府及其有关部门，应当根据突发事件应急预案的要求，保证应急设施、设备、救治药品和医疗器械等物资储备。设区的市级以上人民政府和自然灾害多发、易发地区的县级人民政府应当根据自然灾害特点、居民人口数量和分布等情况，按照布局合理、规模适度的原则，设立自然灾害救助物资储备库。

应急物资储备主要包括实物储备、商业储备、生产能力储备、合同储备等不同形式。

（1）实物储备。是指以实物形式储存在仓库中，当突发事件发生后随时可调用的物资储备，实物储备是应对突发事件尤其是大规模突发事件初期的主要物资来源，实物储备对于拯救生命、控制灾情具有重要意义。但是如果过多依靠实物储备，则有可能会造成大量资产的长期闲置甚至浪费。

（2）商业储备。是指负责相关物资生产、流通的企业，保持一定数量的物资库存，平时用于商业周转，突发事件发生时可供紧急调用。对于政府委托企业代储的商品，事先与企业签订代储协议，明确必须保留的最小库存并适当给予补贴。商业储备也是实物储备，但可以避免物资的长期闲置和过期报废。

（3）生产能力储备。是指政府委托某些物资的生产企业，储备一定的富余生产能力，以便在发生突发事件时迅速生产、转产应急物资。生产能力储备主要适用于不易长期储存，生产周期较短，或者储存需要占用较多空间的物资。这种储备对大规模突发事件的长期救灾可以起到非常重要的作用。对于生产能力储备企业，政府相关部门一般事先签订储备协议并适当给予补贴。

（4）合同（协议）储备。是指政府相关部门与应急资源所有者签订合同，保证在突发事件发生后按照合同约定，能够优先租用、调用相关物资和装备。商业储备、生产能力储备一般也可以看作是合同（协议）储备。此外，一些工程机械、运输车辆等，如建筑企业的铲车、挖掘机、大货车等，也可采取事先签订租用合同（协议）的方式进行储备。相邻地区的政府或者企业之间，为了实现资源共享、减少储备成本，也可以签订资源共享协议，实现紧急情况下应急物资的相互调用。

（五）应急物资管理

1. 应急物资管理主体

县级以上人民政府财政部门、民政部门负责自然灾害救助资金的分配、管理并监督使用情况。县级以上人民政府民政部门负责调拨、分配、管理自然灾害救助物资。

2. 应急物资管理使用规则

自然灾害救助款物专款（物）专用，无偿使用。

定向捐赠的款物，应当按照捐赠人的意愿使用。政府部门接受的捐赠人无指定意向的款物，由县级以上人民政府民政部门统筹安排用于自然灾害救助；社会组织接受的捐赠人无指定意向的款物，由社会组织按照有关规定用于自然灾害救助。

自然灾害救助款物应当用于受灾人员的紧急转移安置，基本生活救助，医疗救助，教育、医疗等公共服务设施和住房的恢复重建，自然灾害救助物资的采购、储存和运输，以及因灾遇难人员亲属的抚慰等项支出。

3. 应急物资管理的监督检查

受灾地区人民政府民政、财政等部门和有关社会组织应当通过报刊、广播、电视、互联网，主动向社会公开所接受的自然灾害救助款物和捐赠款物的来源、数量及其使用情况。受灾地区村民委员会、居民委员会应当公布救助对象及其接受救助款物的数额和使用情况。各级人民政府应当建立健全自然灾害救助款物和捐赠款物的监督检查制度，并及时受理投诉和举报。县级以上人民政府监察机关、审计机关应当依法对自然灾害救助款物和捐赠款物的管理使用情况进行监督检查，民政、财政等部门和有关社会组织应当予以配合。

（六）应急物资调配法律制度

自然灾害、事故灾难或者公共卫生事件发生后，履行统一领导职责的人民政府可以启用本级人民政府设置的财政预备费和储备的应急救援物资，必要时调用其他急需物资、设备、设施、工具。

履行统一领导职责或者组织处置突发事件的人民政府，必要时可以向单位和个人征用应急救援所需设备、设施、场地、交通工具和其他物资，请求其他地方人民政府提供人力、物力、财力或者技术支援，要求生产、供应生活必需品和应急救援物资的企业组织生产、保证供给，要求提供医疗、交通等公共服务的组织提供相应的服务。

履行统一领导职责或者组织处置突发事件的人民政府，应当组织协调运输经营单位，优先运送处置突发事件所需物资、设备、工具、应急救援人员和受到突发事件危害的人员。

突发事件发生后，国务院有关部门和县级以上地方人民政府及其有关部门，应当保证突发事件应急处置所需的医疗救护设备、救治药品、医疗器械等物资的生产、供应；铁路、交通、民用航空行政主管部门应当保证及时运送。

（七）应急物资保障的法律责任

1. 各级政府部门

地方各级人民政府和县级以上各级人民政府有关部门违反本法规定，不履行法定职责的，由其上级行政机关或者监察机关责令改正；如有截留、挪用、私分或者变相私分应急救援资金、物资的，不及时归还征用的单位和个人的财产，或者对被征用财产的单位和个人不按规定给予补偿的，根据情节对直接负责的主管人员和其他直接责任人员依法给予处分。

依据《自然灾害救助条例》第二十九条，行政机关工作人员违反本条例规定，有截留、挪用、私分自然灾害救助款物或者捐赠款物的，不及时归还征用的财产，或者不按照规定给予补偿的，由任免机关或者监察机关依照法律法规给予处分；构成犯罪的，依法追究刑事责任。

2. 其他单位和个人

应急物资保障制度是个综合多元的体系，除了政府，企业、公益组织等其他单位也承担着重要的义务与责任。

《突发事件应对法》第六十四条规定："有关单位有下列情形之一的，由所在地履行统一领导职责的人民政府责令停产停业，暂扣或者吊销许可证或者营业执照，并处五万元以上二十万元以下的罚款；构成违反治安管理行为的，由公安机关依法给予处罚：……（三）未做好应急设备、设施日常维护、检测工作，导致发生严重突发事件或者突发事件危害扩大的。"第六十六条规定："单位或者个人违反本法规定，不服从所在地人民政府及其有关部门发布的决定、命令或者不配合其依法采取的措施，构成违反治安管理行为的，由公安机关依法给予处罚。"第六十七条规定："单位或者个人违反本法规定，导致突发事件发生或者危害扩大，给他人人身、财产造成损害的，应当依法承担民事责任。"第六十八条规定："违反本法规定，构成犯罪的，依法追究刑事责任。"

《自然灾害救助条例》第三十条规定："采取虚报、隐瞒、伪造等手段，骗取自然灾害救助款物或者捐赠款物的，由县级以上人民政府民政部门责令限期退回违法所得的款物；构成犯罪的，依法追究刑事责任。"第三十一条规定："抢夺或者聚众哄抢自然灾害救助款物或者捐赠款物的，由县级以上人民政府民政部门责令停止违法行为。"第三十二条规定："以暴力、威胁方法阻碍自然灾害救助工作人员依法执行职务，构成违反治安管理行为的，由公安机关依法给予治安管理处罚；构成犯罪的，依法追究刑事责任。"

第四节　应急救援队伍法律制度

一、应急救援队伍概述

（一）应急救援的概念

我国是灾害严重的国家之一，各种自然灾害、事故灾难、突发公共事件等频频发生，呈现出多发性、连锁性、复杂性和不可预见性的特点，给国家和人民群众生命财产安全造成了不可估量的损失。因此，突发事件发生后，应急救援工作非常重要。应急救援一般是指针对突发、具有破坏力的紧急事件采取预防、预备、响应和恢复的活动与计划。根据紧急事件的类型不同，分为卫生应急、交通应急、消防应急、地震应急、厂矿应急、家庭应急等领域的应急救援。

（二）应急救援队伍的主要职责

应急救援队伍主要是在统一指挥下从事应急救援工作，根据应对的突发事件不同，应急救援队伍的主要职责也存在差别。例如洪灾时，应急救援队伍主要是救人、疏散群众，保护群众财产。而针对传染性疾病这一突发事件，应急救援队伍的主要职责是阻断传染病传播、治病救人、保障居民生活需要的物资等。应急救援队伍一般由抢险抢修组、安全警戒组、抢救疏散组、医疗救护组、物资供应组等组成。抢险抢修组主要负责紧急状态下的现场抢险工作：①对紧急事故进行控制；②进行设备抢修作业；③进行恢复生产的抢修作业。安全警戒组主要负责：①布置安全警戒，保持现场秩序；②实行交通管制，保持现场道路顺畅；③加强保卫工作，禁止无关人员、车辆通行。抢救疏散组主要负责现场周围人员和器材物资的抢救、疏散工作。医疗救护组主要负责：①组织救护车辆及医护人员、器械进入指定地点；②组织现场抢救伤员；③如有需要进行防毒防化处理。物资供应组主要负责：①通知油罐库房准备好灭火器、水袋等消防物资及劳动保护用品；②备好车辆，将所需物资供应现场。

（三）我国应急救援队伍的种类

依据《突发事件应对法》第二十六条，我国应急救援队伍分为综合性应急救援队伍、专业应急救援队伍、成年志愿者组成的应急救援队伍和单位专职或者兼职应急救援队伍。县级以上人民政府应当整合应急资源，建立或者确定综合性应急救援队伍。目前，在各县级以上行政区域内，一般都有消防救援队伍、特警队等专门性应急救援队伍。县级以上人民政府是组建新的综合性应急救援队伍，还是确定一支或者整合几支现有应急救援队伍作为综合性应急救援队伍，由县级以上人民政府根据本行政区域内应急救援力量的现状和应对突发事件的需要等因素自行决定。2018 年机构改革后，消防部队转隶为国家综合性消防救援队伍。国家综合性消防救援队伍，主要由消防救援队伍和森林消防队组成，共编制 19 万人，是我国应急救援的主力军，承担着防范化解重大安全风险、应对处置各类灾害事故的重要职责。在各类灾害事故处置中，国家综合性消防救援队伍以救民于水火、助民于危难的实际行动，彰显了我国应急救援力量体系重塑重构的初步成效。经过多年的建设与发展，国家综合性消防救援队伍已成为应急救援的综合性常备骨干力量，按照国家有关规定执行综合应急救援任务。

单位应当建立由本单位职工组成的专职或者兼职应急救援队伍。国家鼓励和支持社会力量建立提供社会化应急救援服务的应急救援队伍。社会力量建立的应急救援队伍参与突发事件应对工作应当服从履行统一领导职责或者组织处置突发事件的人民政府、突发事件应急指挥机构的统一指挥。《突发事件应对法》第二十六条第三款规定："县级以上人民政府应当加强专业应急救援队伍与非专业应急救援队伍的合作，联合培训、联合演练，提高合成应急、协同应急的能力。"

各类专业应急救援队伍主要由县级以上人民政府有关部门根据应对突发事件的实际需要和本部门职责设立。例如，为了及时处置矿难事故，截至2022年1月，全国建有38支国家矿山救援队，共有6000多人。国家矿山救援队是国家安全生产应急救援队伍的重要组成部分，主要依托国有企业和相关事业单位，按照"国内领先、国际一流"的标准，由中央政府、地方政府和央企、国企共同建设、共同管理、共同使用，是处置矿山安全重特大事故的主力军、专业队。专业应急救援力量主要包括地方政府和企业专职消防、地方森林（草原）防灭火、地震和地质灾害救援、生产安全事故救援等专业救援队伍，是国家综合性消防救援队伍的重要协同力量，担负着区域性灭火救援和生产安全事故、自然灾害等专业救援职责。此外，交通、铁路、能源、工信、卫生健康等行业部门都建立了水上、航空、电力、通信、医疗防疫等应急救援队伍，主要担负行业领域的事故灾害应急抢险救援任务。

乡级人民政府、街道办事处和有条件的居民委员会、村民委员会可以建立基层应急救援队伍，及时、就近开展应急救援。依据《突发事件应对法》《安全生产法》《消防法》等法律，企事业单位都应当根据本单位的实际情况，建立由本单位职工组成的专职或者兼职应急救援队伍。例如，有些单位火灾事故可能性大，建有志愿消防队，属于群防群治力量。再如，有些单位危险化学品安全事故可能性大，应依法建立专职救援队伍。此外，在发生重特大突发事件时，往往需要大量应急救援人员，综合应急救援队伍、专业应急救援队伍和单位应急救援力量毕竟有限。因此，县级以上人民政府及其有关部门应当动员社会力量，组建成年志愿者队伍。同时，人民解放军和武警部队是我国应急处置与救援的突击力量，担负着重特大灾害事故的抢险救援任务。

二、应急救援队伍建设法律制度

应急救援队伍是应急管理工作的基础，是应急救援成效的决定因素，因此应急救援能力建设是应急管理工作最重要的内容之一。不同灾种，专业救援队伍由不同部门管理，由不同部门负责建设。依据《突发事件应对法》，承担应急救援队伍建设职责的主要有县级以上人民政府以及有关部门、企事业单位等。

（一）应急救援队伍建设的目标

我国应急救援队伍建设成为最近几年应急管理领域最活跃、最重要的工作之一。《安全生产法》《突发事件应对法》《生产安全事故应急条例》等都对应急救援队伍的建设提出过明确要求。我国的应急救援队伍经过多年的建设与发展，保障生产安全、维护公共安全、防灾减灾救灾等方面能力显著提升，在各类事故应急处置工作中发挥了关键作用。十九届三中全会明确了国家应急能力体系建设的总体目标，《中共中央关于深化党和国家机构改革的决定》中指出要加强、优化、统筹国家应急能力建设，构建统一领导、权责一致、权威高效的国家应急能力体系，这也为应急救援队伍建设与发展指明了方向。2019年下发的《应急管理部办公厅关于印发2019年安全生产应急救援工作要点的通知》则对加强安全生产应急救援队伍建设提出了进一步要求，持续推动我国应急救援队伍体系建设科学健康发展。习近平强调，要加强应急救援队伍建设，建设一支专常兼备、反应灵敏、作风过硬、本领高强的应急救援队伍。因此，“专常兼备、反应灵敏、作风过硬、本领高强”是我国综合性应急救援队伍建设的目标。

（二）应急救援队伍体系建设

加强应急管理体系和能力建设，队伍是关键、科技是支撑。应急救援队伍体系建设是应急管理体系建设的重要内容。自2010年以来，我国建设了覆盖矿山、危险化学品、油气田开采、隧道施工等行业领域的85支国家级安全生产应急救援队伍。水上搜救、海上溢油、铁路、民航、电力等领域也陆续建立了专兼结合的应急救援队伍，省级地方骨干应急救援队伍和基层专职队伍建设加强，基本涵盖了国家的各个领域和行业，应急处置能力不断增强。随着2018年应急管理部的组建，消防部队和森林部队从武警部队剥离，与安全生产等专业应急救援队伍一并作为常备应急骨干队伍。这一举措有助于整合原本分散于不同领域、不同部门的应急救援力量，是我国应急救援力量走向职业化、综合化和集中化的关键一步。至此，由应急管理部统一组织领导的综合性消防救援队伍、安全生产应急救援队伍、地质灾害应急抢险队伍、地震救援队伍，以及社会救援力量等共同组成了“统一指挥、专常兼备、反应灵敏、上下联动”的具有中国特色的综合应急救援队伍体系①。

（三）应急救援队伍建设的主要措施

习近平强调，要采取多种措施加强国家综合性救援力量建设，强化应急救援队伍战斗力建设，大力培养应急管理人才。依据《突发事件应对法》《安全生产法》《消防救援衔条例》等法律，应急救援队伍建设的主要措施如下。

1. 加强联合培训、联合演练

我国既有综合性应急救援队伍，也有专业救援队伍，还有志愿者队伍、单位建立的专兼职救援队伍等。各救援队伍能够在救援过程中协同配合，提高合成应急、协同应急的能力，县级以上人民政府应当加强专业应急救援队伍与非专业应急救援队伍的合作，联合培训、联合演练。

《突发事件应对法》第二十八条规定：“中国人民解放军、中国人民武装警察部队和民兵组织应当有计划地组织开展应急救援的专门训练。”

2. 始终坚持党对应急管理工作的绝对领导，打造忠诚担当可靠的应急管理队伍

党的领导是做好党和国家各项工作的根本保证，应急管理工作必须坚持党总揽全局、协调各方的领导核心地位。一是要突出政治建设。组建应急管理部是党中央作出的重大决

① 肖建红，江虹．建立综合应急救援队伍体系的思考［J］．中国安全生产，2019（9）：20.

策，各级应急管理队伍对党忠诚是第一位的政治要求，必须坚持思想建党政治建队，牢记救民于水火、助民于危难、给人民以力量的使命，成为坚决听从党中央和习近平总书记指挥的人民应急队伍。二是要突出作风建设。把“保护人民群众生命财产安全”作为应急管理队伍履职尽责的检验标尺，把“时刻准备着”作为应急人的自觉追求、应急文化的重要内容，弘扬光荣传统和优良作风，坚持对党忠诚、纪律严明、赴汤蹈火、竭诚为民“四句话方针”不动摇，坚持纪律部队建设标准不动摇，坚持走中国特色应急管理队伍建设路子不动摇，确保关键时刻拉得出、冲得上、靠得住、打得赢。三要突出作用发挥。充分发挥应急管理部门的综合优势和国家综合性消防救援队伍的力量优势，统筹谋划应急管理各项工作。既要高度警惕和防范灾害事故重大风险，又要密切关注全局性重大风险；既要做好自然灾害、事故灾难的应急准备和处置工作，又要积极参与公共卫生事件、社会安全事件的协助处置工作。

3. 强化应急救援队伍战斗力建设

应急救援队伍需要有战斗精神，强化应急救援队伍战斗力建设对减灾救灾具有重要意义。因此，应急救援队伍要抓紧补短板、强弱项，提高各类灾害事故救援能力，要坚持少而精的原则，打造尖刀和拳头力量，按照就近调配、快速行动、有序救援的原则建设区域应急救援中心。

4. 应急救援队伍建设需要发挥科技支撑作用

应急救援队伍建设要强化应急管理装备技术支撑，优化整合各类科技资源，推进应急管理科技自主创新，依靠科技提高应急管理的科学化、专业化、智能化、精细化水平。

5. 加强应急救援队伍组织建设

应急救援队伍作为防范及处置各类突发事件的重要力量，在保障人民群众的生命健康及保护人民群众的财产安全上发挥了巨大作用。应急救援队伍的组织目标是能够更好地发挥其在突发事件中的作用。而组织目标的实现以及组织的发展需要通过组织设计、组织整合、资源获取和配置等过程。

1）应急救援队伍的组织设计

应急救援队伍的组织设计是指应急救援队伍的管理者根据其组织目标的要求，对应急救援队伍的管理幅度、管理层次、部门、职位等进行设计，从而形成组织结构，是管理者在前期分析的基础上以及对工作进行划分的基础上进行管理层次的确定和人事配备。在应急救援队伍体系中的救援队伍类型各有不同，其组织设计也各不相同。在具体的应急救援事件中应急救援队伍组织结构的总体框架如图 3-1 所示。

2）应急救援队伍的组织整合

在完成应急救援组织结构的设计之后，需要在前期设计的基础进行组织结构的整合，包括组织模式、组织结构、组织关系等的调整和变化。综合组织内外的影响因素，在具体的应急救援中吸取应急救援过程中的教训，对组织结构进行整合。这样，应急救援队伍的组织结构才能够更好地运转，使得应急救援队伍中的各种资源以及其各组成部分能够相互

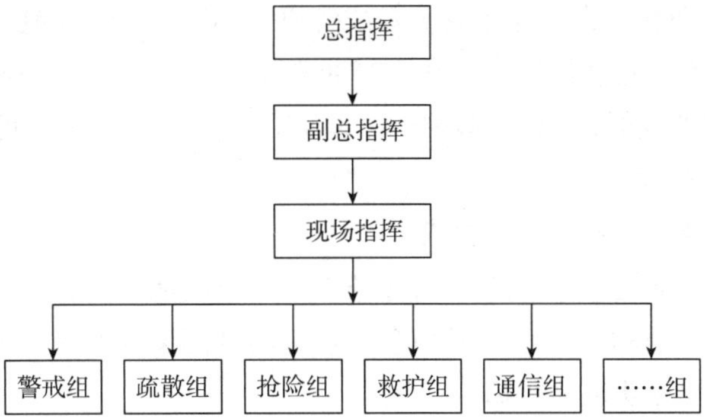

图 3-1　应急救援队伍组织结构的总体框架

协调。组织整合的过程也是组织变革与发展的过程，这也是应急救援队伍的组织所必要和必需的。

3）应急救援队伍的资源获取和配置

应急救援队伍组织活动的开展离不开资源的获取，其中的资源包括人力资源、财物资源、物质资源等。应急救援队伍的组织就需要为救援活动的开展获取充足的资源并实现这些资源的有效配置。在应急救援队伍系统中，政府管理的应急救援队伍的资源获取和配置是以政府采取的行政手段为主，市场配置作为辅助手段。而企业中的专职应急救援队伍以及社会应急救援队伍，市场配置则是其获取和配置资源的主要手段。

6. 加强应急救援队伍制度建设

制度建设为应急救援队伍管理提供了规范的依据。在应急救援队伍中，通过对应急救援队伍的值班制度、岗位工作制度、教育学习制度、培训演练制度、装备维护保养制度、安全保密制度、奖优罚劣制度等进行建设和完善，加强对应急救援队伍的管理。

《生产安全事故应急条例》第九条第三款规定：“国家鼓励和支持生产经营单位和其他社会力量建立提供社会化应急救援服务的应急救援队伍。”社会力量建立的应急救援队伍参与突发事件应对工作应当服从履行统一领导职责或者组织处置突发事件的人民政府、突发事件应急指挥机构的统一指挥。

三、应急救援队伍管理法律制度

（一）应急救援队伍的工作原则

明确的工作原则，是进行救援队伍管理的前提。在应急救援队伍的日常管理中要坚持军地结合、平时与战时结合、专业化与社会化相结合、紧贴实际、立足实战、务求实用的原则。贯彻落实“安全第一、预防为主、综合治理”的方针，根据“加强战备、严格训练、主动预防、积极抢救”的工作原则，及时排查，消除各类隐患，做到控制事故，安全生产。坚持“加强战备、严格训练、主动预防、积极抢救”的工作原则，切实做好灾变预防和抢险救灾工作，即在日常工作中要搞好战备值班训练工作，做到“召之即来、来之能战、战之必胜”。预防与应急相结合、常态与非常态相结合，常抓不懈，在不断提高安全风险辨识、防范水平的同时，加强现场应急基础工作，做好常态下的风险评估、物资储备、完善装备、预案演练等工作。

（二）专业应急救援人员的素质要求

专业应急救援人员应当具备相应的身体条件、专业技能和心理素质，取得国家规定的应急救援职业资格，具体办法由国务院应急管理部门会同国务院有关部门制定。

（三）我国应急救援队伍的指挥

依据《突发事件应对法》第八条，对于特别重大突发事件，国务院是全国应急管理工作的最高行政领导机关，在总理领导下研究、决定和部署特别重大突发事件的应对工作；根据实际需要，设立国家突发事件应急指挥机构，负责突发事件应对工作。对于其他级别的突发事件，县级以上地方各级人民政府设立由本级人民政府主要负责人、相关部门负责人、驻当地中国人民解放军和中国人民武装警察部队有关负责人组成的突发事件应急指挥机构，统一领导、协调本级人民政府各有关部门和下级人民政府开展突发事件应对工作；根据实际需要，设立相关类别突发事件应急指挥机构，如公共卫生突发事件应急指挥机构、自然灾害公共应急指挥机构等，组织、协调、指挥突发事件应对工作。必要时，国务院可以派出工作组指导有关工作。上级人民政府主管部门应当在各自职责范围内，指导、协助下级人民政府及其相应部门做好有关突发事件的应对工作，如发生重大生产安全事故时，应急管理部派出工作组地方人民政府及有关部门进行事故救援。我国应急救援队伍需要在突发事件应急指挥机构统一领导、指挥下参与突发事件救援工作。

发布一级、二级警报，宣布进入预警期后，县级以上地方人民政府应当针对即将发生的突发事件的特点和可能造成的危害，责令应急救援队伍、负有特定职责的人员进入待命状态，并动员后备人员做好参加应急救援和处置工作的准备。《突发事件应对法》第四十八条规定，“突发事件发生后，履行统一领导职责或者组织处置突发事件的人民政府应当针对其性质、特点、危害程度和影响范围等，立即组织有关部门，调动应急救援队伍和社会力量，依照有关法律、法规、规章的规定采取应急处置措施”；必要时，可以设立现场指挥部，负责现场应急处置和救援，统一指挥进入突发事件现场的单位和个人。

（四）应急救援队伍值守制度

应急救援队伍全年 365 天、每天 24 h 都应急值守，随时可能面对极端情况和生死考验。应急救援队伍全体救援人员要做到对党忠诚、纪律严明、赴汤蹈火、竭诚为民，成为党和人民信得过的力量，应急管理具有高负荷、高压力、高风险的特点，应急救援队伍奉献很多、牺牲很大，各方面要关心、支持这支队伍，提升其职业荣誉感和吸引力。

（五）应急救援队伍的后勤保障

应急救援工作能够顺利进行离不开应急救援队伍的后勤保障。应急救援队伍的保障工作包括日常工作中的后勤保障与在应急救援工作中的后勤保障。

1. 日常工作的保障后勤

保障应急管理日常工作所需经费，确保应急设备、装备和车辆运行正常。将应急装备建设、隐患排查治理、应急预案演练以及救援设施建设和应急通信等经费纳入安全生产费用，优先安排保障。规范应急救援装备采购、储存、管理、维护和调用，按照国家法律法规、行业标准规范配备各类应急救援物资装备。

2. 应急救援中的后勤保障

在应急救援过程中，要做到交通运输保障，能够利用现有的交通资源做到及时将应急救援有关人员、队伍、装备、物资等运送到事故现场；在应急救援过程中，要做到医疗保障，设立医护专家组，为应急救援提供医疗及救护方面的技术支持；在应急救援过程中，要做到治安保障，加强对重点地区、重点场所、重点人群、重要物资设备的防护，维持现场秩序，及时疏散群众；在应急救援过程中，要做到技术支持与保障，成立应急救援专家小组，为应急救援工作的具体开展提供技术支持。

（六）应急救援队伍的权利保障

《突发事件应对法》第二十七条规定："国务院有关部门、县级以上地方各级人民政府、县级以上人民政府有关部门、有关单位应当为其组建的应急救援队伍购买人身意外伤害保险，配备必要的防护装备和器材，减少应急救援人员的人身风险。"

【本章重点】

1. 应急预案是指各级人民政府及其部门、基层组织、企事业单位、社会团体等为依法、迅速、科学、有序应对突发事件，最大程度减少突发事件及其造成的损害而预先制定的工作方案。按照制定主体的不同，应急预案分为政府及其部门应急预案、单位和基层组织应急预案两大类。政府及其部门应急预案由各级人民政府及其部门制定，包括总体应急预案、专项应急预案、部门应急预案等。

2. 应急预案编制应遵循以下原则：一是以人为本，健全机制；二是依靠科学，依法规范；三是统一领导，分级管理；四是加强协调配合，确保快速反应；五是坚持平战结合，充分整合现有资源；六是借鉴国外经验，符合我国实际。应急预案的编制包括如下几个基本环节：一是拟定编制规划；二是成立编制小组；三是风险评估和资源调查；四是征求意见；五是进行预案评审；六是审批转发与备案。

3. 预防突发事件发生的责任主体有两个：一是企事业单位（私主体），二是国家。县级以上地方人民政府和有关部门对本地区存在的危险源、危险区域进行辨识、管控；企事业单位（私主体）要排查本单位的事故隐患，防范事故发生。事故隐患排查治理，主要由矿山、建筑施工单位和易燃易爆物品、危险化学品、放射性物品等危险物品的生产、经营、储运、使用单位承担。

4. 国家建立健全突发事件风险评估体系，我国实行应急体系建设规划制度。应急体系建设规划是指县级以上人民政府及有关部门预先制定的今后一段时期内为建立、健全应对突发事件体系而做的计划安排。风险过程管理由风险识别（排查）、风险评价等内容组成，这是安全风险管控的主要内容。

5. 国务院建立全国统一的突发事件信息系统。县级以上地方人民政府应当建立或者确定本地区统一的突发事件信息系统。县级以上人民政府及其有关部门、专业机构应当通过多种途径收集突发事件信息。县级以上人民政府及其有关部门应当根据自然灾害、事故灾难和公共卫生事件的种类和特点，建立健全基础信息数据库，完善监测网络，划分监测区域，确定监测点，明确监测项目，提供必要的设备、设施，配备专职或者兼职人员，对可能发生的突发事件（风险）进行监测。风险预警包括企业内部风险预警和外部风险预警，宣布进入预警期后，县级以上地方各级人民政府应当根据即将发生的突发事件特点和可能造成的危害，依法采取措施。

6. 应急保障主要包括应急避难场所制度、资金保障制度、运输保障制度、能源保障制度、应急物资保障法律制度。国家建立健全应急物资储备保障机制，完善重要应急物资的监管、生产、储备、调拨和紧急配送体系。

7. 我国应急救援队伍分为综合性应急救援队伍、专业应急救援队伍、成年志愿者组成的应急救援队伍和单位专职或者兼职应急救援队伍。县级以上人民政府应当整合应急资源，建立或者确定综合性应急救援队伍。承担应急救援队伍建设职责的主要有县级以上人民政府以及有关部门、企事业单位等。

【课后习题】

1. 假如你是某县人民政府工作人员，领导让你草拟一份应急预案，你是否知道应急预案的制定程序。

2. 结合实例谈一谈行政许可预防突发事件的功能。

3. 假设你是有关部门负责人，你所在的县发生了突发事件，如何保障本县人民群众的物资供应。

第四章
应急处置与救援法律制度

突发事件发生后，启动应急预案，组织救援队伍和社会各方面力量，依法采取应急处置及救援措施，救助受困人员，保护人民群众财产，尽快控制、减少、消除危害，防止突发事件扩大或恶化。应急处置应遵循依法行政原则、比例原则、重要权利不可克减原则、科学性原则。处置主体包括处置的权力主体、履职主体和参与主体。权力主体是指对突发事件应对依法律授权负有领导职责的机构。权力主体依照法律授权及规定行使各自的行政应急权，决定采取应急处置措施。履职主体在权力主体的领导、指挥和监督下负责贯彻执行应急处置措施。履职主体主要是有关部门、居民委员会、村民委员会和其他组织。参与主体主要是公民法人和其他组织，均有义务参与突发事件应对工作。救助应急救援措施主要包括救助措施、保护措施、保障措施、控制措施等具体措施。

第一节　应急处置的基本原则

应急处置是在突发事件发生后，履行统一领导职责或者组织处置突发事件的行政机关或指挥机构针对其性质、特点和危害程度，立即组织有关部门，调动应急救援队伍和社会力量，依法采取紧急应对及救援措施，以尽快控制、减少、消除危害，防止事故或者事件扩大或恶化，最大限度地降低事故或者事件造成的损失和危害的应急反应。

在应急管理的预防与应急准备、监测与预警、应急处置与救援、事后恢复与重建的运行机制中，应急处置是核心环节，属于突发事件应对的事中应对控制阶段，需要综合运用科学、技术、规划与管理等手段加以处置，以有力有效地保障公众生命、健康和财产安全，维护社会秩序稳定。应急处置应当遵循法定原则，主要包括依法行政原则、比例原则、重要权利不可克减原则、科学性原则。

一、依法行政原则

突发事件应急处置的特殊之处在于其涉及行政应急权力的行使，一旦发生公共卫生事件（如传染病暴发、流行）、重大生产安全事故、洪灾等突发事件，需要由特定的机构或者组织负责领导、动员、组织相关方面力量进行应急响应及处置。我国相关法律将应急响应及处置的权力授予了行政机关，而即使在突发事件的应对与处置过程中，被授权的行政机构仍然应当依法行使行政应急权力。《突发事件应对法》第五十一条规定，发生突发事件，严重影响国民经济正常运行时，国务院或者国务院授权的有关主管部门可以采取保障、控制等必要的应急措施，保障人民群众的基本生活需要，最大限度地减轻突发事件的影响。《传染病防治法》《防震减灾法》《消防法》等法律也规定，政府及其有关主管部门有权采取非常规的严格的紧急措施。政府机关及主管部门在宪法所规定的国家权力体系中，毫无疑问属于行政机构。在这种情况下，行政机关依法所行使的权力是行政紧急权力或者行政应急权力。

行政应急权力与一般行政权力相比具有超常规性，但是其权力的来源、内容及界限仍然应当符合宪法和法律对紧急状态下行政应急权力的规定。鉴于我国现行有关法律已经对于紧急状态的预警、应对、处置、救援等有明确规定，因此行政机关在行使行政应急权力时，原则上不得逾越《突发事件应对法》《传染病防治法》《防震减灾法》《突发公共卫生事件应急条例》《国家突发公共卫生事件应急预案》等法律法规的授权范围。换句话说，行政机关在处置突发事件或者在紧急状态下，仍然应当坚持依法行政的基本原则和底线。

行政应急权力行使的时机和条件与一般行政权力不同。只有政府“发布相应级别的警报，决定并宣布有关地区进入预警期”之后，才能行使行政应急权力。我国《突发事件应对法》“应急处置与救援”一章规定了行政应急权力。无论是处置何种类型的突发事件，应急处置均应坚持依法行政，妥善处理应急措施和常规管理的关系，依法实施应急处置工作。

首先，行使行政应急权力启动应急处置必须符合法定条件、按照法定程序进行。《突发事件应对法》规定的启动应急处置的条件是“突发事件发生后”，《职业病防治法》设定的启动条件是“发生或者可能发生急性职业病危害事故时”，《特种设备安全法》设定的启动条件是“事故发生地人民政府接到事故报告”后。可见对于行政应急权力的启动和应急处置的响应，法律规定的统一原则是当相关突发事件发生后，而在事故或者事件没有发生前，行政机关仅能依法进行预防、监测、预警、报告等常规行政措施，一般情况下不得提前采取应急处置措施。

其次，进入应急反应阶段后，采取应急处置措施时应当依据法律的授权实施，在法律授权的范围内根据需要采取必要、有效的措施。《突发事件应对法》《防震减灾法》《消防法》《传染病防治法》《食品安全法》等法律均明确规定了应对突发事件时可以采取的应急处置措施的种类。行政机关（包括临时成立的履行领导指挥职责的机构）应当在法律授权的应急处置措施范围内根据具体情况决定实施必要的应急处置、救援措施，不得采取超越法定授权的措施。

最后，应急处置措施具有临时作出应急的特性，因此当此类特定紧急事件消除之后，相对应的特定措施应随之停止适用，依法及时结束应急处置，解除相关限制措施，终止行政应急权力的行使。例如《国家突发公共卫生事件应急预案》对突发公共卫生事件的应急反应的终止，设定了“突发公共卫生事件隐患或相关危险因素消除，或末例传染病病例发生后经过最长潜伏期无新的病例出现”这一法定条件。

二、比例原则

比例原则是约束行政权力滥用的原则，其在行政法中所扮演的角色，相当于诚信原则在民法中的“帝王条款”地位。根据比例原则，行政行为应当具有目的适合性，所谋求的公共利益在量上大于私人的特别牺牲，在所有可供选择的行为方式中侵害最小。

比例原则旨在为公民权利提供无漏洞的保护。然而在应急处置中，采取及时、有效的措施控制事态发展，尽快恢复正常的社会秩序是当务之急，秩序价值被优先考虑；而传统意义上的比例原则旨在保护自由、权利等价值，不能充分体现秩序恢复的紧迫要求。因此在应急处置情境下坚持比例原则，应当妥当把握“事急从权”与公民权利保护二者之间的平衡。

《突发事件应对法》第十一条明确规定在突发事件应对时应坚持比例原则。相关行政主体在应对突发事件所采取的措施应该和突发事件可能造成的社会危害程度及范围相匹配；有多种措施可供选择时，应选择能够最大程度保障公民、法人和其他组织利益的措施，需要在维护社会秩序与保障公民权益之间形成平衡。其中“最大程度”便体现了必要性原则，“相适应”则体现了均衡原则，而适当性原则隐含在采取措施的前提条件之中。对公众权利与自由的限制，不应超出控制和消除突发公共事件造成的危害所必要的限度，并应对公众的合法利益所造成的损失给予适当补偿。

从适当性原则的层面来看，应急处置措施必须对突发事件社会危害性控制切实有效。例如，当传染病可以通过飞沫传播或者其他方式的空气传播时，行政机关要求疫区内的居民外出必须佩戴口罩，就是具备适当性的；反之，如果传染病无法通过此种途径传播，这样的要求就根本无助于目的之达成。因此，适当性原则在疫情控制方面主要应当由科学来回答。从必要性原则的层面来看，防治措施应当采取对基本权利最小侵害的方式。从均衡原则的层面来看，采取的应急处置措施虽然是达成目的所必要的，但是也不能对公民基本权利造成超过目的价值的侵害。

比例原则针对的是应急处置措施实施过程随意性及裁量权过大问题。而解决这一问题的方式，需要运用比例原则，以规制应急处置中裁量权过大的问题，以平衡维护公共安全和保护公众权利与自由二者之间的关系。

三、重要权利不可克减原则

尽管在应急处置过程中，行政应急权力可以要求公民基本权利适度克减，但是克减是有限度的。例如，《公民权利和政治权利国际公约》第四条第二款对不可克减的权利进行了列举，其中包括生命权、不得施用酷刑，未经同意不得进行人体试验，不得强迫为奴隶、奴工，不得仅因无力履行债务监禁，适用刑法从旧兼从轻、法律人格受尊重，思想和宗教信仰自由等权利。应急处置措施即使符合依法行政及比例原则的要求，如果其侵害或者可能侵害属于公民的不可克减的重要权利，仍然不具有合法性及正当性，应予取缔及禁止。

四、科学性原则

当突发事件发生在公共卫生、传染病、核、环境生态、食品安全等风险领域时，采取应急处置措施呈现高度的专业性、复杂性和不确定性。当各种不确定因素存在时，采取何种处置救援措施需要考虑该领域专家的意见和建议，相应采取合理的、有效的处置措施。在这种情况下，出于保障公共安全或者国家安全的考虑，只要应急处置措施具有合乎理性的可支持性证据支持，就应当尊重科学及专业的判断。例如，对于突发公共卫生事件，在决定是否启动应急预案的时候，卫生行政主管部门依法应当组织专家对突发事件进行综合评估，初步判断突发事件的类型，提出是否启动突发事件应急预案的建议。同时，应充分发挥专业机构的作用。《突发公共卫生事件应急条例》将依靠科学作为突发公共卫生事件应急工作的基本原则，并明确由省级以上人民政府卫生行政主管部门或者其他有关部门指定的突发事件应急处置专业技术机构，负责突发事件的技术调查、确证、处置、控制和评价工作。在应急处置工作过程中，如有必要，应当在专业人员的指导下进行，有关单位和个人不得以任何理由拒绝；或者从应急救援指挥部中吸收相关领域专家参与，保证救援的科学性、专业性；这充分体现了对于涉及专业问题的突发事件应急处置必须遵循科学精神，采用符合专业要求的措施和做法的原则。

第二节　应急处置的主体

应急处置的主体是应急处置的各方参与者，主要包括应急处置的权力主体、履行具体处置措施的主体以及根据公众参与原则参与突发事件应急处置的参与主体。

一、权力主体

发生突发事件需要启动应急处置反应时，行政应急权力具备超常规性、集中性的特点。集中性表现在两个方面。从水平方向来看，某一行政区域的行政应急权力应当由该区域内的行政机关行使。例如，《突发公共卫生事件应急条例》第二十七条规定："在全国范围内或者跨省、自治区、直辖市范围内启动全国突发事件应急预案，由国务院卫生行政主管部门报国务院批准后实施。省、自治区、直辖市启动突发事件应急预案，由省、自治区、直辖市人民政府决定，并向国务院报告。"从垂直方向来看，行政应急权力由地方行政机关集中到中央行政机关。例如，《突发公共卫生事件应急条例》第三条第一款规定："突发事件发生后，国务院设立全国突发事件应急处理指挥部，由国务院有关部门和军队有关部门组成，国务院主管领导人担任总指挥，负责对全国突发事件应急处理的统一领导、统一指挥。"

其中，对突发事件应对依法律授权负有领导职责的机构是权力主体。在突发事件发生后，由其紧急采取必要的处置救援措施，以维持社会秩序，有力控制、减少、消除社会危害和影响。

依据《突发事件应对法》的规定，以下机构可以依法成为特定突发事件发生后的应急处置权力主体：

第一类主体是国务院和县级以上地方各级人民政府。应急管理体制采取“统一领导、综合协调、分类管理、分级负责、属地管理为主”的原则。根据这一指导原则，突发事件应对工作的行政领导机关是国务院和县级以上地方各级人民政府。

第二类主体是国务院授权的有关主管部门。发生突发事件，严重影响国民经济正常运行时，除国务院外，国务院授权的有关主管部门依法也可以采取保障、控制等必要的应急措施，保障人民群众的基本生活需要，最大限度地减轻突发事件的影响。例如，《突发公共卫生事件应急条例》第三十七条赋予了国务院卫生行政主管部门在应对突发传染病等紧急事件时能够采取控制措施的权限，这是 2003 年“非典”疫情后对行政机关在应对能力和机制上所进行的反思。《生产安全事故应急条例》对于生产安全事故应急工作的领导部门，除规定国务院统一领导全国的生产安全事故应急工作，县级以上地方人民政府统一领导本行政区域内的生产安全事故应急工作外，还规定县级以上人民政府应急管理部门和其他对有关行业、领域的安全生产工作实施监督管理的部门在各自职责范围内，做好有关行业、领域的生产安全事故应急工作。

二、履职主体

第一类主体是有关主管机关，如应急管理机关、公安机关、消防救援机构等。这类主体依照法律规定执行应急处置领导部门的命令、指示，完成交办的任务和事项，采取相应处置措施，或者由有关部门协助执行，确保应急处置措施得以执行到位或者不被违反、破坏。例如当严重危害社会治安秩序的事件发生时，公安机关应当立即依法出动警力，根据现场情况依法采取相应的强制性措施，尽快使社会秩序恢复正常；发生火灾时，消防救援机构统一组织和指挥火灾现场扑救。

第二类主体是居民委员会、村民委员会和其他组织。群众性自治组织（居民委员会、村民委员会）以及诸如红十字会等慈善、救援民间组织也应按照当地人民政府的决定、命令，进行宣传动员，组织群众自救和互救，协助行政机关维护社会秩序。以突发公共卫生事件为例，依照《突发公共卫生事件应急条例》第三条、第四条，公共卫生突发事件应对的权力主体为国务院卫生行政主管部门和其他有关部门、省级人民政府；依据《突发公共卫生事件应急条例》第四十条，街道、乡镇以及居民委员会、村民委员会是突发公共卫生事件的履职主体。

简言之，对于突发公共卫生事件应急处置，如果该事件影响范围是全国性的，则国务院设立全国突发事件应急处理指挥部，统一领导指挥全国的应急处置事务；同时受事件影响的县级以上各级政府应采取应急社会管理措施，由其在管辖的行政区划内发布决定、命令、通告、通知等，明确需要采取的具体措施。各级政府应成立应急处理指挥部或领导小组，负责领导、指挥处理疫情工作。县级以上政府卫生行政主管部门和其他相关部门是具体的履职单位。乡镇、街道、居民委员会等应协助落实各项防控措施。

综上，权力主体依照法律授权及规定行使各自的行政应急权力，决定采取应急处置措施，履职主体在权力主体的领导、指挥和监督下负责贯彻执行应急处置措施。

三、参与主体

除了上述权力主体、履职主体外，在突发事件应对处置过程中，公民、法人和其他组织的积极参与对于有效应对突发事件，保证应急处置措施的顺利实施，也是必不可少的。这种参与不是一种自由，也不是一种道德义务，而是法定义务。《突发事件应对法》第十一条第二款规定："公民、法人和其他组织有义务参与突发事件应对工作。"依据该规定，无论公民法人和其他组织是否在突发事件发生地，只要处置突发事件需要，均有义务参与突发事件应对工作。

其中，突发事件发生地的公民应当服从人民政府、居民委员会、村民委员会或者所属单位的指挥和安排，配合人民政府采取的应急处置措施，积极参加应急救援工作，协助维护社会秩序；受到自然灾害危害或者发生事故灾难、公共卫生事件的单位，应当立即组织本单位应急救援队伍和工作人员营救受害人员，疏散、撤离、安置受到威胁的人员，控制危险源，标明危险区域，封锁危险场所，并采取其他防止危害扩大的必要措施，同时向所在地县级人民政府报告；对因本单位的问题引发的或者主体是本单位人员的社会安全事件，有关单位应当按照规定上报情况，并迅速派出负责人赶赴现场开展劝解、疏导工作；突发事件发生地的其他单位应当服从人民政府发布的决定、命令，配合人民政府采取的应急处置措施，做好本单位的应急救援工作，并积极组织人员参加所在地的应急救援和处置工作。

第三节　救　援　措　施

在启动应急预案，宣布应急响应后，行政机关可以依据法律对整个社会活动施加更多的管控。应急响应采取的处置救援措施属于应急型行政措施。从救援措施的宗旨来看，救援措施主要是为了消除危害、救济权利和维护社会秩序，通过控制、限制、保护、救助等措施降低事件对法益的侵害；秩序维护的目的在于确保应急处置的制度功能，允许限缩公民权利。

一、救助措施

任何突发事件的应对必须以人为本，坚持生命至上，人民至上。首先采取措施救助人命，保障生命安全。有效组织营救和救治受害人员，疏散、撤离并妥善安置受到威胁的人员以及采取其他救助措施是一切救助措施的重中之重。例如《消防法》第四十五条规定："消防救援机构统一组织和指挥火灾现场扑救，应当优先保障遇险人员的生命安全。"《防震减灾法》规定，地震灾害发生后，抗震救灾指挥机构应采取紧急措施迅速组织抢救被压埋人员，并组织有关单位和人员开展自救互救；迅速组织实施紧急医疗救护，协调伤员转移和接收与救治等，无不体现了以救助人命和保障生命安全的首要目的。

二、保护措施

采用禁止或者限制使用有关设备、设施，关闭或者限制使用有关场所，中止人员密集活动或者可能导致危害扩大的生产经营活动以及采取其他保护措施。采取保护措施的目的是减少突发事件对于人民生命、健康的威胁和损害。

具体而言，比如面对突发性公共卫生事件，当传染病暴发、流行时，县级以上地方政府报经上一级政府决定，可以采取下列紧急措施：限制或者停止集市、影剧院演出或者其他人群聚集的活动；停工、停业、停课；封闭或者封存被传染病病原体污染的公共饮用水源、食品以及相关物品；控制或者扑杀染疫野生动物、家畜家禽；封闭可能造成传染病扩散的场所。新冠疫情发生以来，各地方政府相继出台关闭人员聚集的公共场所，停止开展人群聚集的活动以及延期开工、开业、开学等紧急措施。这些依法采取的必要措施有利于控制疫情扩散，保护人民的身体健康。

三、保障措施

为了给受突发事件影响的人员及地区提供基本生活条件、基本医疗救助，保障生存、生活基本需要，应急处置过程中应当采取以下保障措施：

（1）立即抢修被损坏的交通、通信、供水、排水、供电、供气、供热等公共设施，向受到危害的人员提供避难场所和生活必需品，实施医疗救护和卫生防疫以及其他保障措施。

（2）启用本级人民政府设置的财政预备费和储备的应急救援物资，必要时调用其他急需物资、设备、设施、工具。

（3）保障食品、饮用水、燃料等基本生活必需品的供应。

（4）依法从严惩处囤积居奇、哄抬物价、制假售假等扰乱市场秩序的行为，稳定市场价格，维护市场秩序。

而为了贯彻以上保障措施，履行统一领导职责，组织处置突发事件的人民政府可以采取以下措施：

（1）物资征用。必要时可以向单位和个人征用应急救援所需设备、设施、场地、交通工具和其他物资，请求其他地方人民政府提供人力、物力、财力或者技术支援，要求生产、供应生活必需品和应急救援物资的企业组织生产、保证供给，要求提供医疗、交通等公共服务的组织提供相应的服务。例如新冠疫情应急处置过程中，对于医疗设备、口罩等物资的需求急剧增加，各地人民政府可以对这些应急物资采取特殊管理，要求或者组织医疗设备、口罩相关企业增加产量，保证供给。

（2）物资调用。各级政府为阻击疫情，可以调用本级政府储备的应急物资，必要时可以调用其他急需物资、设备、设施、工具。

（3）物资管控。各级政府可以要求生产、供应应急物资的企业组织生产、保证定向供给，并提供必要的支持；也可以对应急物资进行市场管控，限制应急物品的市场流通。各级政府还应依法从严惩处囤积居奇、哄抬物价、制假售假等扰乱市场秩序的行为，确保应急物资的质量和价格稳定。此外，履行统一领导职责或者组织处置疫情的政府，可以根据需要，组织协调运输经营单位，优先运送急需物资、设备、工具等，全力保障抗疫一线的物资需求。

四、控制措施

根据突发事件的性质，采取有力、有效的控制措施是防止危害扩大，尽最大限度减少损失所必不可少的手段。总的来说，控制措施主要围绕危险源展开：要迅速控制危险源，标明危险区域，封锁危险场所，划定警戒区，实行交通管制以及其他控制措施。根据突发事件性质及特点不同，具体的控制措施表现形式不同。

如果发生了突发社会安全事件，组织处置工作的人民政府应当立即组织有关部门并由公安机关针对事件的性质和特点，依照有关法律、行政法规和国家其他有关规定，采取下列一项或者多项应急处置措施：

（1）强制隔离使用器械相互对抗或者以暴力行为参与冲突的当事人，妥善解决现场纠纷和争端，控制事态发展。

（2）对特定区域内的建筑物、交通工具、设备、设施以及燃料、燃气、电力、水的供应进行控制。

（3）封锁有关场所、道路，查验现场人员的身份证件，限制有关公共场所内的活动。

（4）加强对易受冲击的核心机关和单位的警卫，在国家机关、军事机关、国家通讯社、广播电台、电视台、外国驻华使领馆等单位附近设置临时警戒线。

（5）法律、行政法规和国务院规定的其他必要措施。

突发公共卫生事件发生后，根据情况需要，依法可以采取以下控制措施：

（1）封锁措施。甲类、乙类传染病暴发、流行时，县级以上地方人民政府报经上一级人民政府决定，可以宣布本行政区域部分或者全部为疫区；国务院可以决定并宣布跨省、自治区、直辖市的疫区。县级以上地方人民政府可以在疫区内采取法定的紧急措施，并可以对出入疫区的人员、物资和交通工具实施卫生检疫。省、自治区、直辖市人民政府可以决定对本行政区域内的甲类传染病疫区实施封锁。

（2）隔离措施。疫情的特点是传染速度快，因此为控制疫情蔓延，应及时采取隔离措施。隔离的对象有：一是相关人员。医疗机构发现甲类传染病时，应当及时采取下列措施：①对病人、病原携带者，予以隔离治疗，隔离期限根据医学检查结果确定；②对疑似病人，确诊前在指定场所单独隔离治疗；③对医疗机构内的病人、病原携带者、疑似病人的密切接触者，在指定场所进行医学观察和采取其他必要的预防措施。拒绝隔离治疗或者隔离期未满擅自脱离隔离治疗的，可以由公安机关协助医疗机构采取强制隔离治疗措施。二是相关场所。对已经发生甲类传染病病例的场所或者该场所内的特定区域的人员，所在地的县级以上地方人民政府可以实施隔离措施,并同时向上一级人民政府报告。在新冠疫情应对过程中,多地对发生疫情的小区、单元楼进行隔离管理是合理合法的控制措施。

（3）卫生控制措施。对传染病暴发、流行区域内的流动人口，突发事件发生地的县级以上地方人民政府应当做好预防工作，落实有关卫生控制措施。例如在抗击新冠疫情时，多地政府采取了要求公众出入公共场所佩戴口罩的卫生控制措施。

（4）卫生检疫措施。为防止传染病通过交通工具及其乘运的人员、物资传播，可以实施交通卫生检疫。例如，新冠疫情防控处置过程中，铁路、交通、民航、质检等部门在交通站点和出入辖区口岸设置临时交通卫生检疫站，对出入辖区的交通工具及其乘运人员和物资进行检疫查验，同时在公共场所采取测温等必要的卫生控制措施，以上均属于卫生防疫措施。

【本章重点】

1. 应急处置是在突发事件发生后，履行统一领导职责或者组织处置突发事件的行政机关或指挥机构针对其性质、特点和危害程度，立即组织有关部门，调动应急救援队伍和社会力量，依法采取紧急应对及救援措施，以尽快控制、减少、消除危害，防止事故或者事件扩大或恶化，最大限度地降低事故或者事件造成的损失和危害的应急反应。

2. 应急处置应当遵循法定的原则，主要包括依法行政原则、比例原则、重要权利不可克减原则、科学性原则。

3. 应急处置的主体是应急处置的各方参与者，主要包括应急处置的权力主体、履行具体处置措施的主体以及根据公众参与原则参与突发事件应急处置的参与主体。权力主体依照法律授权及规定行使各自的行政应急权力，决定采取应急处置措施。履职主体在权力主体的领导、指挥和监督下负责贯彻执行应急处置措施。公民、法人和其他组织有义务参与突发事件应对工作。

4. 救援措施包括救助措施、保护措施、保障措施、控制措施。

【课后习题】

1. 应急处置过程中，需要对公民的财产权利甚至人身权利作出限制，结合这一现象，谈一谈你对重要权利不可克减原则的理解。

2. 结合《突发事件应对法》，谈一谈你对应急处置措施中控制措施的理解。

第五章
恢复与重建法律制度

突发事件使生产、生活和社会秩序遭到破坏，地震等自然灾害会造成房屋坍塌、毁损。突发事件结束后，重建家园，恢复生活、工作和社会秩序，是应急工作的重要内容，也是应急法治的应有之意。应对突发事件应有始有终，从广义上讲，应对突发事件包括预防突发事件，但从狭义讲，应对突发事件则开始于突发事件发生后，启动应急预案，进行应急处置和应急救援。在应急处置和应急救援过程中所采取的措施，很多是非常规性的，属于紧急状态下的行政行为。因此，应急处置需要有法定的启动程序。应急处置结束后，也需要法定的程序结束应急程序，使我们的生活、工作、社会秩序恢复日常化，这就是应急处置的结束。突发事件的威胁和危害得到控制或者消除后，履行统一领导职责或者组织处置突发事件的人民政府应当停止执行依法采取的应急处置措施，同时采取或者继续实施必要措施，防止发生自然灾害、事故灾难、公共卫生事件的次生、衍生事件或者重新引发社会安全事件。遭到突发事件影响的人们需要重建家园，享有社会保障权利，我国宪法规定，公民有从国家和社会获得物质帮助的权利。我国专门建立了社会救助、社会保障方面的法律制度，以此确保公民的社会保障权。《突发事件应对法》对灾后恢复与重建程序等作了规定，而巨灾保险能够为灾后恢复与重建提供物质保障。

第一节　应急处理的结束

一、应急处理结束的法律意义

应急处理是一种特殊的法律状态，其结束机制是应急法上的一个核心命题。对于国家而言，在面临重大危机和安全威胁时，拥有完美的应急处理结束机制，保证紧急状态从一开始就注定是一种短暂的临时状态尤为重要。在法律上，应急处理的结束相对于它的开始更具有根本意义。然而，在国家的应急处理活动中，一般时候并不需要采取紧急状态，采用普通的应急处理措施就足以克服危机和威胁。虽然这种应急处理状态与紧急状态有明显不同，但同样都是一种法律上的特殊状态，这种状态的开始与结束，都会带来各种法律秩序的重大变化，紧急状态的开始和结束一般会引发宪法秩序的变动，而应急处理的开始和结束一般只会引起行政法律秩序的变动，虽然程度不同，但是如果应急处理一旦开始而不能及时结束，同样会导致公共权力的滥用和人民负担的持续加重，给社会造成一种混乱状态；如果应急处理过早结束，会导致危机反复发生，使应急处理的效果大打折扣。有学者提出："结束程序具有极其重要的意义。无论行政应急在开始程序上有怎样的多样性，行政应急措施的结束必须有明确的程序。当突发事件造成的危机减轻或消除，采取日常管理足以控制时，必须立即停止继续使用行政应急措施。一旦没有继续实行行政应急管理的需要，行政应急措施的效力在理论上就应当立即丧失。在应急需要结束以后继续维持应急措施的效力，属于超越行政职权的严重违法行为，也是对公民、法人和其他组织合法权益的侵权行为。这一实质性要求需要有相应的程序保障。"① 因此，应急处理的结束机制，是国家的一项重要制度，也是当今社会无法回避的现实问题。具体而言，应急处理结束具有以下法律意义：

第一，恢复正常的法律适用状态。我国法律规定，在应急处理状态下适用应急性法律规范，即《突发事件应对法》和其他单行性应急法，相应地，某些法律将被暂时中止实施。但是，当应急处理结束时，之前被中止实施的法律将继续实施，法律适用状态恢复正常。

第二，恢复国家权力运行状态。在重大危机和安全威胁发生之时，为了进行有效的应急处理，国家权力会在一定程度上发生变化，行政机关会获得比平时更多的权力，防止行政机关无法克服突发事件所带来的问题，相应地，行政机关权力增加的同时，立法机关对行政权力的监督可能会受到一定程度的削弱，某些事前监督则不得不转为事后监督，司法机关则可能因为应急处理状态而产生的不可抗力，暂停受理或审理某些案件。所以，一旦突发事件的威胁解除，各种应急处理措施结束，行政机关的权力大小将恢复到事件发生之前的正常状态，立法机关和司法机关也将恢复正常的活动。

第三，产生新的法律关系。应急处理结束后，恢复与重建工作将全面开展，政府将在第一时间对危机事件造成的损失进行评估并制定相应的重建计划，如组织灾后重建、救助、安置等活动。同时立法机关将根据事件中发生的问题制定法律法规，弥补之前法律中的一些不足。法院也将受理与审判应急处理状态下中止的案件，也会对应急处理过程中的某些官员渎职行为进行问责和处理。以上各种活动可能会产生新的法律关系。

二、立法上的现状和问题

基于我国应对社会风险行政应急措施的基础理论、法律规范和实证分析，从法制成果上来看：我国已基本形成了以《突发事件应对法》作为社会风险应对基本法，以相关公共卫生事件、社会安全事件等所涉及的相关领域的单行立法中的关于社会风险应对方面的内容为支撑，以各省、自治区、直辖市制定实施的《突发事件应对法》实施办法或实施条例作为地方性法规的社会风险应对法制体系，以国家总体应急预案、部门和专项预案等为内容的国家应急预案体系，构成了社会风险应对中实施应急性行政措施的法制依据的主要

① 于安．制定《突发事件应对法》的理论框架［J］．法学杂志，2006（4）：29-31.

内容。

其中，应急状态的开始和结束对于我国应急处理机制都十分关键，然而应急处理的结束却是学界和实务部门所忽视的问题。在《突发事件应对法》的立法过程中，这个问题被立法机关“留白”了，其未对行政应急状态作统一规定。《突发事件应对法》第五十八条规定：“突发事件的威胁和危害得到控制或者消除后，履行统一领导职责或者组织处置突发事件的人民政府应当停止执行依照本法规定采取的应急处置措施，同时采取或者继续实施必要措施，防止发生自然灾害、事故灾难、公共卫生事件的次生、衍生事件或者重新引发社会安全事件。”这一规定明确了行政机关结束应急处置状态的义务和基本条件，但并未规定结束的方式和程序。也就是说，应急处置的结束在这里完全取决于行政机关在事实上是否停止执行有关应急处置措施，而没有一个可供认定的外在标志。这样的规定，对于实现控制行政紧急权力滥用这一目标来说，几乎是没有意义的。在其他相关法律中，对行政应急状态的启动与结束，也只规定了启动标准，对结束标志则只字未提。如《防洪法》第四十一条规定，以“宣布”作为应急状态开始的形式标准，将“发生重大险情、水位接近设计洪水位”等作为实质标准。而结束标准则是一片空白。在法律之外，许多应急预案反而对应急处置状态的结束作出了或详或略的规定。在国家总体应急预案、国家专项应急预案和省级总体应急预案中，有 49 部以不同方式规定了结束应急处置的条件、主体和程序①。但问题在于，应急处置的结束意味着非常态管理向常态管理的转变，标志着两种行政法律秩序的切换，是必须由法律（而不是应急预案这样的一般行政规范性文件）来回答的问题。因此，预案中的这些规定在实践中也很少得到执行。

上述情况表明，我国《突发事件应对法》存在一定不足，试图将应急处理的结束条件与程序纳入应急预案中的做法看似体现了对应急处理结束的重视，但因其不是法律，导致并没有实现预期。个中原因或许与立法者根深蒂固的观念有关：立法上对应急处置结束机制的“模糊”处理，可以为行政机关应对突发事件的灵活性提供某种方便，减少不少掣肘。总之，立法层面的缺失已经严重制约了政府有效预防和应对各类社会风险的能力，当务之急是根据不同的危机和风险，制定严格有效的结束应急处理的标准，弥补立法上的漏洞。

三、应急处理结束的规则设计与个案权衡

综合目前各国立法，紧急状态的范围较为宽泛，应急管理解决的突发事件往往包含在紧急状态之中，因此对于紧急状态结束和应急管理结束的规则设计一般不做区分：首先是规定一般情况下紧急状态持续的时间，即规定应急处理结束的期限，当然面对不同性质、不同程度的紧急状态，这一期限规定是有区别的。如根据加拿大《危机法》的规定，公共福利危机的终止期是宣告后 90 天，公共秩序危机为 30 天，国际危机为 60 天，战争危机

① 林鸿潮．论应急预案的性质和效力［J］．法学家，2009（2）：22-30.

的持续时间最长为 120 天。其次规定在特定情况下紧急状态可以提前或延期结束，提前结束一般仅需要相应的行政机关作出宣告，没有条件限制；但是延期结束则需要满足特定条件，相应的行政机关作出的决定甚至须经过立法机关的审查，并对延长的期限进行明确规定。同时，行政机关作出紧急状态结束的宣告或决定都需要接受立法机关的监督，立法机关往往有权改变或撤销其上述决定。

由于我国法律在逐步完善的过程中，同时完成实践难度太大，事有轻重缓急，便对紧急状态和一般应急管理行为分别作出了规定。应急处理针对的是突发事件，开始时突如其来，结束也应该是灵活而非统一的。根据上述对紧急状态结束相关规定的分析，笔者认为对应急处理的结束也需要涵盖对决定结束的主体和方式、一般结束时限、结束条件、监督主体、法律效力等方面进行规定。

首先，根据便宜主义原则，负责对突发状况进行紧急处理的行政机关应当有决定并公示应急处理状态结束的职权。为监督这一职权的行使，应赋予该行政机关上级机关或同级的其他行政机关督促其履行职权或在其不履行该职权时代其履行的权力。其次，结束应急处理状态的条件应当是灵活的，只能定性分析而不可定量，可以规定为类似于“威胁得到解除”或“危害得到控制”等可以由应急管理机关在具体情况下具体认定的情形。当然，并不是在所有的情况下都需要去考察是否达到法定条件来结束应急处理，一般应急处理持续的时间也应该予以规定，为了保持应急管理必要的弹性，期限可以相对宽松且灵活，在特定情况下满足法定条件时行政机关可以延长相应期限。然后，应急处理结束的法律效力应该是予以明确规定的，标志着一切的应急行动停止，社会秩序恢复为常态，公民的权利义务恢复到应急行动之前的状态。

在实践中不可避免地对具体的突发事件会有应急处理是否结束的争议，这是由现实情况的复杂性所决定的。此时，法院或者行政机关就须通过一定的标准对个案的应急处理是否结束进行判断。首先，法律上有特别规定可以判断时，依其规定即可。如《破坏性地震应急条例》对应急管理持续时间的相关规定。其次，法律上没有规定时，应急管理机关宣告的时间为应急处理结束的时间。再次，应急管理机关没有宣告时，也可以根据政府实施的一系列标志性事件推定，如临时性应急指挥机构的撤销、恢复重建指挥协调机构的成立、应急管理机关向其上级机关或监督机关就处置工作做报告、核心应急处置措施的终止等。当然，这些标准也是依据法律或行政机关根据个案中突发事件得到解决或控制的具体情况加以认定的。

四、防止次生、衍生突发事件发生

突发事件的威胁和危害得到控制或者消除后，履行统一领导职责或者组织处置突发事件的人民政府应当停止执行依法采取的应急处置措施，同时采取或者继续实施必要措施，防止发生自然灾害、事故灾难、公共卫生事件的次生、衍生事件或者重新引发社会安全事件。

第二节　应急救助制度

一、突发事件的损失补偿体系

我们所处的是一个充满各种危害的生活环境或社会结构，即我们所处的现代社会亦可称为“风险社会”。处在一个风险社会中，人民最需要的是安全，保障人民安全不仅是国家存在的意义，也是宪法上国家的义务。在现代风险社会，国家有保护公民安全的义务，国家就是所谓的保护国家①。此时，在宪法价值体系以及法秩序统一性下，国家应当发挥各部门的作用、统筹协调各部门的职责，保障公民安全，使其在遭受损害时获得合理必要的救济。一个理想的突发事件损失补偿体系应当由三个部分构成：“国家提供的应急救助”发挥托底作用，“保险”发挥主体保障作用，“社会捐赠”发挥补充作用。

（一）突发事件损失补偿的意义

首先，突发事件的损失补偿是对社会的资源修复。不同于突发事件预警监测体系以及突发事件应急管理体系，损失补偿是对突发事件发生后社会秩序等方面的恢复与重建，是对被破坏的资源配置体系进行修复。一个社会面临各种灾害风险时，要认定这种风险属于私人风险还是公共风险，通常来讲，由四个要素共同决定：一是公共体内的资源总量，二是灾害风险的损害程度，三是政府的收入，四是国民收入。这里的国民收入是指国民的公共收入，或者说一个公共体的总收入。其中，该社会的资源总量是一个定值，可以作为常量，而后三者则是变量。以上述要素为基础进行计算可以得出，自然灾害等突发事件就属于公共风险，如前所述，面对公共风险，国家不仅应当承担维护、重建社会秩序的义务，还应当承担修复公共资源的义务。因为，灾害所破坏的不仅包括私人资源，更多或者说更难以修复的是公共资源，如基础设施等。其次，突发事件损失补偿是对权利义务失衡的平衡。简单地对突发事件造成的损失进行填补是不够的，要想对损失进行更有效地修补，还需要实施一系列的经济、政治等措施，恢复政府和社会组织的市场主体功能，恢复经济运行秩序以及正常的资源配置。

（二）中国突发事件损失补偿体系的现状与不足

从2003年SARS暴发，国家开始高度重视突发事件的应急处理，经过数十年的努力，处置能力越来越强。2020年新冠疫情暴发后，我国已经能够在较短的时间内动用各种紧急措施进行各项安置工作；但是损失补偿仍然是突发事件处置过程中的短板。总体上看，中国的突发事件损失补偿不仅有政府处置方面的不足，也有市场调控的不足。现阶段，中国的突发事件损失补偿主要依靠政府和民间援助。本应当在损失补偿体系中发挥主体作用的

① 王泽鉴．损害赔偿［M］．北京：北京大学出版社，2017：2.

“保险”在我国的发展情况却并不乐观。与一些工业化国家[①]相比，也可以看到“保险”这种市场补偿的严重不足。以地震保险为例，许多国家都将地震列入保险责任范围，它们有的以“财产保险”“火灾保险”等附加险形式出现，有的则以单独购买的险种形式出现；有强制购买，也有自愿购买。政府设立专门的地震巨灾保险基金，为地震保险提供“再保险”“最终贷款”“债券融资”等方式的风险再融资。而我国到目前为止，“巨灾保险”的发展取得了一定的进展，但是并没有实质有效的立法对此进行保障，现有的规定大多为倡导性规范[②]，没有具体的保障措施和实施机制。此外，诸如地震保险等险种在各财产保险公司的份额甚微，并且其承保仍然受到公司内部审批上的严格限制。

社会捐赠作为补充性资源，具有不稳定性。因为我们无法保证在每一次重大突发事件中都可以得到数额巨大的社会捐赠。

综上所述，我国在今后相当长的一段时间内，对于突发事件所造成的损失补偿，主要还是依靠国家的应急救助。

二、作为权利基础的社会保障权

（一）社会保障权的概念

社会保障是一个正在被社会了解的概念。社会保障权是产生于社会保障领域的基本权利。社会保障权作为一项国际人权，在《世界人权宣言》第二十五条中予以规定：“每个人都有权享受能够保证个人及其家庭身心健康的生活标准，其中包括食物、衣物、住房、医疗、必要的社会服务，以及在失业、生病、残疾、丧偶、老年或其他个人无法控制的影响生计的情况下获得社会保障的权利。”1966 年，联合国大会通过的著名的《经济、社会及文化权利国际公约》中用多个条文对社会保障权问题进行了规定。其中第九条规定：“本盟约缔约国确认人人享有社会保障，包括社会保险。”第十一条规定：“本盟约缔约国确认人人有权享受其本人及家属所需之适当生活程度，包括适当之衣食住及不断改善之生活环境。”第十二条规定：“本盟约缔约国确认人人有权享受可能达到最高标准之身体与精神健康。”《中华人民共和国宪法》第十四条规定：“国家建立健全同经济发展水平相适应的社会保障制度。”第四十四条规定：“国家依照法律规定实行企业事业组织的职工和国家机关工作人员的退休制度。退休人员的生活受到国家和社会的保障。”第四十五条规定：“中华人民共和国公民在年老、疾病或者丧失劳动能力的情况下，有从国家和社会获得物质帮助的权利。国家发展为公民享受这些权利所需要的社会保险、社会救济和医疗卫生事业。国家和社会保障残废军人的生活，抚恤烈士家属，优待军人家属。国家和社会帮助安

---

① 美国、日本等灾害多发国家很早就建立了巨灾保险机制，如美国的洪水保险、日本的地震保险，其他意外保险的投保率也比较高，这使得保险赔付可以覆盖突发事件导致的大部分损失。

② 《突发事件应对法》第十五条规定：“国家发展保险事业，建立国家财政支持的巨灾风险保险体系，并鼓励单位和公民参加保险。”《防震减灾法》第四十五条规定：“国家发展有财政支持的地震灾害保险事业，鼓励单位和个人参加地震灾害保险。”《防洪法》第四十七条第三款规定：“国家鼓励、扶持开展洪水保险。”

排盲、聋、哑和其他有残疾的公民的劳动、生活和教育。”

在我国，社会保障权是指：“依据法律，全体公民普遍享有的，由国家予以平等地保障的对社会风险导致的损失的补偿和救济的必不可少的权利和平等地享有其他旨在提高生活质量的服务的权利。”从社会保障权的概念来看，对因遭遇突发事件而难以维持相当生活水准的公民施予救助，属于社会保障权的应有之义。

（二）社会保障权的构成要件

1. 社会保障权的主体

1）权利主体

依前述，从世界范围看，享有社会保障已普遍地被看成是一种基本的人权。社会保障权是一种普遍权利，是每个人都应当享有的权利。这就要求国家在确立社会保障权时，其对象范围不能局限于贫困阶层，而应当涵盖全体公民。对公民实行普遍的社会保障，是各国社会保障立法共同奉行的一条基本原则。凡是生存发生困难的社会成员，都可以均等地获得社会保障的机会和权利。而且每个社会成员从社会保障中获得的物质帮助是基本均等的。

2）义务主体

国家和社会是最主要的义务主体，在任何一个国家，社会保障权都离不开政府的参与。个人主要对社会保险承担缴费义务，作为社会保险费的一部分。法律法规分别规定了政府、社会组织和个人在社会保障中应当承担的责任。随着社会保障权的不断完善，各方的责任也处于调整之中，如果这些责任主体都能严格按照法律和法规的规定各司其职，履行各自的法定义务，我国的社会保障权就能够在社会经济全面发展的基础上，逐步实现提高人民生活水平、保证人民安居乐业的目的。

2. 社会保障权的客体

社会保障权以获得物质帮助为内容，对于其客体的认识主要有三种观点：第一种观点认为其客体是物；第二种观点认为既包括物也包括行为；第三种观点认为社会保障权的客体不仅包括物和行为，还包括其他利益。换言之，实现社会保障权不仅指获得一定物质资料，还包括获得一定的社会服务（行为）和发展机会（其他利益）。当然，这种服务和机会通常可以通过物质交换而得到。本书认可第三种观点，具体而言，其客体应包括：①物，包括衣食、房屋等；②服务，如医疗；③机会，如受教育的机会。国家为受保障者提供物质、服务和机会的数量和质量需要遵循一定的标准，这一标准因各国社会经济发展程度有所差异，主要有最低生活标准、平均生活标准、原有生活标准，但基于社会保障权的补充性特征，不应高于社会平均生活标准或受益者的原有生活标准，以免导致对社会效率的损害。

3. 社会保障权的内容

依照社会保障的法律体系，社会保障权主要包括社会救助权、社会保险权、社会福利权。

1）社会救助权

社会救助是国家和社会依照法定程序和标准，向陷入生存危机的社会成员提供社会救助，帮助他们缓解、克服贫困，以维持社会秩序的稳定。社会救助权是指社会成员在自身不能维持其最低生活水平，陷于贫困，基本生存受到威胁时，从国家和社会得到物质帮助的权利。国家保障公民享有充分的社会救助权，不仅有利于维护社会成员的基本生活水平，还能促进社会经济的发展，稳定社会秩序，实现最基本的社会公平。

2）社会保险权

社会保险是工业化社会的产物，德国于19世纪70年代首创社会保险立法，至今社会保险已经发展成为社会保障体系中最核心的部分。社会保险权是指劳动者在因年老、疾病、伤残、生育等社会风险而暂时或永久失去劳动能力，或者因失业而不能实现其劳动力价值，或者劳动者遗属因劳动者死亡，从而在收入中断、减少甚至丧失的情况下，从国家或社会强制建立的社会保险基金获取津贴以维持基本生活水平的权利。包括工伤保险权、疾病保险权、医疗保险权、失业保险权、养老保险权、生育保险权、家庭补贴权、遗属津贴权等。

3）社会福利权

在社会保障权的三项具体权利之中，社会福利权的具体权利内容是与经济发展水平最密切相关的。社会福利权是指社会成员享受国家和社会提供的诸如文化、教育、娱乐和医疗保健等方面的各种社会福利，以提高自身生活质量、发展自我的权利。社会福利权具体表现为物质福利权、教育福利权、文化福利权等权利以及弱势群体的社会福利权。

三、基于社会保障权的国家应急救助

我国《宪法》第四十五条第一款规定：“中华人民共和国公民在年老、疾病或者丧失劳动能力的情况下，有从国家和社会获得物质帮助的权利。”① 这一宪法权利被称作公民的社会保障权，也称物质帮助权，是国家建立应急救助制度的基础。《中共中央关于制定国民经济和社会发展第十四个五年规划和二〇三五年远景目标的建议》提出，要“健全多层次社会保障体系。健全覆盖全民、统筹城乡、公平统一、可持续的多层次社会保障体系”②。同时还提出“保障人民生命安全。坚持人民至上、生命至上，把保护人民生命安

① 有关社会保障权的其他宪法条款还包括第十四条第四款有关建立社会保障制度的规定，以及第四十四条有关退休人员生活保障的规定。

② 具体内容为“推进社保转移接续，健全基本养老、基本医疗保险筹资和待遇调整机制。实现基本养老保险全国统筹，实施渐进式延迟法定退休年龄。发展多层次、多支柱养老保险体系。推动基本医疗保险、失业保险、工伤保险省级统筹，健全重大疾病医疗保险和救助制度，落实异地就医结算，稳步建立长期护理保险制度，积极发展商业医疗保险。健全灵活就业人员社保制度。健全退役军人工作体系和保障制度。健全分层分类的社会救助体系。坚持男女平等基本国策，保障妇女儿童合法权益。健全老年人、残疾人关爱服务体系和设施，完善帮扶残疾人、孤儿等社会福利制度。完善全国统一的社会保险公共服务平台”。

全摆在首位，全面提高公共安全保障能力”①。完善以社会保障权为基础的国家应急救助制度，已经成为我国未来几年的重要发展目标之一。

国家应急救助，即国家对遭遇突发事件损害的公民，免费提供物质资料、社会服务和发展机会的制度。通过对应急救助的主要内容进行分析，可以全面认识应急救助制度。

第一，应急救助的目的。应急救助一方面是要帮助受突发事件冲击的公民恢复生活秩序。另一方面救助措施有时还将发挥对突发事件本身及其次生、衍生危机的遏制和防范作用，兼具处置措施、救援措施甚至预防措施的属性。如上文所述，公民获得应急救助的权利基础是社会保障权，社会保障权的基础则是生存权。这也是我们强调加强应急救助的重要原因之一。

第二，应急救助的范围。在突发事件及其应对过程中，公民利益可能遭受多方损害，通常来讲，应急救助的范围仅限于事件本身造成的损害。这一点，使得应急救助区别于突发事件中的国家赔偿和国家补偿，国家赔偿用于填平国家的侵权行为带来的私人利益损害；国家补偿则用于弥补国家征用财产、限制公民权利或者应急措施产生附随效果所造成的损失。

第三，应急救助的对象。应急救助的对象是那些生活被突发事件严重影响的公民，依据应急救助的范围可知，这种影响必须与事件本身存在直接因果关系，既包括直接遭受事件袭击的人，如受灾群众、病人和伤员及其家属，也包括其他经济上受事件直接影响的人，如所在行业或企业因事件冲击而倒闭或萧条的从业者。

第四，应急救助的内容。应急救助用于维持公民的基本生活水准和质量，为此国家需要提供：生产生活资料，如住房、食品、衣物、基本生产工具等；社会服务，如医疗和护理、心理干预、法律援助、对公共设施的修缮、交通运输等；发展机会，如儿童入学、就业帮助等；其他利益，如税费减免。此外，如果国家为公民支付部分或全部灾害保险的保费，这也属于应急救助的范畴。从应急救助的目的与内容等方面可以看出，应急救助与应急救援是不同的突发事件应对工作，应急救援指的是在突发事件发生之后，帮助有关人员、财产或者环境脱离突发事件的威胁，尽可能避免或者减少人身和财产损失或者破坏环境的措施。应急救援更强调突发事件发生后，能够使受灾群体尽快脱离危险，避免损失继续扩大。而应急救助则更强调帮助受灾群体恢复正常的生活秩序，且不限于物质帮助。

四、我国国家应急救助的基本制度

目前我国的应急救助主要包括自然灾害的灾后应急救助、突发事件的临时救助和疾病应急救助。

---

① 具体内容为“完善和落实安全生产责任制，加强安全生产监管执法，有效遏制危险化学品、矿山、建筑施工、交通等重特大安全事故。强化生物安全保护，提高食品药品等关系人民健康产品和服务的安全保障水平。提升洪涝干旱、森林草原火灾、地质灾害、地震等自然灾害防御工程标准，加快江河控制性工程建设，加快病险水库除险加固，全面推进堤防和蓄滞洪区建设。完善国家应急管理体系，加强应急物资保障体系建设，发展巨灾保险，提高防灾、减灾、抗灾、救灾能力”。

我国自然灾害的灾后应急救助制度目前发展较为完善,根据所处的不同阶段又有以下划分:

第一，应急救援中的紧急救助措施，如《自然灾害救助条例》第三章的应急救助，即在突发事件发生之后，在应急救援中采取的救助性措施。依据第十四条的规定，这些措施包括：①立即向社会发布政府应对措施和公众防范措施；②紧急转移安置受灾人员；③紧急调拨、运输自然灾害救助应急资金和物资，及时向受灾人员提供食品、饮用水、衣被、取暖、临时住所、医疗防疫等应急救助，保障受灾人员基本生活；④抚慰受灾人员，处理遇难人员善后事宜；⑤组织受灾人员开展自救互救；⑥分析评估灾情趋势和灾区需求，采取相应的自然灾害救助措施；⑦组织自然灾害救助捐赠活动。

第二，灾后救助中的过渡性安置，即受灾人员初步转移到安全地点之后，在临时住所提供安置的救助措施。当地政府在保障安全的前提下，采取就地安置与异地安置、政府安置与自行安置相结合的方式，对受灾人员进行过渡性安置。

第三，灾后救助中的倒房重建，即自然灾害危险消除后，当地政府根据具体情况制定相应的住房重建及优惠政策，组织重建或者修缮因灾损毁的居民住房，对恢复重建确有困难的家庭予以重点帮扶，这一救助是保障灾民重建家园的重要举措。

第四，灾害救助中的冬春基本生活救助。自然灾害发生后的当年冬季、次年春季，受灾人员可能遭遇生活困难，在这个时间段，受灾地区的政府应当为生活困难的受灾人员提供基本生活救助。灾后的生活来源会受到严重影响,此时政府的相应救助是极为必要的,是帮助受灾民众从灾难中尽快恢复基本生活的重要保障。该项救助持续的周期很漫长,称为紧急救助主要是因为灾难造成的损害是巨大的,需要相当长时间的救助才能恢复灾前秩序。

临时救助的范围相对宽泛，指的是国家对因火灾、交通事故等意外事件，家庭成员突发重大疾病等原因，导致基本生活暂时出现严重困难的家庭，或者因生活必需支出突然增加超出家庭承受能力，导致基本生活暂时出现严重困难的最低生活保障家庭，以及遭遇其他特殊困难的家庭，给予临时救助。临时救助包括最低生活保障、特困人员供养、医疗救助、教育救助、住房救助、就业救助等多项内容。

我国的疾病应急救助是与基本医疗保险相衔接的，但是该应急救助制度目前正处于创立发展阶段，相应的制度未必十分完善。其针对的对象是发生急重危伤病、需要急救但身份不明确或无力支付相应费用的患者，救助方式为医疗机构向疾病应急救助基金申请支付相应医疗费用。疾病应急救助基金分级设立，各自承担相应的职责，基金通过财政投入和社会各界捐助等多渠道筹集。在这一应急救助中，政府、医疗机构、其他相关部门和个人应分别承担各自的责任，积极协调配合。

第三节　恢复与重建制度

国家通过应急救助制度规定了对突发事件受害者所采取的一系列救助措施，如给予遭遇突发事件损害的个人、家庭免费的基本物质资料等，能够有效地维护公民的生存权、社会保障权，满足受害人员、家庭的基本生活需要。然而，突发事件的发生通常伴随着设施、设备的物理性损坏和社会秩序的破坏，因此在突发事件结束后，国家也要尽快实现社会秩序的恢复和灾后重建，使得社会生产生活恢复正常。

一、社会秩序恢复

突发事件的发生通常会对社会秩序产生许多消极影响，主要包括：第一，自然灾害、事故灾难、暴力性的社会安全事件可能导致某些场所、设施的损毁、运行受阻；第二，突发事件会导致人员伤亡并且数量较大；第三，可能影响人们的生产生活方式，例如新冠疫情初始暴发时期人们在家隔离、减少外出等，使得经济发展陷入低迷；第四，政府的应急措施也会对社会秩序造成影响，如在新冠疫情暴发期间政府要求停工、停产、停业、停课，限制出入境等。为了尽快恢复社会秩序，《突发事件应对法》第五十九条规定了一些措施，可归纳为以下三个方面：一是恢复生产、生活、工作和社会秩序；二是组织和协调公安、铁路、邮电、建设等有关部门恢复社会治安秩序；三是尽快修复被损坏的交通、通信、供水、排水、供电、供气、供热等公共基础设施。在理解和适用这些措施时，应注意以下两个方面：

首先，在初步控制突发事件的危险源后，即可采取措施恢复部分或者整体社会秩序，恢复社会秩序的时间不应局限于突发事件的完全结束。如在新冠疫情得到初步控制后，国家即应当立即采取措施恢复生产，以避免长时间停工停产造成经济严重衰退。此外，对于交通、通信、供水、供电、供气、供热等公共基础设施，应当做到应急与修复同时进行，因为其对人民群众的基本生活影响较大，也有利于应急措施的顺利实施。

其次，由于突发事件的影响在不同区域、领域和行业中存在差异，不同区域、领域和行业进行威胁解除的时间也不同，故可以分区域、领域和行业恢复社会秩序。例如在新冠疫情防控中，除了湖北和北京之外，很多省份都及时下调应急响应的级别，有序恢复社会秩序。在不同领域和行业中，防疫相关物资和基本生活物资生产的行业优先复工复产，工业生产领域、行业次之，娱乐餐饮等服务业再次之。

二、灾后重建

灾后重建是恢复灾区生产生活的必由之路，包括以下两个方面：第一个方面是物理性损坏的重建，主要针对在突发事件中受到损坏的基础设施、建筑物、生态环境等，例如汶川地震中受损城市设施的重建。第二个方面是产业体系、金融体系、经济体系的重建。经济危机、金融危机可直接破坏经济体系和金融体系，如突发事件破坏重要的产业基础设施，或者其持续过于长久导致经济衰退、产业向外转移等。

（一）灾后重建程序

灾后重建是突发事件处理的重要一环，应科学有序进行。《突发事件应对法》第五十九条、第六十条对此有相关规定，其步骤大致如下：第一，评估损失，政府应当立即组织对损失进行评估。第二，制定恢复重建计划，并向上一级政府报告。第三，请求上级支持。受突发事件影响地区的恢复重建需要上一级政府支持的，可以提出请求。第四，组织支援。上一级政府应当依据受影响地区的实际情况，提供资金、物资支持和技术指导，必要时可以组织其他地区提供资金、物资和人力支援。第五，实施重建计划。第六，评估验收，重建结束之后进行评估验收。

（二）灾后重建标准

灾后重建的标准，即重建要达到的水平。这个问题既需要考虑区域发展，也要考虑法律上的公平。标准过低，对灾区长远发展无益；标准过高，对非受灾地区不公平，甚至造成上级政府和支援地政府、人民更重的负担。第一，对于基础设施和城乡规划建设，如果政府财政能够支持合理的负担，则可按照重建时国内较高的标准进行重建，既可以借机更新城市，也利于城市的长远发展。第二，对于受灾人员和生活设施的重建，应当按照与灾前基本持平的水平进行把握，如果灾前水平偏低于当地平均水平，可按照当地平均水平重建。

（三）对口支援机制

通常灾后重建的对口援助机制适用于损失严重的突发事件，重建期的缩短往往需要获得对口支援。这一机制充分体现了我国“集中力量办大事”“全国一盘棋”等社会主义制度的优势，但是其具有单向性、无偿性、强制性的特点，加重了援助政府的财政负担。对此，可以通过建立灾后重建对口援助互惠机制，使得援助方得到一定补偿。此外，也可以通过完善预算的临时调整制度，承担对口支援任务的政府应当及时将援助预算提交同级人大常委会审批。

三、纠纷解决和待遇落实

突发事件的发生和应对措施的实施难免会导致矛盾纠纷的出现，能否及时给予公正解决，会影响社会制度的恢复，也可能会导致次生的社会安全事件，因此应当引起足够重视。对于突发事件引发的社会矛盾纠纷，可以划分为以下三个类型：

一是民事纠纷。如果突发事件的发生存在责任人，则存在解决侵权赔偿责任的问题。突发事件造成的损害往往比较大，侵权人很可能无力赔偿，但是受害者众多，若处理不善，则容易引发新的危机事件。重大突发事件结束后，司法机关往往会面临激增的案件。在过去，由于担心诉讼过多或集体诉讼影响社会稳定，司法机关往往会违反规定对大量案件不予受理，意图依靠协调手段解决并平息纷争。这既破坏了法治原则，导致受害人得不到公正对待，帮助责任人逃避赔偿责任，也会引发受害人对政府的不满。因此，对于突发事件善后中的法律纠纷，应当尊重司法程序，依法办事。如果有特殊情况，如为避免重要企业破产或者重要产业崩溃的后果，政府须采取一些替代方案，让受害人员获得比通过司法程序获赔标准更高的补偿。

二是行政纠纷。如对政府应急措施不服，或者认为行政机关有其他违法行为的，其依法提起行政诉讼或者申请行政复议的权利应得到保证。比如，被征用人可能不服政府征用其财产的行为等。对于行政纠纷的解决，一方面要坚持法治原则，依法立案、裁判；另一方面在于突发事件的特殊性，行政机关采取的一些处置措施虽然缺乏法律的明确规定，但实质上具有正当性，司法机关应在坚持法治的情况下，灵活适用法律原则作出合法合理合情的裁判。

三是刑事案件。在应对突发事件时，可能会出现违法犯罪情况。一是造成突发事件的发生或者事态扩大；二是突发事件应对时玩忽职守或者滥用职权；三是违反在突发事件应对期间的决定或者命令并造成严重后果；四是趁乱实施其他犯罪活动。如果这些行为构成犯罪，司法机关应当及时追究相关人员、单位的刑事责任，且可以加快审判流程，以对同类行为进行震慑。在宣告紧急状态的情况下，国家还可以临时突破《刑法》和《刑事诉讼法》的规定，对有关犯罪行为给予高出法定刑期的量刑，并简化一部分刑事诉讼程序。

四、灾后学习

《突发事件应对法》第六十二条规定："履行统一领导职责的人民政府应当及时查明突发事件的发生经过和原因，总结突发事件应急处置工作的经验教训，制定改进措施，并向上一级人民政府提出报告。"《生产安全事故应急条例》第二十七条规定："按照国家有关规定成立的生产安全事故调查组应当对应急救援工作进行评估，并在事故调查报告中作出评估结论。"由此可见，在具体的突发事件得以解决后，从该次的应急管理制度及举措中总结的经验是十分珍贵的①。灾后学习对于应急管理的制度建设及相应应急举措的进步有很重要的作用，但实际上，我国对于灾后学习制度的规定还很不完善，可以从以下几方面加以完善：

首先，灾后学习不应该仅限于生产安全事故等具体突发事件的应急管理，所有突发事件的应急管理经验都有学习的价值，因此应该将灾后学习从制度上推广到突发事件应对的各个领域中，扩展灾后学习的规定范围。其次，一项制度想要得到有效贯彻，就应当有相应的责任，灾后学习应该由相应的应急管理部门总结经验、听取意见，绘制成相对确定的逐步完善的应急方案，如果没有总结到该次应急管理实践中的中心或重点经验或者没有组织学习灾后经验，则可以对其追究适当的行政责任。当然这一追责与应急管理过程中对采取应急举措不当的行政人员或违反规定造成严重后果的责任人员的追责是不同的，应明确区别开来。然后，这些通过灾后学习得出的经验教训应该被充分地应用到应急管理系统的改善中去，应该有相应的法律效力。一方面，灾后学习成果总结应当向社会公开，这样才能够得到有效监督和完善，充分发挥全民学习的效果；另一方面，灾后学习的成果应该在

① 刘俊雅，胡露红，黄丽红，等．新冠肺炎危重症患者收治医院护理人力资源应急管理策略［J］．中国医院管理，2020，40（3）：37-38.

应急管理制度体系的完善中有所体现，灾后学习成果一旦通过修法机关的审批，便具有法律效力。

第四节　巨灾保险法律制度

一、巨灾与巨灾保险的概念

（一）巨灾的概念

巨灾，顾名思义，是指特别重大的灾害或灾难。巨灾会造成巨大财产损失和严重的人员伤亡，对国家或地区的社会和经济都会产生严重影响。不同国际组织、各国政府和保险机构均高度关注巨灾风险，但他们在各个时期对巨灾的定义都不尽相同。

联合国国际减灾委于 1994 年发表的灾情报告中对于构成巨灾的判断标准是“财产损失是否超过该国国民收入的 1%，受灾人数是否超过该国总人口数 1%，死亡人数是否超过 100 人”①。美国保险服务局于 1998 年对巨灾的定义是“引起参保人总和至少 2500 万美元的被保险财产损失，继而波及多位参保人和多家保险公司的灾害事件”②。经济合作与发展组织于 2003 年的判断标准是“某次灾害发生后，发生地已无力控制灾害所造成的破坏，必须借助外部力量才能进行处置的灾害风险”③。标准普尔（1999）把巨灾定义为：一个或一系列相关风险事件导致保险损失超过 500 万美元的巨灾损失，造成这一系列的风险称为巨灾风险。瑞士将保险巨灾定义为：自然巨灾或人为灾难损失总额 8550 万美元以上，或投保财产索赔额中，船运 1720 万美元以上，航空 3440 万美元以上，其他 4270 万美元以上，或死亡或失踪人数 20 人以上，受伤人数 50 人以上，无家可归人数 2000 人以上④。

由上述表述可知，对巨灾的定义主要从两个方面进行，即量化和定性。无论是从定性，还是从定量角度，都是从灾害的损失程度进行定义。所以我们认为，巨灾就是指对人民生命和财产安全、区域经济发展造成严重不良影响的自然灾害事件，如地震、台风、特大洪水等。

（二）巨灾保险的概念

巨灾保险，即能够分散突发性自然灾难所引起的风险，为受灾人提供一定经济补偿的一种风险分担机制。巨灾保险是化解巨灾损失后果的重要方式。从理论上讲，国家、社会、企业、个人均不可能事先积累与巨灾所致损失相应的财富，并专门用于应对各种巨灾损失的补偿，因为充分的积累在客观上会造成现有资源的闲置，影响生产发展的效率。从现实上看，由于国家财力有限，社会化的灾害补偿机制尚待建立与完善，更是造成了巨灾

① 侯利阳．市场与政府关系的法学解构［J］．中国法学，2019（1）：186-203.
② 韩天雄．加快建立巨灾保险机制［N］．解放日报，2006-09-13.
③ 陈华，赵俊燕．巨灾保险体系构建研究：一个国际比较的视野［J］．金融理论与实践，2008（9）：76-81.
④ 王银成．巨灾保险制度研究［M］．北京：中国金融出版社，2013：2.

损失补偿的不足。一旦发生巨灾损失，往往需要经过若干年才能恢复，造成灾害损失恢复周期长的后果。需要指出的是，尽管目前各种补偿还不能弥补巨灾所带来的全部损失，但保险补偿与政府补偿及其他补偿方式相比，具有社会化程度高、经济效率高、补偿程度高等诸多优势。因此各个国家和地区都高度重视巨灾保险补偿机制。

我国是地震、洪水等自然灾害多发国家，随着经济发展，人口密度增大、财富集中程度越来越高，自然灾害造成的经济损失和人员伤亡日益严重，对经济发展和社会稳定构成了严重威胁。目前我国自然灾害造成经济损失的补偿还严重依赖于国家财政，保险这种社会化的风险损失承担方式还没有充分发挥应有的作用，因此巨灾保险制度有极大的发展空间。

二、我国巨灾保险制度的发展历程

（一）初创阶段

从新中国成立后到改革开放前，是我国巨灾保险制度的初创阶段。中华人民共和国成立后，人民政府开始对生产资料所有制进行社会主义改造，因此接管了各种官僚资本保险公司、私营保险公司，为我国巨灾保险的产生奠定了基础。1951 年 4 月，国务院财政经济委员会施行了《财产强制保险条例》，将洪水、雷电、地震、地陷、崖崩等自然灾害列入承保范围。从条例出台到 1952 年底，国有财产绝大多数都办理了涵盖地震、洪水等巨灾赔付责任的保险。因而在 1954 年我国发生的特大洪水灾害中，洪水保险发挥了较大的损失补偿功能，对灾后经济恢复和发展发挥了积极作用①。除此之外，一些省份还开展了农业保险，为农业生产提供巨灾风险保障，以保障农业生产的安全。然而，由于特定的历史原因，1959 年 1 月，我国保险业务大面积被禁止，该条例也中止执行。仅剩远洋船舶险和货运险两个涉外险种，巨灾保险业务也随之中断。从那时起到 1979 年的 20 多年时间里，中国的巨灾保险停止了发展。1979 年，国内保险业务恢复发展。这一时期，地震灾害保险缴费不高、保障相对充足，但由于我国保险市场并不发达，且人们普遍欠缺风险意识，投保意愿不强，我国地震灾害保险的发展程度较低。

（二）缓慢恢复阶段

1979 年至 1996 年，是我国巨灾保险缓慢恢复阶段。1976 年 7 月令全国乃至世界震惊的唐山大地震发生，给我国经济和社会发展造成了 100 亿元以上的经济损失。百万人口的工业城市被夷为平地，深深地震痛了政府。1978 年十一届三中全会作出改革开放的战略决策。1979 年国内保险业务得以恢复，巨灾保险业务自然也开始恢复。因受到 1954 年特大洪灾与 1976 年唐山大地震等巨灾损失的影响，地震与洪水保险在国内保险业务恢复后不久即开始恢复，企业财产保险与家庭财产保险的主险种中均包含有地震或洪水风险。如在地震保险方面，中国人民保险公司《企业财产保险》（1988 年版）条款的主险承保地震风

① 王银成．中国洪水保险研究［M］．北京：中国金融出版社，2013：93.

险；1993 年 4 月 9 日中国人民银行也下发专门通知，重申破坏性地震属于财产保险的保险责任。此阶段，我国各类包括居民家庭财产保险在内的保险的责任范围均在不同程度或时期内包含有洪水、地震等巨灾风险。但因人们较低的保险意识与保险业有限的经营能力，巨灾保险业务的发展非常缓慢，巨灾保险的风险保障作用也非常有限。理论界与实践中围绕是否开展巨灾保险业务存在较大争议，国家保险政策层面存在较大反复。

（三）排除阶段

从 1995 年《保险法》出台一直到 2002 年，是中国巨灾保险在整个保险体系里被排除阶段。1995 年《保险法》出台，然而，该法对巨灾保险的相关内容规定并不明确。一些承保了地震保险的保险公司为了扩大保险业务，擅自扩展承保责任，严重威胁了保险公司的生存和发展①。此外，地震保险也存在承保风险巨大，地震保险的费率较高等问题，使得地震附加险在很多情况下形同虚设。

因此，1996 年，中国人民银行规定，将洪水、地震和台风等巨灾风险从当年 7 月起实施的新的企业财产保险条款的基本责任中剔除。保监会规定“地震险只能作为企业财产保险的附加险，不得作为主险单独承保”。因此，保险公司只将洪水灾害当成特约附加险种予以承保，其他的巨灾如地震、海啸等则不予承保。

（四）瓶颈阶段

2002 年至 2008 年，是我国巨灾保险制度发展的瓶颈阶段。2002 年底，保监会发布规定，取消了承保地震保险事前审查批准的程序。通知消除了保险公司经营地震保险业务的政策障碍，保险公司可以依据自身经营状况决定开展巨灾风险保险业务。但由于保监会在地震风险承保上的一贯谨慎态度，且开展地震保险对保险水平有较高要求，国内保险业及保险公司对地震等巨灾的承保也小心谨慎地对待，地震保险的有效供给与需求也长期不足。为此 2003 年保监会在《建立我国财产巨灾保险研究报告》中，提出要对我国巨灾保险方案进行可行性研究，促进巨灾保险的发展与配套制度建设。2006 年 6 月九江地震的发生，催生出“大地解忧”地震险产品。该险种是由中国大地保险江西分公司开发设计的，保险标的为城乡居民房屋，试点地区为九江。费率为按房屋价格的 1%。但由于保费较高，投保率并不乐观，试点效果没有达到预期。

在洪水保险方面，发展情况也基本相同，进展较为缓慢。2006 年国务院办公厅下发有关蓄滞洪区建设与管理的专门通知，要求加大对洪水灾害损失保险的研究力度，对洪水损失分担机制进行研究并加快建设力度。最终实现共同获利、共同受损的目的。但由于我国对于保险在防洪减灾方面作用的长期忽视，洪水保险理论研究的滞后，其相关法律制度也不健全，这都极大地阻碍了其进一步发展②。

（五）突破快速发展阶段

① 方印，罗璇琳璐．我国地震保险法的立法思考［J］．贵州大学学报（社会科学版），2015（2）：109-118.

② 卓志．巨灾风险管理与保险制度创新研究［M］．成都：西南财经大学出版社，2011：4-5.

2008年至今，是我国巨灾保险制度快速发展阶段。2008年5月，汶川地震发生，举国哀痛。而低额的保险赔付和巨大的人身财产损失相比，显得微不足道。在此情形下，社会各界普遍认识到加快推进巨灾保险体系建设的重要性，政府部门、保险公司、学界等多方齐心协力，不断进行调查研究和理论探索。2014年8月《国务院关于加快发展现代保险服务业的若干意见》出台，提出“建立巨灾保险制度”，这标志着巨灾保险制度从学界讨论上升为国家意志。2016年5月《建立城乡居民住宅地震巨灾保险制度实施方案》出台，地震保险制度落地。与此同时，一些地区进行了试点工作，如深圳市、宁波市政府率先购买商业保险，为市民提供巨灾风险保障；云南大理试点首个农房地震保险；河北省启动地震巨灾保险试点等①。我国巨灾保险制度无论是理论还是实践都取得了长足发展和进步。

三、国外巨灾保险法律制度

（一）美国巨灾保险法律制度发展情况

美国走的是专项立法道路，比如针对洪灾和地震分别颁布了《联邦洪水保险法》《地震保险法》。经过几十年的发展，美国巨灾保险业已经达到世界领先水平，美国的巨灾保险体系也有自己的鲜明特点。

一是政府主导推出巨灾保险计划。美国具有和中国类似的自然环境状况，而且作为世界上最发达的资本主义国家，时常遭受着人为巨灾方面的威胁。因此，对于巨灾损失的分担，政府往往采取积极的态度，就主要自然灾害和人为巨灾推出各种保险计划。运营模式采取政府主导方式，政府提供保险产品，主要包括国家关于洪水保险计划和联邦农业保险计划。1956年专门制定了《联邦洪水保险法》，1968年制定了《联邦洪水保险计划》来保障法律的实施；1969年制定《应急洪水保险法》，1973年发布《洪水灾害防御法》，采取强制性投保方式，要求地方政府必须投保，普通民众可自愿投保；1994年发布《洪水保险修正法案》，强制洪水高风险区内的民众必须购买。美国加州是地震重灾区，1995年当局特批成立了加州地震保险局（CEA），也是采取由当局主导的运行模式。

二是巨灾风险与资本市场相结合。巨灾保险比普通保险的风险大得多，一般可以通过再保险把巨灾保险风险分散出去。然而，在美国巨灾再保险供给不足，而市场需求不断提高，导致价格急剧上升，于是保险公司开始借助美国强大的资本市场分散巨灾风险。设立洪水保险基金，商业保险公司的主要工作是出售保险，保险费率由当局制定，责任和风险由当局负担。风险分散主要通过洪水保险基金和资本市场进行。加州地震保险局即是通过市场筹资建立，保险市场有超过70%的保险公司都参股加入了地震保险局，增强其承保能力。这些公司有权将地震保险风险分保给CEA，获得10%的中介费以及3.65%的营业费；没有加入CEA的保险公司，只能独自承担销售给客户的地震保险责任。加州的地震保险

① 梨文静，郭丹．我国巨灾保险法律制度研究［J］．黑龙江省政法管理干部学院学报，2019（5）：89.

参保方式采取自愿原则，风险分散方式也主要通过加州地震保险基金来进行。

（二）日本地震保险法律制度发展情况

日本在应对巨灾风险方面同样采取的是专项立法模式。日本是一个地震高发国家，全世界大概十分之一的地震发生在日本及其附近地域，而且人多地少，地震灾害给其带来了巨大损失，所以日本的巨灾保险研究主要集中在地震和农业巨灾损失分担方面，并且形成了独特的巨灾保险发展模式。1966 年，发布了《地震保险法》《地震再保险特别财会法》《地震保险法实施法》《地震保险法实施细则》等。1980 年修订补充了对半损的赔偿，1991 年在半损赔偿的基础上再次修订，进一步扩大了地震保险损失的范围。通过在实践过程中不断完善和修订，最终形成了一套体系化的地震保险法律法规，可以很好地应对地震的威胁。

日本地震保险运营方式按照投保人是企业还是家庭来进行区分，分别设立了企业和家庭两类财产保险。企业财产保险只有保险公司单独运营，家庭财产保险由政府与保险公司合作运营。日本地震险相关法律对政府部门、保险公司和再保险公司的行为责任都进行了明确，并形成了三方共担风险的联合体。日本商业保险公司共同投资组建了日本地震再保险公司，成为政府部门与商业保险公司之间的桥梁。商业保险公司在承保家庭财产地震险之后，将其全部分给再保险公司，再保险公司将其分成三个部分，首先自己分保一部分，按原保险公司市场占有率再回分给原保险公司分保一部分，超额那一部分由政府承担分保。

（三）欧洲相关国家的巨灾保险法律制度体系

欧洲国家巨灾保险法律制度体系立法模式多样，有的采用专项立法模式，比如英国；有的采用综合立法模式，比如法国。洪灾是英国面临的主要威胁，为了缓解洪灾的威胁，借助发达的英国保险业，英国政府与保险业达成一份有关双方权利与义务的约定协议，政府履行给予保险业防洪工程等方面的大力支持责任，保险业履行推出洪水保险的责任。2000 年英国洪灾泛滥，给保险业造成了巨大损失，当年保险协会与当局签署了为期 2 年的协议，2003 年又签署了 5 年期限的《洪灾保险供给规范》，对双方责任进行了明确，此后每 5 年便重新审定签署一次，对缓解洪灾等巨灾风险发挥了重要作用。法国 1982 年首先以立法方式制定了《巨灾保险补偿法》，此后经过不断补充修正，1990 年将暴风雨、飓风、龙卷风纳入巨灾风险，1992 年将冰雹、积雪纳入巨灾风险，2002 年将地下坑洞、自然泥坑等也纳入进去。最终将地震、洪水、飓风、冰雹、积雪等常见自然灾害统统纳入该保险法，一部法律包含了所有的巨灾问题，具有很强的体系化特点，形成了法国巨灾保险综合法。

运营方式有市场主导和政府市场合作两种模式。英国巨灾保险运营方式就是以市场为主导，政府不直接参与。全部巨灾保险风险、赔付责任等统统由商业保险公司承担，根据《洪灾保险供给规范》约定，政府加强防洪措施、降低洪灾风险，为保险业提供强有力的后勤保障，但不提供资金保障。商业保险公司根据政府防洪工程的牢固程度，重点选择低风险区和中风险区进行保险销售，以降低其风险。除了政府加强配套措施以外，保险业通过向发达的再保险业投保来转移风险。法国采用的是政府与市场合作模式，由商业保险公司经营，当局补贴支持。保险公司销售巨灾保险，并可以自愿选择向中央再保险公司进行再保险，中央再保险公司自行提取准备金，当局充当最后再保险人提供兜底保障，当局给中央再保险公司提供无限制担保，当保险赔付金额超过准备金累计时，由当局财政来承担超额部分。

承保范围也各不相同。英国承保范围主要是居民及家庭财产。法国巨灾保险的承保对象范围很广，包含个人动产和不动产、企业建筑物及其财产以及企业营业中断产生的损失，几乎涵盖了生活中的所有内容，但不涵盖间接损失，比如租金损失。

参保方式多采取自愿投保原则。但这种自愿是有条件的自愿，比如在英国，居民可以选择投保或者不投保房屋保险，一旦投保房屋保险，就必须同时购买洪水保险等所有自然灾害险，因为所有自然灾害险都被作为附加险强制加到房屋保险中。在法国公民与企业也是采取自愿投保方式，巨灾保险作为火险、营业中断险、陆上机动车辆险等财产险的附加险进行销售，每份财产保险强制性自动附带自然灾害风险。

四、我国巨灾保险法律制度

《突发事件应对法》第三十五条规定：“国家发展保险事业，建立国家财政支持的巨灾风险保险体系，并鼓励单位和公民参加保险。”虽然《突发事件应对法》提出我国应建立巨灾风险保险体系，但因各方面原因尚未建立统一的巨灾保险法律制度。目前实践中单灾种巨灾保险主要有地震巨灾保险、洪水巨灾保险等。为促进建立统一的巨灾保险，党的十八届三中全会通过的《中共中央关于全面深化改革若干重大问题的决定》，明确提出“完善保险经济补偿机制，建立巨灾保险制度”。《国务院关于加快发展现代保险服务业的若干意见》中也提出“建立巨灾保险制度”。2016 年 12 月 19 日，《中共中央国务院关于推进防灾减灾救灾体制机制改革的意见》明确提出，“加快巨灾保险制度建设，逐步形成财政支持下的多层次巨灾风险分散机制”，“鼓励各地结合灾害风险特点，探索巨灾风险有效保障模式”①。2019 年、2020 年召开的两次全国银行业保险业监督管理工作会议上，中国银行保险监督委员会均明确提出要“扩大巨灾保险试点范围”，积极探索适合我国国情的巨灾保险制度。

（一）地震巨灾保险法律制度

1. 地震及地震巨灾保险的概念

地震，又称地动、地振动，是地壳快速释放能量过程中造成的振动，期间会产生地震波的一种自然现象。地球上板块与板块之间相互挤压碰撞，造成板块边沿及板块内部产生错动和破裂，是引起地震的主要原因。地震常常造成严重人员伤亡，能引起火灾、水灾、

① 中共中央国务院关于推进防灾减灾救灾体制机制改革的意见［N］. 人民日报，2017-01-11（009）.

有毒气体泄漏、细菌及放射性物质扩散，还可能造成海啸、滑坡、崩塌、地裂缝等次生灾害。地震是我国主要的巨灾风险之一。每次大地震后，许多房屋倒塌，城乡居民损失惨重，保险是分担损失、助力重建的一种重要方式。因此，地震巨灾保险是我国最主要的巨灾保险。

地震巨灾保险是指，保险公司对于地震巨灾保险合同约定可能发生的地震灾害事故，因其发生所造成的财产损失承担赔偿保险金责任，或者对被保险人死亡、伤残承担给付保险金责任的商业保险行为。地震巨灾保险合同分为主险和附加险，主险的保险标的为居住房屋，不包括室内财产及房屋装修，附加险的保险标的包括室内财产、其他有关财产或人身伤害。《防震减灾法》第四十五条规定："国家发展有财政支持的地震灾害保险事业，鼓励单位和个人参加地震灾害保险。"

2. 地震巨灾保险实施原则

坚持"政府推动、市场运作、保障民生"的原则。

1）政府推动

更好地发挥政府的作用，为地震巨灾保险制度的建立和稳定运行营造良好的制度环境、法律环境和政策环境。筹划顶层设计，制定地震巨灾保险制度框架体系，研究相关立法，制定支持政策。

2）市场运作

发挥市场在资源配置中的决定性作用，引导商业保险公司积极参与地震巨灾保险制度建设，提高全社会地震灾害风险管理水平。发挥商业保险公司在风险管理、专业技术、服务能力和营业网点等方面的优势，为地震巨灾保险提供承保理赔服务，利用保险产品的价格调节作用，通过风险定价和差别费率，引导社会提高建筑物抗震质量，运用国内外再保险市场和资本市场，有效分散风险。

3）保障民生

满足人民群众地震灾害风险保障需求，为受灾地区提供经济补偿，加快恢复重建。通过科学设计保险产品，合理厘定保险费率，满足人民群众的基本保障需求，充分扩大保障覆盖人群，有效降低保障成本。

3. 地震巨灾保险的保障方案

1）保障对象和责任

以城乡居民住宅为保障对象，考虑到我国地理环境的多元化、地区灾害和城乡居民住宅的差异性，运行初期，结合各地区房屋实际情况，原则上以达到国家建筑质量要求（包括抗震设防标准）的建筑物本身及室内附属设施为主，以破坏性地震振动及其引起的海啸、火灾、爆炸、地陷、泥石流及滑坡等次生灾害为主要保险责任。

2）保险金额

运行初期，结合我国居民住宅的总体结构情况、平均再建成本、灾后补偿救助水平等情况，按城乡有别确定保险金额，城镇居民住宅基本保额每户 5 万元，农村居民住宅基本保额每户 2 万元。每户可参考房屋市场价值，根据需要与保险公司协商确定保险金额。考虑到保险业发展水平，运行初期，保险金额最高不超过 100 万元，以后根据运行情况逐步提高，100 万元以上部分可由保险公司提供商业保险补充。家庭拥有多处住房的，以住房地址为依据视为每户，可投保多户。

3）条款费率

运行初期，以一款中国保险行业协会发布的适用于全国的城乡居民住宅地震保险示范条款为主，可单独作为主险或作为普通家财险的附加险。按照地区风险高低、建筑结构不同、城乡差别拟定差异化的保险费率，并适时调整。

4）理赔处理

由于各地房屋市场价值与重置价值差异较大，运行初期，从简化操作、快速推广的角度出发，产品设计为定值保险。理赔时，以保险金额为准，参照国家地震局、民政部等制定的国家标准，结合各地已开展的农房保险实际做法进行定损，并根据破坏等级分档理赔：破坏等级为Ⅰ级、Ⅱ级时，标的基本完好，不予赔偿；破坏等级为Ⅲ级（中等破坏）时，按照保险金额的 50% 确定损失；破坏等级为Ⅳ级（严重破坏）及Ⅴ级（毁坏）时，按照保险金额的 100% 确定损失。确定损失后，在保险金额范围内计算赔偿。

4. 地震巨灾保险运行模式

我国地震巨灾保险采取“整合承保能力、准备金逐年滚存、损失合理分层”的运行模式。

1）运行机制

选择偿付能力充足、服务网点完善的保险公司作为地震巨灾保险经营主体，提供地震巨灾保险销售、承保及理赔等服务。保险公司通过销售地震巨灾保险产品，将保费集中，建立应对地震灾害的损失分层方案，分级负担地震风险。依法依规提取地震巨灾保险专项准备金，作为应对严重地震灾害的资金储备。

2）损失分层

将地震造成的城乡居民住宅损失，按照“风险共担、分级负担”的原则分担。损失分层方案设定总体限额，由投保人、保险公司、再保险公司、地震巨灾保险专项准备金、财政支持等构成分担主体。投保人是地震巨灾保险产品的购买者，以自留的方式承担小额度的第一层损失。经营地震巨灾保险的保险公司，承担地震巨灾保险自留保费所对应的第二层损失。参与地震巨灾保险再保险经营的再保险公司，承担地震巨灾保险分入保费对应的第三层损失。地震巨灾保险专项准备金按照相关部门的具体管理办法提取，以专项准备金余额为限，承担第四层损失。当发生重大地震灾害，损失超过前四层分担额度的情况下，由财政提供支持或通过巨灾债券等紧急资金安排承担第五层损失。在第五层财政支持和其他紧急资金安排无法全部到位的情况下，由国务院保险监督管理机构会同有关部门报请国务院批准，启动赔付比例回调机制，以前四层分担额度及已到位的财政支持和紧急资金总和为限，对地震巨灾保险合同实行比例赔付。

运行初期，以“总额控制、限额管理”为主要思路，一方面，将全国范围内可能遭遇的一次地震损失控制在一定额度内，确保保险公司、再保险公司和专项准备金可以逐层承担；另一方面，对地震高风险地区实行保险销售限额管理，避免遭遇特大地震灾害时，地震巨灾保险赔款超过以上各层可筹集到的资金总和。

3）运行保障

（1）实行地震巨灾保险专项准备金。地震巨灾保险专项准备金是地震巨灾保险制度运行过程中，为增强风险抵御能力、应对重大灾害专门提取的专项准备金，行使跨期分散风险等职能。地震巨灾保险专项准备金按照保费收入一定比例计提，单独立账、逐年滚存，并由专门机构负责管理。地震巨灾保险专项准备金的提取、积累和使用，按照财政部门制定的具体管理办法执行。运行初期，由财政部门出台地震巨灾保险专项准备金管理办法，实现准备金跨期积累、跨区统筹。暂由中国保险保障基金有限责任公司设立专门账户代为管理。

（2）建立住宅地震共同体。2015 年 4 月，45 家财产保险公司根据“自愿参与、风险共担”的原则发起成立住宅地震共同体。住宅地震共同体可以整合保险行业承保能力，搭建住宅地震共同体业务平台，开发标准化地震巨灾保险产品，建立统一的承保理赔服务标准，共同应对地震灾害，集中积累和管理灾害信息等。

（3）鼓励给予财政税收政策支持。为提高民众购买产品的积极性，扩大城乡居民住宅地震巨灾保险覆盖面，实现分散风险和保障民生的重要作用，鼓励地方财政对民众购买城乡居民地震巨灾保险产品给予保费补贴，并按照法律法规的有关税收规定，对地震巨灾保险给予税收优惠。

（二）洪水巨灾保险法律制度

1. 洪水及洪水巨灾保险的概念

洪水又称大水，是指河流、海洋、湖泊等水体上涨超过一定水位，威胁有关地区的安全，甚至造成灾害的水流。洪水一词，出自先秦《尚书・尧典》。从那时起，四千多年中有过很多次水灾记载，欧洲最早的洪水记载也远在公元前 1450 年。西亚的底格里斯—幼发拉底河以及非洲的尼罗河关于洪水的记载，则可追溯到公元前 40 世纪。洪水是暴雨、急剧融冰化雪、风暴潮等自然因素引起的江河湖泊水量迅速增加，或者水位迅猛上涨的一种自然现象，是自然灾害。在我国巨灾保险体系中，洪水是指在各省范围内由省级防汛抗旱指挥部启动防汛Ⅳ级或以上应急响应时的山洪暴发、江河泛滥、城市内涝、潮水上岸或倒灌等。

随着气候变暖，全球洪水灾害频发。“没有任何一种自然灾害能像洪水那样——影响的人数如此庞大”，瑞士再保险报告《洪水——被低估的风险：调查、了解、承保》中曾这样描述洪水灾害的影响。报告认为，全球范围内，每年估计有 5 亿人受到洪水侵害。与洪水相关的保险理赔也一直在大幅增长：1970 年的理赔额为 10 亿～20 亿美元，2011 年承保的洪水损失总额高达 150 亿美元。最近在泰国、澳大利亚和菲律宾发生的洪灾表明，其造成的经济损失已经与地震和飓风不相上下。

中国是一个水灾频发国家，每年因灾造成大量财产损失与人员伤亡，过度开发对环境和生态的破坏、全球气候变化的持续性影响，使得我国洪水灾害的发生频率和严重程度一直呈现上升趋势。在经济发展、社会财富不断增加和聚集的情况下，洪水导致的损失亦呈上升态势。应急管理部公布的数据显示，30 年来，我国年均洪水灾害直接经济损失约 1200 亿元，洪灾损失占全国自然灾害经济损失的比重为 45%～55%，仅 2019 年洪灾导致的经济损失占全国自然灾害经济损失的比重约为 22%。

实行洪水保险可以减缓受洪灾居民和企业的损失，使其损失不是一次承受而是分期偿付。这对安定广大人民生活、稳定社会生产秩序、减轻国家负担能起到很好的作用。这是一种改变损失承担的方式，是一项主要的防洪非工程措施。实行洪水保险是我国救灾体制和社会防洪保障的重大改革。

2. 我国洪水巨灾保险相关试点及政策立法

目前，针对洪水的保险并非完全空白，比如我国保险市场上的家庭财产保险、企业财产保险产品等，都含有因洪水造成财产损失的责任，人身保险产品中也包含因洪水导致人身伤亡等保险事故责任。可以肯定的是，这些保险产品在一定程度上发挥了积极作用，但不可否认，这些作用在大洪水面前还远远不够①。自 20 世纪 80 年代恢复保险业以来，我国开始了洪水保险的理论研究，目前，国内学者对洪水风险管理框架、洪水风险可保性、洪水保险费率与效用、洪水保险体系及我国洪水保险政策设计进行了多方位研究。同时，为解决现实的迫切需求，我国也制定了一系列的法律法规，出台了相应的政策，并在一些地区也逐步开展了洪水保险试点工作。

早在 20 世纪，我国一些地区就开展了洪水保险的试点。水利部门曾在淮河流域开展蓄滞洪区保险试点，建立保险基金，分洪后给予补偿，受多种因素影响而失败②；1992 年，中保财险对江西农村强制性实施长效房屋保险，覆盖水灾、风灾、火灾等多种风险，因 1998 年洪灾赔付过大，保险公司基于经营风险，选择将保费退回投保人，不再承保洪水风险。2014 年 7 月，深圳开始了第一个巨灾保险试点，理赔范围包括洪水灾害所导致的住房损害，试点工作取得了阶段性进展。2017 年，湖南开展巨灾保险试点工作，对省内遭受暴雨、洪水自然灾害及其引起的突发性滑坡、泥石流、水库溃坝等次生灾害造成的大宗农产品绝收或死亡、居民人身死亡和农村住房倒塌开展巨灾保险，当年湖南省财政厅累计拨付巨灾保险保费补贴 4312 万元，2019 年累计拨付巨灾保险保费补贴 6462 万元。2019 年 5 月，湖北在武汉、十堰、黄冈和恩施试点暴雨洪涝巨灾保险，由政府全额为辖区居民购买保险，对相关人身伤亡和财产损失给予基本经济补偿。2020 年 4 月 10 日，中国城乡居民住宅台风洪水巨灾财产损失保险（以下简称“城乡居民住宅台风洪水险”）在上海保

① 谭乐之．以顶层设计推动洪水保险［N］．中国银行保险报，2020-11-18（004）．

② 何霖．美国洪水保险之进程及启示［J］．四川文理学院学报，2015（6）：42-46.

险交易所正式上线。该险种将承保风险确定为台风、洪水及其引发的次生灾害。城乡居民住宅台风洪水险的上线，一定程度上能为地方洪水保险试点提供有益的经验和必要的技术支持①。

目前我国的洪水保险业务仍属于起步阶段，并没有一部完善的法律法规来规范洪水保险的实施，在我国洪水灾害易发地区，保险的作用并不能有效发挥出来。国家分别在 2015 年、2016 年对《防洪法》进行了修改，《防洪法》第四十七条规定国家要鼓励、扶持开展防洪保险。洪水保险的立法及相关问题仍需进一步研究，以确保洪水保险在我国的防洪事业中发挥更大的作用。

3. 实施原则

我国洪水巨灾保险法律制度的实施原则，基本可以参照我国《建立城乡居民住宅地震巨灾保险制度实施方案》确立的原则。在洪水巨灾保险实施中也要遵循政府引导、市场运作、自愿参保、财政支持、保障民生五大原则。

要发挥政府在洪水巨灾保险工作中的引导作用，以商业保险机构市场化经营为依托，充分发挥商业保险机构在风险管理、专业技术、服务能力和营业网点等方面的优势。持续有效开展城乡居民住宅洪水巨灾保险宣传推广工作，鼓励和引导城乡居民自愿参加洪水巨灾保险。建立财政给予保费补贴的洪水巨灾保险参保机制，提升城乡居民住宅洪水巨灾保险的制度稳定性和可持续发展能力。按照民生优先原则，以洪水灾害为主要灾害原因，以居民住宅为保障对象，不断满足人民群众日益增长的洪水灾害风险保障需求。

4. 保险模式

目前已有的洪水巨灾保险模式有市场主导模式，以英国、美国洪水保险为代表。英国的洪水保险属于自然灾害保险体系，采取市场主导模式，即由保险公司自主经营并提供巨灾保险服务，保险公司根据各自的统计数据进行精算定价，市场没有标准的保费水平和免赔额。同时，巨灾保险投保不是强制性的。

目前已有的洪水巨灾保险模式可分为政府专营（冰岛巨灾保险、美国洪水保险计划、新西兰地震保险、西班牙巨灾保险、泰国洪水保险），政府支持、完全市场化运作（英国洪水保险、德国洪水保险、意大利巨灾保险、澳大利亚洪水保险），政府主导、部分商业化运作（加州地震保险、土耳其地震保险），政府引导、市场化运作（四川地震巨灾保险试点、城乡居民住宅地震巨灾保险）四种模式。

从我国各地试点巨灾保险的经验来看，采用政府引导支持、市场化运作的模式兼顾了政策福利与财政压力，也有利于民众巨灾保险意识的培育。经过一系列实践，这一保险模式也逐渐趋于成熟。

5. 风险范围

2020 年 4 月上线的城乡居民住宅台风洪水险，因其承保风险为台风灾害、洪水灾害及

① 何霖．四川洪水保险试点研究［J］．灾害学，2020（4）：135.

其引发的次生灾害，在沿海台风洪涝灾害高风险地区，居民住宅及家庭财产面临台风洪水威胁时有了双重保障，民众接受度会远远高于地震险。

结合各地试点具体做法，我们有必要检讨单风险巨灾保险制度的得失，山洪可能会诱发山体滑坡、崩塌和泥石流等，可考虑将洪水险的承保风险扩大，将雪灾、风雹灾、暴雨、泥石流、山体滑坡等纳入。

6. 保险标的

洪水巨灾保险前期实践均以居民住宅为主要标的。住宅是居民家庭财产的重要组成部分，是民众生活的基本需要，巨灾保险具有基础保障性，以居民住宅为标的，亦是国情省情使然。但是，对人身利益的取舍也较为关键。在我国政策性农房保险试点中，有的地区已经将农房保险扩展到人身伤亡救助领域（如厦门自然灾害公众责任保险、浙江苍南人员死亡伤残保险、安徽山区库区农房保险附加有死亡伤残抚慰金等）；巨灾保险地方试点中，深圳、宁波、潍坊、大理试点均将人身利益纳入保险范围，人身保险作为巨灾保险的一部分，甚至占较大比重①。比如在《深圳市巨灾保险灾害救助工作规程》（2021 年）里就包括对灾害导致的人身伤亡以及抢险救灾和见义勇为行为造成的人身伤亡进行救助，包括医疗费用和残疾、死亡抚恤。

7. 风险分担

建立了多层次风险分担机制。参考美国加州地震保险、新西兰地震保险、我国台湾地区地震保险的责任分摊模式，我国多地试点设计了“投保人—洪水保险共同体—洪水保险基金—再保险—巨灾债券—财政紧急资金—保额回调”的多层次风险分担机制②。

【本章重点】

1. 应急处理结束具有恢复正常的法律适用状态、恢复国家权力运行状态和产生新的法律关系等重要意义。因此，应急状态的开始和结束对于我国应急处理机制十分关键。

2. 突发事件的威胁和危害得到控制或者消除后，履行统一领导职责或者组织处置突发事件的人民政府应当停止执行依法采取的应急处置措施，同时采取或者继续实施必要措施，防止发生自然灾害、事故灾难、公共卫生事件的次生、衍生事件或者重新引发社会安全事件。

3. 社会保障权是指依据法律，全体公民普遍享有的，由国家予以平等地保障的对社会风险导致的损失的补偿和救济的必不可少的权利和平等地享有其他旨在提高生活质量的服务的权利。完善以社会保障权为基础的国家应急救助制度，已经成为我国未来几年的重要发展目标之一。国家应急救助，即国家对遭遇突发事件损害的公民，免费提供物质资料、社会服务和发展机会的制度。

① 何霖．中国巨灾保险法律制度研究［M］．北京：中国社会科学出版社，2017：169.

② 何霖．四川洪水保险试点研究［J］．灾害学，2020（4）：135.

4. 我国的应急救助主要包括自然灾害的灾后应急救助、突发事件的临时救助和疾病应急救助。突发事件结束后，国家也要尽快实现社会秩序的恢复和灾后重建，使得社会生产生活恢复正常。

5. 灾后学习对于应急管理的制度建设及相应应急举措的进步有很重要的作用。履行统一领导职责的人民政府应当及时查明突发事件的发生经过和原因，总结突发事件应急处置工作的经验教训，制定改进措施，并向上一级人民政府提出报告。

6. 巨灾保险，即能够分散突发性自然灾难所引起的风险，为受灾人提供一定经济补偿的一种风险分担机制。巨灾保险是化解巨灾损失后果的重要方式。国家发展保险事业，建立国家财政支持的巨灾风险保险体系，并鼓励单位和公民参加保险。

【课后习题】

1. 谈谈结束应急处置程序的重要性。
2. 结合具体实例谈一谈我国公民社会保障权的保护。
3. 什么是灾后学习，如何理解灾后学习的重要性。
4. 谈一谈我国巨灾保险法律制度的现状。

| 第六章 |

生产安全事故应急法律制度

安全生产是民生大事，一丝一毫不能放松。要牢固树立安全发展理念，坚持人民至上、生命至上，始终把安全生产放在首要位置，坚持发展决不能以牺牲安全为代价这条红线，自觉维护人民群众生命财产安全。但血淋淋的现实告诉我们，生产安全事故离我们并不遥远，2015 年的天津港爆炸事故、2019 年的江苏响水事故等给人民群众生命财产造成了重大损失。及时高效的应急救援，对减少生产安全事故损失等具有重要意义。因此，我国《突发事件应对法》《安全生产法》《生产安全事故应急条例》等法律法规中对生产安全事故应急救援作了规定，这些规定构成了我国生产安全事故应急救援法律制度。

第一节　生产安全事故应急概述

一、生产安全事故应急的概念

所谓“安全生产”，是指在生产经营活动中，为了避免造成人员伤害和财产损失事故而采取相应的事故预防和控制措施，以保证从业人员的人身安全与健康，设备和设施免受损坏，环境免遭破坏，保证生产经营活动得以顺利进行的相关活动。虽然通过应急安全管理，可以有效预防生产安全事故发生。但事故频发的现实说明，应急管理在防止事故造成损失扩大、防止次生灾害等方面具有重要意义。因此，为了规范生产安全事故应急工作，保障人民群众生命和财产安全，我国《安全生产法》《突发事件应对法》《生产安全事故应急条例》等对生产安全事故应急法律制度作了规定。

二、生产安全事故应急领导体制

依据《生产安全事故应急条例》第三条的规定，国务院统一领导全国的生产安全事故应急工作，县级以上地方人民政府统一领导本行政区域内的生产安全事故应急工作。生产安全事故应急工作涉及两个以上行政区域的，由有关行政区域共同的上一级人民政府负责，或者由各有关行政区域的上一级人民政府共同负责。

县级以上人民政府应急管理部门和其他对有关行业、领域的安全生产工作实施监督管理的部门在各自职责范围内，做好有关行业、领域的生产安全事故应急工作。

县级以上人民政府应急管理部门指导、协调本级人民政府其他负有安全生产监督管理职责的部门和下级人民政府的生产安全事故应急工作。

乡、镇人民政府以及街道办事处等地方人民政府派出机关应当协助上级人民政府有关部门依法履行生产安全事故应急工作职责。

三、单位是生产安全事故应急的责任主体

依据《安全生产法》，生产经营单位对本单位安全生产负主体责任。因此，生产经营单位应当加强生产安全事故应急工作，建立、健全生产安全事故应急工作责任制，其主要负责人对本单位的生产安全事故应急工作全面负责。生产经营单位安全生产应急工作主要有以下几个方面：一是建立风险分级管控和隐患排查治理双重预防工作机制，防止生产安全事故发生；二是依法制定应急预案并组织演练、修订；三是依法配备应急物资、应急装备或设备；四是建立专职或兼职应急救援队伍。应急管理部负责全国应急预案的综合协调管理工作。国务院其他负有安全生产监督管理职责的部门在各自职责范围内，负责相关行业、领域应急预案的管理工作。县级以上地方各级人民政府应急管理部门负责本行政区域内应急预案的综合协调管理工作。县级以上地方各级人民政府其他负有安全生产监督管理职责的部门按照各自的职责负责有关行业、领域应急预案的管理工作。政府承担安全生产监管责任，要对生产经营单位是否履行了应依法承担的应急职责承担监管职责，对未依法履行安全生产应急管理职责的生产经营单位实施处罚。

四、政府和有关部门的生产安全事故应急职责

安全生产工作事关人民群众生命财产安全，具有公共安全属性。因此，我国《安全生产法》《突发事件应对法》《生产安全事故应急条例》等法律、行政法规还规定，政府对本行政区域内的生产安全事故应急工作要承担一定的责任，依据《安全生产法》第七十九条第一款、第八十条第一款，主要体现在：一是政府要领导本地区生产安全事故应急管理工作，负有安全生产监督管理职责的有关部门在各自职责范围内，做好有关行业、领域的生产安全事故应急工作；二是人民政府和有关部门应依法组织制定本地区生产安全事故应急预案；三是人民政府和有关部门应依法组织建设本地区生产安全事故应急救援队伍。

五、国家加强生产安全事故应急能力建设职责

安全生产以“预防为主”，但在今后相当长的一段时期内，事故发生不可能完全避免，事故发生后应急救援工作对防止事故扩大及减少事故损失具有重要意义。因此，在预防事故的同时，必须切实提高生产安全事故应急能力，尽可能控制、减少、消除生产安全事故造成的损害。这就需要不断加强国家生产安全事故应急能力建设，提高应急救援的专业化水平。

（一）国家在重点行业、领域建立应急救援基地和应急救援队伍

依据《安全生产法》第七十九条第一款，国家加强生产安全事故应急能力建设，在重

点行业、领域建立应急救援基地和应急救援队伍。这里的“重点行业、领域”主要是指消防、矿山救护、危险化学品等行业、领域。县级以上人民政府应当加强对生产安全事故应急救援队伍建设的统一规划、组织和指导。县级以上人民政府负有安全生产监督管理职责的部门根据生产安全事故应急工作的实际需要，在重点行业、领域单独建立或者依托有条件的生产经营单位、社会组织共同建立应急救援队伍，并由国家安全生产应急救援机构统一协调指挥。

（二）鼓励生产经营单位和其他社会力量建立应急救援队伍

除国家建立应急救援基地和应急救援队伍外，为更好地加强应急能力建设，还需要生产经营单位和其他社会力量积极参与。依据《安全生产法》第七十九条第一款，鼓励生产经营单位和其他社会力量建立应急救援队伍，配备相应的应急救援装备和物资，提高应急救援的专业化水平。国家鼓励其他社会力量建立应急救援队伍，如依托共青团组织、中国红十字会、中国青年志愿者协会、基层社区以及其他组织，建立形式多样的应急志愿者队伍等。各级政府应当重视专业应急救援队伍和非专业应急队伍的联合培训、联合演练，提高应急救援队伍的合作应急、协调应急能力。

（三）配备相应的应急救援装备和物资，提高应急救援的专业化水平

县级以上地方人民政府应当根据本行政区域内可能发生的生产安全事故的特点和危害，储备必要的应急救援装备和物资，并及时更新和补充，提高应急救援的专业化水平。

（四）国务院应急管理部门和其他有关部门建立生产安全事故应急救援信息系统

生产安全事故往往事出突然，只有及时了解掌握生产安全事故的真实信息，才能正确、及时进行预测、研判，快速处置和救援。依据《安全生产法》第七十九条第二款，国家层面应当充分利用现代信息技术，整合现有信息汇集、传输渠道，建立高效统一、安全可靠、反应迅速的生产安全事故应急救援信息系统：一是国务院应急管理部门牵头建立全国统一的生产安全事故应急救援信息系统；二是国务院交通运输、住房和城乡建设、水利、民航等有关部门建立健全相关行业、领域、地区的生产安全事故应急救援信息系统；三是县级以上地方人民政府建立健全本地区的生产安全事故应急救援信息系统。这些生产安全事故应急救援信息系统之间要实现互联互通、信息共享，通过推行网上安全信息采集、安全监管和监测预警，提升监管的精准化、智能化水平。

第二节　生产安全事故应急准备

一、依法制定应急预案

为规范生产安全事故应急管理工作，迅速有效处置生产安全事故，依据《突发事件应对法》《安全生产法》《生产安全事故应急条例》等法律、行政法规和《突发事件应急预案管理办法》，人民政府和有关部门、生产经营单位应依法编制生产安全事故应急预案。

（一）人民政府和有关部门生产安全事故应急预案

1. 应急预案的编制

依据《安全生产法》第八十条，县级以上人民政府及其负有安全生产监督管理职责的部门和乡、镇人民政府以及街道办事处等地方人民政府派出机关，应当针对可能发生的生产安全事故的特点和危害，进行风险辨识和评估，制定相应的生产安全事故应急救援预案，并依法向社会公布。

地方各级人民政府应急管理部门和其他负有安全生产监督管理职责的部门应当根据法律、法规、规章和同级人民政府以及上一级人民政府应急管理部门和其他负有安全生产监督管理职责的部门的应急预案，结合工作实际，组织编制相应的部门应急预案。部门应急预案应当根据本地区、本部门的实际情况，明确信息报告、响应分级、指挥权移交、警戒疏散等内容。

2. 应急预案编制要求

生产安全事故应急救援预案应当符合有关法律、法规、规章和标准的规定，具有科学性、针对性和可操作性，明确规定应急组织体系、职责分工以及应急救援程序和措施。并在出现法定修订情形时，依法进行修订。依据《突发事件应急预案管理办法》第十六条的规定，政府及其部门应急预案编制过程中应当广泛听取有关部门、单位和专家的意见，与相关的预案做好衔接。涉及其他单位职责的，应当书面征求相关单位意见。必要时，向社会公开征求意见。单位和基层组织应急预案编制过程中，应根据法律、行政法规要求或实际需要，征求相关公民、法人或其他组织的意见。

3. 应急预案的备案

依据《生产安全事故应急条例》第七条的规定，县级以上人民政府负有安全生产监督管理职责的部门应当将其制定的生产安全事故应急救援预案报送本级人民政府备案；易燃易爆物品、危险化学品等危险物品的生产、经营、储存、运输单位，矿山、金属冶炼、城市轨道交通运营、建筑施工单位，以及宾馆、商场、娱乐场所、旅游景区等人员密集场所经营单位，应当将其制定的生产安全事故应急救援预案按照国家有关规定报送县级以上人民政府负有安全生产监督管理职责的部门备案，并依法向社会公布。

4. 应急预案的演练

《突发事件应急预案管理办法》第二十二条第二款规定：“专项应急预案、部门应急预案至少每 3 年进行一次应急演练。”《生产安全事故应急条例》第八条第一款规定：“县级以上地方人民政府以及县级以上人民政府负有安全生产监督管理职责的部门，乡、镇人民政府以及街道办事处等地方人民政府派出机关，应当至少每 2 年组织 1 次生产安全事故应急救援预案演练。”这体现出法律法规对提高本部门、本地区生产安全事故应急处置能力所提出的要求。

（二）生产经营单位生产安全事故应急预案

为规范生产安全事故应急预案管理工作，应急管理部制修订了《生产安全事故应急预案管理办法》。生产安全事故应急预案的编制、评审、公布、备案、实施及监督管理工作，适用该办法。

1. 生产经营单位应急预案的分类

依据《生产安全事故应急预案管理办法》第六条的规定，生产经营单位应急预案分为综合应急预案、专项应急预案和现场处置方案。

综合应急预案，是指生产经营单位为应对各种生产安全事故而制定的综合性工作方案，是本单位应对生产安全事故的总体工作程序、措施和应急预案体系的总纲。

专项应急预案，是指生产经营单位为应对某一种或者多种类型生产安全事故，或者针对重要生产设施、重大危险源、重大活动防止生产安全事故而制定的专项性工作方案。

现场处置方案，是指生产经营单位根据不同生产安全事故类型，针对具体场所、装置或者设施所制定的应急处置措施。

《生产安全事故应急预案管理办法》第十三条第一款规定：“生产经营单位风险种类多、可能发生多种类型事故的，应当组织编制综合应急预案。”第十四条第一款规定：“对于某一种或者多种类型的事故风险，生产经营单位可以编制相应的专项应急预案，或将专项应急预案并入综合应急预案。”第十五条第一款规定：“对于危险性较大的场所、装置或者设施，生产经营单位应当编制现场处置方案。”第十五条第三款规定：“事故风险单一、危险性小的生产经营单位，可以只编制现场处置方案。”

2. 应急预案的编制

依据《生产安全事故应急预案管理办法》第七条的规定，应急预案的编制应当遵循以人为本、依法依规、符合实际、注重实效的原则，以应急处置为核心，明确应急职责、规范应急程序、细化保障措施。

1）应急预案编制基本要求

依据《生产安全事故应急预案管理办法》第八条的规定，应急预案的编制应当符合下列基本要求：

（1）有关法律、法规、规章和标准的规定。

（2）本地区、本部门、本单位的安全生产实际情况。生产经营单位应当根据有关法律、法规、规章和相关标准，结合本单位组织管理体系、生产规模和可能发生的事故特点，编制相应的应急预案，体现自救互救和先期处置等特点。

（3）本地区、本部门、本单位的危险性分析情况。

（4）应急组织和人员的职责分工明确，并有具体的落实措施。

（5）有明确、具体的应急程序和处置措施，并与其应急能力相适应。

（6）有明确的应急保障措施，满足本地区、本部门、本单位的应急工作需要。

（7）应急预案基本要素齐全、完整，应急预案附件提供的信息准确。

（8）应急预案内容与相关应急预案相互衔接。生产经营单位编制的各类应急预案之间应当相互衔接，并与相关人民政府及其部门、应急救援队伍和涉及的其他单位的应急预案相衔接。

2）成立编制小组

依据《生产安全事故应急预案管理办法》第九条的规定，编制应急预案应当成立编制工作小组，由本单位有关负责人任组长，吸收与应急预案有关的职能部门和单位的人员，以及有现场处置经验的人员参加。

3）事故风险辨识、评估和应急资源调查

依据《生产安全事故应急预案管理办法》第十条的规定，编制应急预案前，编制单位应当进行事故风险辨识、评估和应急资源调查。事故风险辨识、评估，是指针对不同事故种类及特点，识别存在的危险危害因素，分析事故可能产生的直接后果以及次生、衍生后果，评估各种后果的危害程度和影响范围，提出防范和控制事故风险措施的过程。应急资源调查，是指全面调查本地区、本单位第一时间可以调用的应急资源状况和合作区域内可以请求援助的应急资源状况，并结合事故风险辨识评估结论制定应急措施的过程。

4）应急预案的内容要求

生产经营单位应急预案应当包括向上级应急管理机构报告的内容、应急组织机构和人员的联系方式、应急物资储备清单等附件信息。附件信息发生变化时，应当及时更新，确保准确有效。《生产安全事故应急预案管理办法》第十三条第二款规定："综合应急预案应当规定应急组织机构及其职责、应急预案体系、事故风险描述、预警及信息报告、应急响应、保障措施、应急预案管理等内容。"第十四条第二款规定："专项应急预案应当规定应急指挥机构与职责、处置程序和措施等内容。"第十五条第二款规定："现场处置方案应当规定应急工作职责、应急处置措施和注意事项等内容。"

5）征求意见

依据《生产安全事故应急预案管理办法》第十七条的规定，生产经营单位组织应急预案编制过程中，应当依据法律、法规、规章的规定或者实际需要，征求相关应急救援队伍、公民、法人或者其他组织的意见。

6）编制应急处置卡

依据《生产安全事故应急预案管理办法》第十九条的规定，生产经营单位应当在编制应急预案的基础上，针对工作场所、岗位的特点，编制简明、实用、有效的应急处置卡。

应急处置卡应当规定重点岗位、人员的应急处置程序和措施，以及相关联络人员和联系方式，便于从业人员携带。

3. 应急预案的评审、公布和备案

1）应急预案的评审和论证

依据《生产安全事故应急预案管理办法》第二十一条的规定，矿山、金属冶炼企业和易燃易爆物品、危险化学品的生产、经营（带储存设施的）、储存、运输企业，以及使用危险化学品达到国家规定数量的化工企业、烟花爆竹生产、批发经营企业和中型规模以上的其他生产经营单位，应当对本单位编制的应急预案进行评审，并形成书面评审纪要。除此之外的其他生产经营单位可以根据自身需要，对本单位编制的应急预案进行论证。

第二十二条规定，参加应急预案评审的人员应当包括有关安全生产及应急管理方面的专家。评审人员与所评审应急预案的生产经营单位有利害关系的，应当回避。

第二十三条规定，应急预案的评审或者论证应当注重基本要素的完整性、组织体系的合理性、应急处置程序和措施的针对性、应急保障措施的可行性、应急预案的衔接性等内容。

2）应急预案的公布和告知

依据《生产安全事故应急预案管理办法》第二十四条的规定，生产经营单位的应急预案经评审或者论证后，由本单位主要负责人签署，向本单位从业人员公布，并及时发放到本单位有关部门、岗位和相关应急救援队伍。

事故风险可能影响周边其他单位、人员的，生产经营单位应当将有关事故风险的性质、影响范围和应急防范措施告知周边的其他单位和人员。

3）应急预案的备案

依据《生产安全事故应急预案管理办法》第二十六条的规定，易燃易爆物品、危险化学品等危险物品的生产、经营、储存、运输单位，矿山、金属冶炼、城市轨道交通运营、建筑施工单位，以及宾馆、商场、娱乐场所、旅游景区等人员密集场所经营单位，应当在应急预案公布之日起 20 个工作日内，按照分级属地原则，向县级以上人民政府应急管理部门和其他负有安全生产监督管理职责的部门进行备案，并依法向社会公布。

单位属于中央企业的，其总部（上市公司）的应急预案，报国务院主管的负有安全生产监督管理职责的部门备案，并抄送应急管理部；其所属单位的应急预案报所在地的省、自治区、直辖市或者设区的市级人民政府主管的负有安全生产监督管理职责的部门备案，并抄送同级人民政府应急管理部门。

单位不属于中央企业的，其中非煤矿山、金属冶炼和危险化学品生产、经营、储存、运输企业，以及使用危险化学品达到国家规定数量的化工企业、烟花爆竹生产、批发经营企业的应急预案，按照隶属关系报所在地县级以上地方人民政府应急管理部门备案；前述单位以外的其他生产经营单位应急预案的备案，由省、自治区、直辖市人民政府负有安全生产监督管理职责的部门确定。

油气输送管道运营单位的应急预案还应当抄送所经行政区域的县级人民政府应急管理部门。海洋石油开采企业的应急预案还应当抄送所经行政区域的县级人民政府应急管理部门和海洋石油安全监管机构。煤矿企业的应急预案还应当抄送所在地的煤矿安全监察机构。

依据《生产安全事故应急预案管理办法》第二十七条的规定，生产经营单位申报应急预案备案，应当提交下列材料：①应急预案备案申报表；②需要评审的，应当提供应急预案评审意见；③应急预案电子文档；④风险评估结果和应急资源调查清单。

第二十八条规定，受理备案登记的负有安全生产监督管理职责的部门应当在 5 个工作日内对应急预案材料进行核对，材料齐全的，应当予以备案并出具应急预案备案登记表；

材料不齐全的，不予备案并一次性告知需要补齐的材料。逾期不予备案又不说明理由的，视为已经备案。对于实行安全生产许可的生产经营单位，已经进行应急预案备案的，在申请安全生产许可证时，可以不提供相应的应急预案，仅提供应急预案备案登记表。

第二十九条规定，各级人民政府负有安全生产监督管理职责的部门应当建立应急预案备案登记建档制度，指导、督促生产经营单位做好应急预案的备案登记工作。

4. 应急预案的实施

1）应急预案的教育培训

各类生产经营单位应当采取多种形式开展应急预案的宣传教育，普及生产安全事故避险、自救和互救知识，提高从业人员和社会公众的安全意识与应急处置技能。

生产经营单位应当组织开展本单位的应急预案、应急知识、自救互救和避险逃生技能的培训活动，使有关人员了解应急预案内容，熟悉应急职责、应急处置程序和措施。

应急培训的时间、地点、内容、师资、参加人员和考核结果等情况应当如实记入本单位的安全生产教育和培训档案。

2）应急预案的演练

依据《生产安全事故应急预案管理办法》，生产经营单位应当制定本单位的应急预案演练计划，根据本单位的事故风险特点，每年至少组织一次综合应急预案演练或者专项应急预案演练，每半年至少组织一次现场处置方案演练。

易燃易爆物品、危险化学品等危险物品的生产、经营、储存、运输单位，矿山、金属冶炼、城市轨道交通运营、建筑施工单位，以及宾馆、商场、娱乐场所、旅游景区等人员密集场所经营单位，应当至少每半年组织一次生产安全事故应急预案演练，并将演练情况报送所在地县级以上地方人民政府负有安全生产监督管理职责的部门。

县级以上地方人民政府负有安全生产监督管理职责的部门应当对本行政区域内前款规定的重点生产经营单位的生产安全事故应急救援预案演练进行抽查；发现演练不符合要求的，应当责令限期改正。

应急预案演练结束后，应急预案演练组织单位应当对应急预案演练效果进行评估，撰写应急预案演练评估报告，分析存在的问题，并对应急预案提出修订意见。

3）应急预案定期评估制度

依据《生产安全事故应急预案管理办法》，应急预案编制单位应当建立应急预案定期评估制度，对预案内容的针对性和实用性进行分析，并对应急预案是否需要修订作出结论。

矿山、金属冶炼、建筑施工企业和易燃易爆物品、危险化学品等危险物品的生产、经营、储存、运输企业、使用危险化学品达到国家规定数量的化工企业、烟花爆竹生产、批发经营企业和中型规模以上的其他生产经营单位，应当每三年进行一次应急预案评估。应急预案评估可以邀请相关专业机构或者有关专家、有实际应急救援工作经验的人员参加，必要时可以委托安全生产技术服务机构实施。

4）应急预案的修订

依据《生产安全事故应急预案管理办法》第三十六条的规定，有下列情形之一的，应急预案应当及时修订并归档：

（1）依据的法律、法规、规章、标准及上位预案中的有关规定发生重大变化的。

（2）应急指挥机构及其职责发生调整的。

（3）安全生产面临的风险发生重大变化的。

（4）重要应急资源发生重大变化的。

（5）在应急演练和事故应急救援中发现需要修订预案的重大问题的。

（6）编制单位认为应当修订的其他情况。

应急预案修订涉及组织指挥体系与职责、应急处置程序、主要处置措施、应急响应分级等内容变更的，修订工作应当参照《生产安全事故应急预案管理办法》规定的应急预案编制程序进行，并按照有关应急预案报备程序重新备案。

5）应急预案的落实

依据《生产安全事故应急预案管理办法》第三十八条的规定，生产经营单位应当按照应急预案的规定，落实应急指挥体系、应急救援队伍、应急物资及装备，建立应急物资、装备配备及其使用档案，并对应急物资、装备进行定期检测和维护，使其处于适用状态。

6）应急预案的启动

依据《生产安全事故应急预案管理办法》第三十九条的规定，生产经营单位发生事故时，应当第一时间启动应急响应，组织有关力量进行救援，并按照规定将事故信息及应急响应启动情况报告事故发生地县级以上人民政府应急管理部门和其他负有安全生产监督管理职责的部门。

7）救援后应急预案的总结评估

依据《生产安全事故应急预案管理办法》第四十条的规定，生产安全事故应急处置和应急救援结束后，事故发生单位应当对应急预案实施情况进行总结评估。

二、生产安全事故应急救援队伍建设

（一）政府层面应急救援队伍建设

依据《生产安全事故应急条例》第九条的规定，县级以上人民政府应当加强对生产安全事故应急救援队伍建设的统一规划、组织和指导。

县级以上人民政府负有安全生产监督管理职责的部门根据生产安全事故应急工作的实际需要，在重点行业、领域单独建立或者依托有条件的生产经营单位、社会组织共同建立应急救援队伍。

国家鼓励和支持生产经营单位和其他社会力量建立提供社会化应急救援服务的应急救援队伍。

（二）生产经营单位应急救援队伍建设

《生产安全事故应急条例》第十条要求，易燃易爆物品、危险化学品等危险物品的生产、经营、储存、运输单位，矿山、金属冶炼、城市轨道交通运营、建筑施工单位，以及宾馆、商场、娱乐场所、旅游景区等人员密集场所经营单位，应当建立应急救援队伍；其中，小型企业或者微型企业等规模较小的生产经营单位，可以不建立应急救援队伍，但应当指定兼职的应急救援人员，并且可以与邻近的应急救援队伍签订应急救援协议。

工业园区、开发区等产业聚集区域内的生产经营单位，可以联合建立应急救援队伍。

（三）应急救援人员素质要求、培训与演练

《生产安全事故应急条例》第十一条规定，应急救援队伍的应急救援人员应当具备必要的专业知识、技能、身体素质和心理素质。

应急救援队伍建立单位或者兼职应急救援人员所在单位应当按照国家有关规定对应急救援人员进行培训；应急救援人员经培训合格后，方可参加应急救援工作。

应急救援队伍应当配备必要的应急救援装备和物资，并定期组织训练。

（四）生产经营单位应急救援队伍建设报告义务

《生产安全事故应急条例》第十二条要求，生产经营单位应当及时将本单位应急救援队伍建立情况按照国家有关规定报送县级以上人民政府负有安全生产监督管理职责的部门，并依法向社会公布。

县级以上人民政府负有安全生产监督管理职责的部门应当定期将本行业、本领域的应急救援队伍建立情况报送本级人民政府，并依法向社会公布。

三、生产安全事故应急物资保障制度

依据《生产安全事故应急条例》第十三条，县级以上地方人民政府应当根据本行政区域内可能发生的生产安全事故的特点和危害，储备必要的应急救援装备和物资，并及时更新和补充。

易燃易爆物品、危险化学品等危险物品的生产、经营、储存、运输单位，矿山、金属冶炼、城市轨道交通运营、建筑施工单位，以及宾馆、商场、娱乐场所、旅游景区等人员密集场所经营单位，应当根据本单位可能发生的生产安全事故的特点和危害，配备必要的灭火、排水、通风以及危险物品稀释、掩埋、收集等应急救援器材、设备和物资，并进行经常性维护、保养，保证正常运转。

四、生产安全事故应急值班制度

依据《生产安全事故应急条例》第十四条，下列单位应当建立应急值班制度，配备应急值班人员：①县级以上人民政府及其负有安全生产监督管理职责的部门；②危险物品的生产、经营、储存、运输单位以及矿山、金属冶炼、城市轨道交通运营、建筑施工单位；③应急救援队伍。

规模较大、危险性较高的易燃易爆物品、危险化学品等危险物品的生产、经营、储存、运输单位应当成立应急处置技术组，实行 24 h 应急值班。

第三节　生产安全事故应急处置与救援

2021 年 1 月 23 日，李克强对全国安全生产电视电话会议作出重要批示：安全生产事关重大，须臾不可放松。党中央和国务院高度重视生产安全事故应急工作。为了解决生产安全事故应急工作中存在的突出问题，提高生产安全事故应急工作的科学化、规范化和法制化水平，以《安全生产法》和《突发事件应对法》为依据，制定了《生产安全事故应急条例》。该条例对生产安全事故应急救援作了详细规定，因此本节将围绕条例阐述我国生产安全事故应急救援的实施现状。

一、生产安全事故现场应急救援

（一）生产经营单位应急救援程序及措施

《生产安全事故应急条例》第十七条规定，发生生产安全事故后，生产经营单位应当立即启动生产安全事故应急救援预案，采取下列一项或者多项应急救援措施，并按照国家有关规定报告事故情况：

（1）迅速控制危险源，组织抢救遇险人员。

（2）根据事故危害程度，组织现场人员撤离或者采取可能的应急措施后撤离。

（3）及时通知可能受到事故影响的单位和人员。

（4）采取必要措施，防止事故危害扩大和次生、衍生灾害发生。

（5）根据需要请求邻近的应急救援队伍参加救援，并向参加救援的应急救援队伍提供相关技术资料、信息和处置方法。

（6）维护事故现场秩序，保护事故现场和相关证据。

（7）法律、法规规定的其他应急救援措施。

（二）政府应急救援程序及措施

依据《生产安全事故应急条例》第十八条的要求，有关地方人民政府及其部门接到生产安全事故报告后，应当按照国家有关规定上报事故情况，启动相应的生产安全事故应急救援预案，并按照应急救援预案的规定采取下列一项或者多项应急救援措施：

（1）组织抢救遇险人员，救治受伤人员，研判事故发展趋势以及可能造成的危害。

（2）通知可能受到事故影响的单位和人员，隔离事故现场，划定警戒区域，疏散受到威胁的人员，实施交通管制。

（3）采取必要措施，防止事故危害扩大和次生、衍生灾害发生，避免或者减少事故对环境造成的危害。

（4）依法发布调用和征用应急资源的决定。

（5）依法向应急救援队伍下达救援命令。

（6）维护事故现场秩序，组织安抚遇险人员和遇险遇难人员亲属。

（7）依法发布有关事故情况和应急救援工作的信息。

（8）法律、法规规定的其他应急救援措施。

有关地方人民政府不能有效控制生产安全事故的，应当及时向上级人民政府报告。上级人民政府应当及时采取措施，统一指挥应急救援。

（三）现场应急救援指挥部

《生产安全事故应急条例》第二十条规定：“发生生产安全事故后，有关人民政府认为有必要的，可以设立由本级人民政府及其有关部门负责人、应急救援专家、应急救援队伍负责人、事故发生单位负责人等人员组成的应急救援现场指挥部，并指定现场指挥部总指挥。”第二十一条规定：“现场指挥部实行总指挥负责制，按照本级人民政府的授权组织制定并实施生产安全事故现场应急救援方案，协调、指挥有关单位和个人参加现场应急救援。参加生产安全事故现场应急救援的单位和个人应当服从现场指挥部的统一指挥。”在实践中，生产安全事故相对简单的情况下，应急救援工作进展就会相对比较快，政府或者有关部门处理起来就会很容易。但是，如果事故情况相对复杂，往往就会造成应急救援工作进展缓慢且艰难，包括政府工作人员、相关领域的专家学者、救援队伍以及人员在内的组织结构复杂，救援方案可能难以统一和确定，在这种情况下，就需要有一个权威机构来统一指挥应急救援工作。因此，有了这一全新的制度创新——设立现场应急救援指挥部。

二、应急救援的中止与终止

（一）应急救援的中止

在生产安全事故应急救援过程中，发现可能直接危及应急救援人员生命安全的紧急情况时，现场指挥部或者统一指挥应急救援的人民政府应当立即采取相应措施消除隐患，降低或者化解风险，必要时可以暂时撤离应急救援人员。在生产安全事故现场应急救援工作中，因为社会舆论广泛关注，救援工作往往难以停止，盲目施救的情况下可能会导致活人为了死人牺牲的不必要情形。为了保障应急救援人员的生命安全，在难以降低或者化解的情况下，可以暂时停止应急救援，待风险降低或解除后再继续开展应急救援工作。这体现了“生命至上，科学救援”的救援理念。

（二）应急救援的终止

生产安全事故的威胁和危害得到控制或者消除后，有关人民政府应当决定停止执行依照《生产安全事故应急条例》和有关法律、法规采取的全部或者部分应急救援措施。在实践中，生产安全事故应急救援工作什么时候停止执行没有具体规定。因此，《生产安全事故应急条例》明确了应急救援的终止，使生产安全事故应急救援工作的结束有法可依。

三、应急救援保障

（一）应急救援队伍

《生产安全事故应急条例》第十九条第一款规定：“应急救援队伍接到有关人民政府

及其部门的救援命令或者签有应急救援协议的生产经营单位的救援请求后，应当立即参加生产安全事故应急救援。”该条明确了应急救援队伍必须履行救援命令或者救援请求。依据规定，应急救援队伍接到有关人民政府及其部门的救援命令，必须立即参加应急救援；应急救援队伍接到签有应急救援协议的生产经营单位的救援请求后，应当立即参加应急救援。这是应急救援队伍应当履行的法定义务，必须不折不扣地执行。如果违反规定，则要承担相应的法律后果与责任。

（二）后勤保障

《生产安全事故应急条例》第二十三条规定：“生产安全事故发生地人民政府应当为应急救援人员提供必需的后勤保障，并组织通信、交通运输、医疗卫生、气象、水文、地质、电力、供水等单位协助应急救援。”该条明确了生产安全事故发生地人民政府应为应急救援人员提供必需的后勤保障的法定义务，对于开展应急救援工作起到了保障作用。

（三）调用和征用财产

《生产安全事故应急条例》第二十六条规定：“有关人民政府及其部门根据生产安全事故应急救援需要依法调用和征用的财产，在使用完毕或者应急救援结束后，应当及时归还。财产被调用、征用或者调用、征用后毁损、灭失的，有关人民政府及其部门应当按照国家有关规定给予补偿。”该条明确了有关人民政府及其部门对应急救援工作中调用和征用财产使用完毕或者应急救援结束后应当及时归还或按照规定进行补偿。

四、应急救援评估

《生产安全事故应急条例》第二十四条规定：“现场指挥部或者统一指挥生产安全事故应急救援的人民政府及其有关部门应当完整、准确地记录应急救援的重要事项，妥善保存相关原始资料和证据。”该条规定了应急救援资料和证据的收集规则。已经设立现场指挥部的，由现场指挥部负责相关资料和证据的收集工作，没有设立现场指挥部的，由统一指挥生产安全事故应急救援的人民政府及有关部门负责。

《生产安全事故应急条例》第二十七条规定：“按照国家有关规定成立的生产安全事故调查组应当对应急救援工作进行评估，并在事故调查报告中作出评估结论。”事故救援工作结束后，前述收集的有关应急救援资料或者证据应当移送给按规定成立的事故调查组，由事故调查组进行评估，并纳入事故调查报告。

五、救援费用承担

《生产安全事故应急条例》第十九条第二款规定：“应急救援队伍根据救援命令参加生产安全事故应急救援所耗费用，由事故责任单位承担；事故责任单位无力承担的，由有关人民政府协调解决。”事故救援费用原则上由事故责任单位承担，事故责任单位不同于事故发生单位，是对事故发生负有责任的单位。

六、伤亡人员的救治与抚恤

《生产安全事故应急条例》第二十八条规定：“县级以上地方人民政府应当按照国家有关规定，对在生产安全事故应急救援中伤亡的人员及时给予救治和抚恤；符合烈士评定条件的，按照国家有关规定评定为烈士。”这一规定切实保障了应急救援人员的利益与荣誉，有利于更好地将应急救援工作落到实处。

经过各方的共同努力，全国安全生产形势保持总体稳定，同时不稳定不确定因素仍然较多，安全生产工作任务十分繁重。各地区、各有关部门和各单位要坚持以习近平新时代中国特色社会主义思想为指导，认真贯彻党中央、国务院决策部署，坚持人民至上、生命至上，落实统筹发展与安全的要求，在《生产安全事故应急条例》的指导下不断提高对生产安全事故的应对的能力，坚决防范遏制重特大事故。

第四节 生产安全事故应急法律责任

一、生产经营单位未按照规定对从业人员进行应急培训、未制定应急预案或组织演练的责任

依据《安全生产法》第九十七条，生产经营单位有下列情形之一的，责令限期改正，处10万元以下的罚款；逾期未改正的，责令停产停业整顿，并处10万元以上20万元以下的罚款，对其直接负责的主管人员和其他直接责任人员处2万元以上5万元以下的罚款：①未按照规定对从业人员、被派遣劳动者、实习学生进行应急教育和培训，或者未按照规定如实告知有关的应急处置事项的；②未按照规定制定生产安全事故应急救援预案或者未定期组织演练的。

二、关闭、破坏直接关系生产安全的监控、报警、防护、救生设备、设施，或者篡改、隐瞒、销毁其相关数据、信息的责任

依据《安全生产法》第九十九条，生产经营单位关闭、破坏直接关系生产安全的监控、报警、防护、救生设备、设施，或者篡改、隐瞒、销毁其相关数据、信息的，责令限期改正，处5万元以下的罚款；逾期未改正的，处5万元以上20万元以下的罚款，对其直接负责的主管人员和其他直接责任人员处1万元以上2万元以下的罚款；情节严重的，责令停产停业整顿；构成犯罪的，依照刑法有关规定追究刑事责任。

三、对重大危险源未制定应急预案、未告知应急措施的法律责任

依据《安全生产法》第一百零一条，对重大危险源，未制定应急预案，或者未告知应急措施的，责令限期改正，处10万元以下的罚款；逾期未改正的，责令停产停业整顿，

并处10万元以上20万元以下的罚款，对其直接负责的主管人员和其他直接责任人员处2万元以上5万元以下的罚款；构成犯罪的，依照刑法有关规定追究刑事责任。

四、生产经营单位的主要负责人在本单位发生生产安全事故时不立即组织抢救的法律责任

依据《安全生产法》第一百一十条第一款，生产经营单位的主要负责人在本单位发生生产安全事故时，不立即组织抢救的，给予降级、撤职的处分，并由应急管理部门处上一年年收入60%～100%的罚款。构成犯罪的，依照刑法有关规定追究刑事责任。

五、未将生产安全事故应急救援预案报送备案、未建立应急值班制度或者配备应急值班人员的法律责任

依据《生产安全事故应急条例》第三十二条，生产经营单位未将生产安全事故应急救援预案报送备案、未建立应急值班制度或者配备应急值班人员的，由县级以上人民政府负有安全生产监督管理职责的部门责令限期改正；逾期未改正的，处3万元以上5万元以下的罚款，对直接负责的主管人员和其他直接责任人员处1万元以上2万元以下的罚款。

六、其他违法行为的法律责任

依据《生产安全事故应急预案管理办法》第四十五条，生产经营单位有下列情形之一的，由县级以上人民政府应急管理部门责令限期改正，可以处1万元以上3万元以下的罚款：①在应急预案编制前未按照规定开展风险辨识、评估和应急资源调查的；②未按照规定开展应急预案评审的；③事故风险可能影响周边单位、人员的，未将事故风险的性质、影响范围和应急防范措施告知周边单位和人员的；④未按照规定开展应急预案评估的；⑤未按照规定进行应急预案修订的；⑥未落实应急预案规定的应急物资及装备的。生产经营单位未按照规定进行应急预案备案的，由县级以上人民政府应急管理等部门依照职责责令限期改正；逾期未改正的，处3万元以上5万元以下的罚款，对直接负责的主管人员和其他直接责任人员处1万元以上2万元以下的罚款。

【本章重点】

1. 安全生产是指在生产经营活动中，为了避免造成人员伤害和财产损失事故而采取相应的事故预防和控制措施，以保证从业人员的人身安全与健康，设备和设施免受损坏，环境免遭破坏，保证生产经营活动得以顺利进行的相关活动。

2. 国务院统一领导全国的生产安全事故应急工作，县级以上地方人民政府统一领导本行政区域内的生产安全事故应急工作。生产安全事故应急工作涉及两个以上行政区域的，由有关行政区域共同的上一级人民政府负责，或者由各有关行政区域的上一级人民

政府共同负责。

3. 生产经营单位应当加强生产安全事故应急工作，建立、健全生产安全事故应急工作责任制，其主要负责人对本单位的生产安全事故应急工作全面负责。政府对本行政区域内的生产安全事故应急工作要承担责任。我国应加强国家生产安全事故应急能力建设，提高应急救援的专业化水平。

4. 生产安全事故应急准备包括依法制定应急预案，加强应急救援队伍建设，储备必要的应急救援装备和物资，建立并落实应急值班制度。

5. 发生生产安全事故后，生产经营单位应当立即启动生产安全事故应急救援预案，采取应急救援措施。有关地方人民政府及其部门接到生产安全事故报告后，应当按照国家有关规定上报事故情况，启动相应的生产安全事故应急救援预案，并按照应急救援预案的规定采取应急救援措施。

6. 应急救援队伍接到有关人民政府及其部门的救援命令或者签有应急救援协议的生产经营单位的救援请求后，应当立即参加生产安全事故应急救援。

7. 事故救援工作结束后，有关应急救援资料或者证据应当移送给按规定成立的事故调查组，由事故调查组进行评估，并纳入事故调查报告。

8. 未履行应急救援职责或者存在违反应急救援法律法规规章的行为的，应当依法承担相应的法律责任。

【课后习题】

1. 生产经营单位应承担哪些方面的应急义务以及法律责任?
2. 简述我国法律对生产经营单位建立应急救援队伍的具体要求。
3. 结合具体案例，谈一谈我国生产安全事故应急救援费用的承担。
4. 谈一谈我国的生产安全事故应急值班制度。

第七章 道路交通安全事故应急法律制度

道路交通突发事件也称公路交通突发事件，是指由下列突发事件引发的造成或者可能造成公路以及重要客运枢纽出现中断、阻塞、重大人员伤亡、大量人员需要疏散、重大财产损失、生态环境破坏和严重社会危害，以及由于社会经济异常波动造成重要物资、旅客运输紧张需要交通运输部门提供应急运输保障的紧急事件：①自然灾害，主要包括水旱灾害、气象灾害、地震灾害、地质灾害、海洋灾害、生物灾害和森林草原火灾等；②公路交通运输生产事故，主要包括交通事故、公路工程建设事故、危险货物运输事故；③公共卫生事件，主要包括传染病疫情、群体性不明原因疾病、食品安全和职业危害、动物疫情，以及其他严重影响公众健康和生命安全的事件；④社会安全事件，主要包括恐怖袭击事件、经济安全事件和涉外突发事件。道路交通中的运营性道路交通具有道路交通安全和生产经营安全双重属性。因此，运营性道路交通事故除适用《道路交通安全法》外，还适用《安全生产法》的规定。鉴于道路交通安全事故的特殊性，我国专门对道路交通安全事故应急救援作了规定。

第一节 概 述

一、道路交通突发事件的分级

各类道路交通突发事件按照其性质、严重程度、可控性和影响范围等因素，一般分为四级：Ⅰ级（特别重大）、Ⅱ级（重大）、Ⅲ级（较大）和Ⅳ级（一般）。交通运输部负责Ⅰ级应急响应的启动和实施，省级交通运输主管部门负责Ⅱ级应急响应的启动和实施，市级交通运输主管部门负责Ⅲ级应急响应的启动和实施，县级交通运输主管部门负责Ⅳ应急响应的启动和实施。交通运输部制定的《公路交通突发事件应急预案》对四级分级的具体情形作了规定。例如，出现下列四种情形之一的，属于Ⅰ级（特别重大）：①因突发事件可能导致国家干线公路交通毁坏、中断、阻塞或者大量车辆积压、人员滞留，通行能力影响周边省份，抢修、处置时间预计在24 h以上时；②因突发事件可能导致重要客运枢纽运行中断，造成大量旅客滞留，恢复运行及人员疏散预计在48 h以上时；③发生因重要物资缺乏、价格大幅波动可能严重影响全国或者大片区经济整体运行和人民正常生活，超出省级交通运输主管部门运力组织能力时；④其他可能需要由交通运输部提供应急保障时。

二、道路交通安全事故的特点

全世界每年有近130万人死于道路交通事故，2000万~5000万人在道路交通事故中受到永久性伤害。道路交通安全事故具有一定的特点和规律①：

第一，道路交通安全事故的发生具有普遍性和随机性。无论是在经济发达地区还是经济落后地区，无论是男人还是女人，无论是贫穷还是富有，无论是年轻还是年老，无论是开车还是行走，只要参与到道路交通活动中，都有可能遭遇道路交通安全事故。同时，道路交通安全事故的发生还具有随机性，每一起道路交通安全事故的发生都是一个随机事件，谁也无法用模型或经验去准确预测它，每一起事故都具有其独特性，因此，道路交通安全事故的预防工作非常困难。

第二，道路交通安全事故成因呈现出综合性和复杂性特点。道路交通系统是一个由人、车、路、环境所构成的动态系统，道路交通安全事故就是由该动态系统在某些环节上失衡所引发的意外事件。但每一起道路交通安全事故的发生，都是人、车、路、环境等多因素综合作用的结果，这些因素与道路交通安全事故的关系相当复杂，且它们彼此之间的关系也错综复杂，很难清晰界定。综上，道路交通安全事故成因具有综合性、复杂性特点。

第三，道路交通安全事故分布呈现出一定的规律性。虽然每一起道路交通安全事故的发生都是随机的，每一起事故都是独特的，但通过对大量事故数据资料的整理分析发现道路交通安全事故的分布在时间、空间、发生人群、事故形态、事故原因等方面呈现出明显的规律性。

三、道路交通安全事故应急法律体系

2009年交通运输部为应对特别重大公路交通突发事件，依据《中华人民共和国突发事件应对法》《中华人民共和国公路法》《中华人民共和国道路运输条例》等法律法规，《国家突发公共事件总体应急预案》及国家相关专项预案和部门预案制定了《公路交通突发事件应急预案》。该预案是全国公路交通突发事件应急预案体系的总纲及总体预案，适用于涉及跨省级行政区划的，或超出事发地省级交通运输主管部门处置能力的，或由国务院责成的，需要由交通运输部负责处置的特别重大（Ⅰ级）公路交通突发事件的应对工作，以及需要由交通运输部提供公路交通运输保障的其他紧急事件。该预案旨在切实加强公路交通突发事件的应急管理工作，建立完善应急管理体制和机制，提高突发事件预防和应对能力，控制、减轻和消除公路交通突发事件引起的严重社会危害，及时恢复公路交通正常运行，保障公路畅通，并指导地方建立应急预案体系和组织体系，增强应急保障能力，满足有效应对公路交通突发事件的需要，保障经济社会正常运行。

---

① 李利勤，张广友．道路交通安全管理［M］．北京：人民交通出版社，2018：80-81.

第二节　道路交通安全事故应急准备

一、应急准备与预案体系

对于道路交通安全事故而言，各类交通违法行为是道路交通事故发生的内在原因，因此预防和治理各类交通违法行为是预防道路交通事故的主要着力点。建立道路交通事故应急准备法律机制，就是着眼于交通事故发生的原因，积极遏制交通违法行为向交通事故转化。

应急准备机制主要包括5个方面的内容：一是对特定气象条件的预警，二是对特定地理条件的预警，三是对特定道路交通状况的预警，四是对特定驾驶人群的预警，五是对特定机动车类型的预警。比如，在低温天气条件下，极易出现道路交通安全事故，有必要通过有效的途径对易受低温天气影响的驾驶员群体及机动车部件进行及时预警，尽可能防止发生交通事故。当交通事故发生后，司机应当立即停车，采取紧急处置措施，对无法处置的，应当立即报警处置。对应急准备机制设置预警指标本质上是一个风险分析、评估的逆过程，即确立希望避免或降低的事故风险，并找出对应各事故风险等级的隐患或危险源，作为预警参数和信号。此过程需要确定指标的差别规则，尤其是要判别指标的初值、等级、分类规则、临界阈值等，以满足对城市道路交通管理运行状态进行划分的要求。

城市道路交通管理运行状态主要表征为：交通事故、交通堵塞、交通环境污染和交通设施的供需矛盾。因此，可以从这4个方面设计城市道路交通管理应急准备指标体系，例如，交通安全指标可以为万车死亡率、10万人死亡率、交通法规和交通安全常识的普及率、行人交通遵章率、机动车遵章行驶率，交通阻塞指标可以为交叉口阻塞率、主干道平均车速、平均行车延误率，交通环境污染指标可以为机动车单车排放因子、机动车定期检验合格率、机动车污染分担率、节能汽车和环保汽车比重，交通供需矛盾指标可以为城市机动车保有量年增长率、城市道路优质路面年增长率、路网负荷均匀度以及城市私人轿车拥有量所占比重等。不同城市可根据自身情况在此基础上进一步调整与补充。同时根据具体情况进行法律的风险防控，比如公安机关交通管理部门在没有接到交通事故报警之前，应当准备好应对各种情况的应急预案，当交通事故发生时立即派交通警察赶赴现场，先组织抢救受伤人员，并采取措施，尽快恢复交通。

结合以上因素，公路交通突发事件应急预案体系包括：

（1）公路交通突发事件应急预案。《公路交通突发事件应急预案》是全国公路交通突发事件应急预案体系的总纲及总体预案，是交通运输部应对特别重大公路交通突发事件的规范性文件，由交通运输部制定并公布实施，报国务院备案。

（2）公路交通突发事件应急专项预案。《交通突发事件应急专项预案》是交通运输部为应对某一类型或某几种类型公路交通突发事件而制定的专项应急预案，由交通运输部制定并公布实施。主要涉及公路气象灾害、水灾与地质灾害、地震灾害、重点物资运输、危险货物运输、重点交通枢纽的人员疏散、施工安全、特大桥梁安全事故、特长隧道安全事故、公共卫生事件、社会安全事件等方面。

（3）地方公路交通突发事件应急预案。地方公路交通突发事件应急预案是由省级、地市级、县级交通运输主管部门按照交通运输部制定的《公路交通突发事件应急预案》的要求，在上级交通运输主管部门的指导下，为及时应对辖区内发生的公路交通突发事件而制定的应急预案（包括专项预案），由地方交通运输主管部门制定并公布实施，报上级交通运输主管部门备案。

（4）公路交通运输企业突发事件预案。由各公路交通运输企业根据国家及地方的公路交通突发事件应急预案要求，结合自身实际，为及时应对企业范围内可能发生的各类突发事件而制定的应急预案，由各公路交通运输企业组织制定并实施。

二、道路交通事故应急预案工作原则

道路交通事故应急预案应当遵循三项原则：其一，以人为本、平急结合、科学应对、预防为主。切实履行政府的社会管理和公共服务职能，把保障人民群众生命财产安全作为首要任务，高度重视公路交通突发事件应急处置工作，提高应急科技水平，增强预警预防和应急处置能力，坚持预防与应急相结合，常态与非常态相结合，提高防范意识，做好预案演练、宣传和培训工作，做好有效应对公路交通突发事件的各项保障工作。其二，统一领导、分级负责、属地管理、联动协调。本预案确定的公路交通突发事件应急工作在人民政府的统一领导下，由交通运输主管部门具体负责，分级响应、条块结合、属地管理、上下联动，充分发挥各级公路交通应急管理机构的作用。其三，职责明确、规范有序、部门协作、资源共享。明确应急管理机构职责，建立统一指挥、分工明确、反应灵敏、协调有序、运转高效的应急工作机制和响应程序，实现应急管理工作的制度化、规范化。与其他部门密切协作，形成优势互补、资源共享的公路交通突发事件联动处置机制。

三、道路交通应急组织领导结构与人员职责

道路交通应急组织体系由国家级（交通运输部）、省级（省级交通运输主管部门）、市级（市级交通运输主管部门）和县级（县级交通运输主管部门）四级应急管理机构组成。国家级公路交通应急管理机构包括应急领导小组、应急工作组、日常管理机构、专家咨询组、现场工作组等。省级、市级、县级交通运输主管部门可参照本预案，根据各地的实际情况成立应急管理机构，明确相关职责。

（一）应急领导小组

道路交通突发事件应急工作领导小组（以下简称“应急领导小组”）是Ⅰ级公路交通突发事件的指挥机构，由交通运输部部长任组长，分管部领导任副组长，交通运输部内相关司局负责人为成员。

日常状态下的职责如下：①审定相关公路交通应急预案及其政策、规划；②审定应急经费预算；③其他相关重大事项。

应急状态下的职责如下：①决定启动和终止Ⅰ级公路交通突发事件预警状态和应急响应行动；②负责统一领导Ⅰ级公路交通突发事件的应急处置工作，发布指挥调度命令，并督促检查执行情况；③根据国务院要求，或根据应急处置需要，指定成立现场工作组，并派往突发事件现场开展应急处置工作；④根据需要，会同国务院有关部门，制定应对突发事件的联合行动方案，并监督实施；⑤当突发事件由国务院统一指挥时，应急领导小组按照国务院指令，执行相应的应急行动；⑥其他相关重大事项。

（二）应急工作组

应急工作组在应急领导小组决定启动Ⅰ级公路交通突发事件预警状态和应急响应行动时自动成立，由交通运输部内相关司局组建，在应急领导小组统一领导下具体承担应急处置工作。应急工作组分为8个应急工作小组：

（1）综合协调小组：由办公厅主任任组长，公路局、安全监督司分管领导任副组长，办公厅、公路局、安全监督司相关处室人员组成。负责起草重要报告、综合类文件；根据应急领导小组和其他应急工作组的要求，统一向党中央、国务院和相关部门报送应急工作文件；承办应急领导小组交办的其他工作。

（2）公路抢通小组：由公路局局长任组长，公路局分管副局长任副组长，公路局相关处室人员组成。负责组织公路抢修及保通工作，根据需要组织、协调跨省应急队伍调度和应急机械及物资调配；拟定跨省公路绕行方案并组织实施；负责协调社会力量参与公路抢通工作；拟定抢险救灾资金补助方案；承办应急领导小组交办的其他工作。

（3）运输保障小组：由道路运输司司长任组长，道路运输司分管副司长任副组长，道路运输司相关处室人员组成。负责组织、协调人员、物资的应急运输保障工作；负责协调与其他运输方式的联运工作；拟定应急运输征用补偿资金补助方案；承办应急领导小组交办的其他工作。

（4）通信保障小组：由科技司司长任组长，办公厅、通信中心分管领导任副组长，科技司、办公厅、通信中心相关处室人员组成。负责信息系统通信保障工作；负责电视电话会议通信保障工作；保障交通运输部向地方公路交通应急管理机构下发应急工作文件的传真和告知工作；承办应急领导小组交办的其他工作。

（5）新闻宣传小组：由政策法规司司长任组长，政策法规司分管副司长任副组长，政策法规司相关处室人员及新闻办联络员组成。负责收集、处理相关新闻报道，及时消除不实报道带来的负面影响；按照应急领导小组要求，筹备召开新闻发布会，向社会通报突发事件影响及应急处置工作进展情况；负责组织有关新闻媒体，宣传报道应急处置工作中涌现出的先进事迹与典型；指导地方应急管理机构新闻发布工作；承办应急领导小组交办的其他工作。

（6）后勤保障小组：由机关服务中心主任任组长，机关服务中心分管副主任任副组长，机关服务中心相关部门人员组成。负责应急状态期间 24 h 后勤服务保障工作；承办应急领导小组交办的其他工作。

（7）恢复重建小组：由综合规划司司长任组长，公路局、财务司、质监总站分管领导任副组长，综合规划司、公路局、财务司、质监总站相关处室人员组成。负责统计公路受灾情况，组织灾后调研工作；拟定公路灾后恢复重建方案并组织实施；承办应急领导小组交办的其他工作。

（8）总结评估小组：由公路局局长任组长，由其他应急工作小组、专家咨询组、交通运输部直属科研单位有关人员组成。负责编写应急处置工作大事记；对突发事件情况、应急处置措施、取得的主要成绩、存在的主要问题等进行总结和评估，提出下一步工作建议，并向应急领导小组提交总结评估报告；承办应急领导小组交办的其他工作。

综合协调小组、公路抢通小组、运输保障小组、通信保障小组、后勤保障小组在应急领导小组决定终止Ⅰ级公路交通突发事件预警状态和应急响应行动时自动解散；新闻宣传小组、恢复重建小组、总结评估小组在相关工作完成后，由应急领导小组宣布解散。

（三）日常管理机构

交通运输部设立公路网管理与应急处置中心（以下简称“路网中心”），作为国家级公路交通应急日常管理机构，在应急领导小组领导下开展工作。

日常状态下的职责如下：①负责国家高速公路网、普通国道干线公路、重要客运枢纽的运行监测及有关信息的收集和处理，向社会发布公路出行信息；②负责与国务院相关应急管理机构和地方交通运输应急管理机构的联络、信息上传与下达等日常工作；③拟定、修订与公路交通运输相关的各类突发事件应急预案及有关规章制度；④指导地方公路交通应急预案的编制和实施；⑤组织公路交通应急培训和演练；⑥组织有关应急科学技术研究和开发，参加有关的国际合作；⑦提出年度应急工作经费预算建议；⑧参与公路交通应急规划编制；⑨根据地方公路交通应急管理机构的请求，进行应急指导或协调行动；⑩负责督导国家公路交通应急物资储备点建设与管理；⑪承办应急领导小组交办的其他工作。

应急状态下的职责如下：①负责 24 h 值班接警工作；②负责接收、处理应急协作部门预测预警信息，跟踪了解与公路交通运输相关的突发事件，及时向应急领导小组提出启动Ⅰ级预警状态和应急响应行动建议；③负责收集、汇总突发事件信息及应急工作组开展应急处置工作的相关信息，编写应急工作日报；④根据应急领导小组和应急工作组的要求，负责应急处置的具体日常工作，统一向地方公路交通应急管理机构下发应急工作文件；⑤承办应急领导小组交办的其他工作。

（四）专家咨询组

专家咨询组是由公路交通运输行业及其他相关行业工程技术、科研、管理、法律等方面专家组成的应急咨询机构。专家咨询组具体职责如下：①参与拟定、修订与公路交通运输相关的各类突发事件应急预案及有关规章制度；②负责对应急准备以及应急行动方案提供专业咨询和建议；③负责对应急响应终止和后期分析评估提出咨询意见；④承办应急领导小组或路网中心委托的其他事项。

（五）现场工作组

现场工作组是由应急领导小组按照国务院要求，或发布公路交通运输Ⅰ级预警和响应时，或根据地方交通运输主管部门请求，指定成立并派往事发地的临时机构。当现场工作组由国务院统一组建时，交通运输部派出部级领导参加现场工作组；当现场工作组由国务院其他部门统一组建时，交通运输部派出司局级领导参加现场工作组。现场工作组具体职责如下：①按照国务院的统一部署，参与地方人民政府组织开展的突发事件应急处置工作，并及时向应急领导小组报告现场有关情况；②负责跨省公路交通应急队伍的现场指挥和调度，并保障作业安全；③提供公路交通运输方面的技术支持；④协助有关部门开展公路建设工程、道路运输、客货运站安全事故的应急处置工作；⑤承办应急领导小组交办的其他工作。

对于其他协作部门，公路交通突发事件的预警和处置，需要有关部门积极配合和共同实施。在突发事件应急响应中，应急管理机构根据突发事件的级别和类型，在国务院应急管理机构的统一领导下，协调相关部门参加应急协作，各协作部门的应急任务分工根据其职责而定。

武警交通部队纳入国家应急救援力量体系，作为国家公路交通突发事件专业应急队伍。国家公路交通突发事件应急专业队伍参与公路交通突发事件应急处置工作按国家有关规定执行。

四、监测预警与风险识别

（一）监测预警

涉及公路交通突发事件的预警及相关信息包括：

（1）气象监测、预测、预警信息。每日 24 h 全国降水实况图及图示最严重区域降水、温度、湿度等监测天气要素平均值和最大值；72 h 内短时天气预报（含图示）、重大交通事件期间（包括黄金周、大型活动等常规及各类突发交通事件）天气中期趋势预报（含图示）、气象灾害集中时期（汛期、冬季等）天气长期态势预报；各类气象灾害周期预警信息专报（包括主要气象灾害周期的天气类型、预计发生时间、预计持续时间、影响范围、预计强度等）和气象主管部门已发布的台风、暴雨、雪灾、大雾、道路积冰、沙尘暴预警信息。

（2）强地震（烈度 5.0 以上）监测信息。地震强度、震中位置、预计持续时间、已经和预计影响范围（含图示）、预计受灾人口与直接经济损失数量、预计紧急救援物资运输途经公路线路和需交通运输主管部门配合的运力需求。

（3）突发地质灾害监测、预测信息。突发地质灾害监测信息包括突发地质灾害发生时间、发生地点、强度、预计持续时间、受影响道路名称与位置、受灾人口数量、疏散（转移）出发地、目的地、途经公路路线和需交通运输主管部门配合的运力需求。突发地质灾害预测信息包括突发地质灾害预报的等级、发生时间、发生地点、预计持续时间、预计影响范围。

（4）洪水、堤防决口与库区垮坝信息。洪水的等级、发生流域、发生时间、洪峰高度和当前位置、泄洪区位置、已经和预计影响区域（含图示）、预计受灾人口与直接经济损失数量、需疏散（转移）的人口数量、出发地、目的地、途经路线、需交通运输主管部门配合的运力需求。堤防决口与库区垮坝的发生时间、发生地点、已经和预计影响区域（含图示）、预计受灾人口与直接经济损失数量、需疏散（转移）的人口数量、出发地、目的地、途经路线、需交通运输主管部门配合的运力需求。

（5）海啸灾害预测预警信息。风暴潮、海啸灾害预计发生时间、预计影响区域（含图示）、预计受灾人口与直接经济损失、预计紧急救援物资、人口疏散运输的运力要求和途经公路线路。

（6）重大突发公共卫生事件信息。突发疾病的名称、发现事件、发现地点、传播渠道、当前死亡和感染人数、预计受影响人数、需隔离、疏散（转移）的人口数量、该疾病对公路交通运输的特殊处理要求，紧急卫生和救援物资运输途经公路线路、需交通运输主管部门配合的公路干线、枢纽交通管理手段和运力需求。

（7）环境污染事件影响信息。危险化学品（含剧毒品）运输泄漏事件的危险品类型、泄漏原因、扩散形式、发生时间、发生地点、所在路段名称和位置、影响范围、影响人口数量和经济损失、预计清理恢复时间，应急救援车辆途经公路路线；因环境事件需疏散（转移）群众事件的原因、疏散（转移）人口数量、疏散（转移）时间、出发地、目的地、途经路线、需交通运输主管部门配合的运力需求。

（8）重大恶性交通事故影响信息。重大恶性交通事故的原因、发生时间、发生地点、已造成道路中断（阻塞）情况、已造成道路设施直接损失情况，预计处理恢复时间。

（9）因市场商品短缺及物价大幅波动引发的紧急物资运输信息。运输物资的种类、数量、来源地和目的地、途经路线、运载条件要求、运输时间要求等。

（10）公路损毁、中断、阻塞信息和重要客运枢纽旅客滞留信息。公路损毁、中断、阻塞的原因、发生时间、起止位置和桩号、预计恢复时间、已造成道路基础设施直接损失、已滞留和积压的车辆数量和排队长度、已采取的应急管理措施、绕行路线等；重要客运枢纽车辆积压、旅客滞留的原因、发生时间、当前滞留人数和积压车辆数及其变化趋势、站内运力情况、应急运力储备与使用情况、已采取的应急管理措施等。

（11）其他需要交通运输部门提供应急保障的紧急事件信息。

（二）风险识别

防范道路交通安全事故需要建立完善的动态监测系统，通过监测指标，即全方位的网络预警监视系统，敏感地发现可能出现道路交通安全事故的预警对象在运行中的异常状态，并及时反馈，进而加以评估，建立面向交通行业的气象灾害、地震、地质灾害等突发事件影响的预测、预警支持系统。建立各级预警联系人常备通讯录及信息库，建立公路交通突发事件风险源数据库，建立公路交通突发事件影响的预测评估系统。

路网中心负责交通运输部预测、预警支持系统的建设，省级交通运输主管部门在路网中心指导下建设本省各级预测、预警支持系统，可以选取各项统计指标进行预警，通过对指标进行自动计算和汇总，提供实际忙时和均值数据，提高预警分析效率。根据突发事件发生时对公路交通的影响和需要的运输能力分为四级预警，分别为Ⅰ级预警（特别严重预警）、Ⅱ级预警（严重预警）、Ⅲ级预警（较重预警）、Ⅳ级预警（一般预警），分别用红色、橙色、黄色和蓝色来表示。交通运输部负责Ⅰ级预警的启动和发布，省、市、县交通运输主管部门负责Ⅱ级、Ⅲ级和Ⅳ级预警的启动和发布。同时为避免误报，可设置连续多次超过限制后才生效。道路交通管理部门要全面整合远程监控、指挥中心、道路交通管理数据库、道路运输监控信息平台等资源，加快建立完备的交通安全预警与应急管理机制和相关救援体系，从技术手段上全面提高交通应急救援能力和事故处置效率。

（三）预警启动程序

公路交通突发事件Ⅰ级预警时，交通运输部按如下程序启动预警：①路网中心提出公路交通突发事件Ⅰ级预警状态启动建议；②应急领导小组在 2 h 内决定是否启动Ⅰ级公路交通突发事件预警，如同意启动，则正式签发Ⅰ级预警启动文件，并向国务院应急管理部门报告，交通运输部各应急工作组进入待命状态；③Ⅰ级预警启动文件签发后 1 h 内，由路网中心负责向相关省级公路交通应急管理机构下发，并电话确认接收；④根据情况需要，由应急领导小组决定此次Ⅰ级预警是否需面向社会发布，如需要，在 12 h 内联系此次预警相关应急协作部门联合签发；⑤已经联合签发的Ⅰ级预警文件由新闻宣传小组联系新闻媒体，面向社会公布；⑥路网中心立即开展应急监测和预警信息专项报送工作，随时掌握并报告事态进展情况，形成突发事件动态日报制度，并根据应急领导小组的要求增加预警报告频率；⑦交通运输部各应急工作组开展应急筹备工作，公路抢通组和运输保障组开展应急物资的征用准备。Ⅱ、Ⅲ、Ⅳ级预警启动程序由各级地方交通运输主管部门参考Ⅰ级预警启动程序，结合当地特点，自行编制；在预警过程中，如发现事态扩大，超过本级预警条件或本级交通运输主管部门处置能力，应及时上报上一级交通运输主管部门，建议提高预警等级。

（四）预警终止程序

Ⅰ级预警降级或撤销情况下，交通运输部采取如下预警终止程序：①路网中心根据预警监测追踪信息，确认预警涉及的公路交通突发事件已不满足Ⅰ级预警启动标准，需降级转化或撤销时，向应急领导小组提出Ⅰ级预警状态终止建议；②应急领导小组在同意终止后，正式签发Ⅰ级预警终止文件，明确提出预警后续处理意见，并在 24 h 内向国务院上报预警终止文件，交通运输部各应急工作组自行撤销；③如预警降级为Ⅱ级，路网中心负责在 1 h 内通知Ⅱ级预警涉及的省级交通运输主管部门，省级交通运输主管部门在 12 h 内启动预警程序，并向路网中心报送已正式签发的Ⅱ级预警启动文件；④如预警降级为Ⅲ或Ⅳ

级，路网中心负责通知预警涉及的省级交通运输主管部门，由省级交通运输主管部门组织涉及的市或县启动预警；⑤如预警直接撤销，路网中心负责在24 h内向预警启动文件中所列部门和单位发送预警终止文件；⑥Ⅱ、Ⅲ、Ⅳ级预警终止程序由各级地方交通运输主管部门参考Ⅰ级预警终止程序，结合当地特点，自行编制；Ⅰ级预警在所对应的应急响应启动后，预警终止时间与应急响应终止时间一致，不再单独启动预警终止程序。

第三节　道路交通安全事故应急保障法律制度

一、应急队伍建设

各级交通运输主管部门按照“平急结合、因地制宜，分类建设、分级负责，统一指挥、协调运转”的原则建立公路交通突发事件应急队伍。在专业队伍的组建上，包括公路交通应急抢险保通队伍和公路交通应急运输保障队伍。

（一）公路交通应急抢险保通队伍

（1）国家公路交通应急抢险保通队伍。武警交通部队纳入国家应急救援力量体系，作为国家公路交通应急抢险保通队伍，其兵力调动使用按照有关规定执行。

（2）地方公路交通应急抢险保通队伍。省、市级公路交通应急管理机构负责应急抢险保通队伍的组建和日常管理。构建以高速公路及普通国省干线公路养护管理部门、路政管理部门、公路经营管理单位、公路养护工程企业为主体的公路交通应急抢险保通队伍，按照路网规模、结构、地域分布特点，采取全社会范围内的公开招投标方式，择优选择公路养护工程企业，并与之签订合作合同，明确技术管理要求、应急征用的条件和程序、征用补偿标准和程序以及违约责任等，规范公路交通应急抢险保通行为，保障参与公路交通应急抢险保通企业的利益。省、市公路交通应急管理机构统一调度预案规定的本级应急救援物资储备点的各类应急物资、机械设备，由本级应急抢险保通队伍用于公路的应急抢险。在发生Ⅰ级公路突发事件时，由公路抢通小组统一调度各类储备物资和设备，组织实施跨省的应急抢险、救援工作。

（二）公路交通应急运输保障队伍

（1）应急运输保障队伍。地方交通运输主管部门负责所辖区域内的应急运输保障队伍建设工作，按照“平急结合、分级储备、择优选择、统一指挥”的原则在本辖区内建立应急运力储备，选择达到一定标准的道路客货运输企业，通过协商签订突发事件运力调用协议，明确纳入应急运力储备的车辆及其吨（座）位数、类型、技术状况，以及对运输人员和车辆管理的要求、应急征用的条件和程序、征用补偿的标准和程序以及违约责任等，通过协议规范应急运输保障行为，并保护参与应急运输保障企业的利益。在发生特别重大公路突发事件（Ⅰ级）时，由运输保障小组负责协调运力调配，保障各类重点物资、抢险救灾物资的运输和人员疏散。

（2）运输装备及技术状况。应急运输保障车辆的技术等级要求达到二级以上技术标准，车辆使用年限不超过5年，或行驶里程不超过15万公里。建立应急运输车辆技术档案制度，及时了解和掌握车辆的技术状况。应急运输车辆所属单位负责保持应急运输储备车辆处于良好的技术状况，并强化应急运输车辆的日常养护与保养工作。地方交通运输主管部门应结合所辖区域内突发事件的特征确定相应的应急运输装备，以满足不同种类的应急运输需求。

（3）应急运输人员。公路交通应急管理机构和执行应急运输保障单位按照相关标准确定从事应急运输的人员，包括现场管理人员、驾驶员、押运员和装卸员。应急运输人员年龄原则上控制在20~55岁，且要求身体健康、政治素质高、熟悉有关政策法规等。应急运输人员在执行应急运输任务时，由公路交通应急管理机构统一配发证件和必要的用品。

（4）应急运力的备案。建立相应的应急运力储备档案，包括运力单位、车辆及其吨（座）位数、类型、人员数量等，并上报上级公路交通应急管理机构备案。每年针对储备运力的技术状况、单位及人员变动情况进行审查，对运力储备及时进行调整、补充，及时上报上级应急管理机构更新备案。

此外，各级应急管理机构应根据属地的实际情况和突发事件特点，制订社会动员方案，明确动员的范围、组织程序、决策程序。在公路交通自有应急力量不能满足应急处置需求时，向同级人民政府提出动员社会力量协调人民解放军、武警部队参与应急处置工作的请求。

二、物资设备保障

应急物资设备储备体系包括国家公路交通应急物资储备和地方公路交通应急物资储备。应急物资包括公路抢通物资和救援物资两类。公路抢通物资主要包括沥青、碎石、砂石、水泥、钢桥、钢板、木材、编织袋、融雪剂、防滑料、吸油材料等；救援物资包括方便食品、饮水、防护衣物及装备、医药、照明、帐篷、燃料、安全标志、车辆防护器材及常用维修工具、应急救援车辆等。地方交通运输主管部门应采取社会租赁和购置相结合的方式，储备一定数量的机械，如挖掘机、装载机、平地机、撒布机、汽车起重机、清雪车、平板拖车、运油车、发电机和大功率移动式水泵等。

国家公路交通应急物资储备实行应急物资代储管理制度，由交通运输部负责监管，其物资调度和使用须经交通运输部同意。担负国家公路交通应急物资储备任务的省级交通运输主管部门为代储单位，负责具体建设与管理工作。

代储单位应对储备物资实行封闭式管理，专库存储，专人负责。要建立健全各项储备管理制度，包括物资台账和管理经费会计账等。储备物资入库、保管、出库等要有完备的凭证手续。代储单位应按照交通运输部的要求，对新购置入库物资进行数量和质量验收，并在验收工作完成后5个工作日内将验收入库情况上报路网中心。

地方公路交通运输主管部门应建立完善的各项应急物资管理规章制度，制定采购、储存、更新、调拨、回收各个工作环节的程序和规范，加强物资储备过程中的监管，防止储备物资设备被盗用、挪用、流失和失效，对各类物资及时予以补充和更新。

三、通信信息保障

建立和完善“统一管理、多网联动、快速响应、处理有效”的公路交通应急平台体系。公路交通应急平台体系包括交通运输部、省、市三级公路交通应急平台，以及依托中心城市辐射覆盖城乡基层的、面向公众的紧急信息接报平台和信息发布平台。各级公路交通应急平台根据公路交通领域突发公共事件信息的接报处理、跟踪反馈和应急处置等应急管理需要，实现与上下级公路交通应急平台的互联互通，具有风险隐患监测、综合预测预警、信息接报与发布、综合研判、辅助决策、指挥调度、异地会商、应急保障、应急评估、模拟演练和综合业务管理等功能，并能够及时向上级公路交通应急平台提供数据、图像等资料。公路交通应急平台的基本构成包括：应急指挥场所、移动应急平台、基础支撑系统、数据库系统、综合应用系统、信息接报与发布系统、安全保障体系和标准规范体系。

四、技术支撑与资金保障

在技术支撑方面，依托科研机构，加强应对公路交通突发事件技术支撑体系研究，建立突发事件管理技术的开发体系和储备机制；制订研发计划，借鉴国际先进经验，重点加强智能化的应急指挥通信技术装备、辅助决策技术装备、特种应急抢险技术装备的研制工作；开展预警、分析、评估模型研究，建立包括专家咨询、知识储备、应急预案、应急资源等内容的数据库。

在资金保障方面，公路交通应急保障所需的各项经费，应按照现行事权、财权划分原则分级负担，并按规定程序列入各级交通运输主管部门年度财政预算中。国家和地方公路交通专业应急队伍建设以及应急物资储备点的物资采购、运输、储存的相关费用，纳入各级财政预算。路网中心要根据每年开展宣传、教育、培训、演练等日常工作所需经费编列年度预算，报应急领导小组审批，并统一负责该项工作经费的管理与使用。对受突发事件影响较大和财政困难的地区，应省级交通运输主管部门请求，交通运输部根据实际情况给予适当支持。鼓励自然人、法人或者其他组织按照有关法律、法规的规定进行捐赠和援助。各级交通运输主管部门应建立有效的监管和评估体系，对公路交通突发事件应急保障资金的使用和效果进行监管和评估。

五、应急培训与演练

作为应急预案重要的实践要求，演练与培训为重要环节。在演练方面，路网中心负责协同有关部门制订应急演练计划并组织部省联合应急演练活动。地方公路应急管理机构要结合所辖区域实际，有计划、有重点地组织预案演练。在培训方面，路网中心会同有关部门组织编写统一的公路交通突发事件应急处置培训大纲和教材，编印各类通俗读本，做到图文并茂、通俗易懂、携带方便、快速查询，提高宣传与培训效果，并通过广播、电视、网络、报刊、图书等多种渠道，加强公路交通应急保障的宣传工作。各级交通运输主管部门应将应急宣传教育培训工作纳入日常管理工作并作为年度考核指标，定期开展应急培训工作。原则上，应急保障相关人员每两年应接受至少一次相关知识的培训，并依据培训记录和考试成绩实施应急人员的动态管理，提高公路交通应急保障人员的素质和专业技能。

应急预案的编制并非静态的，需要及时更新，路网中心会同有关部门定期对相关应急预案的执行情况进行检查，发现问题和提出改进意见，并根据实际情况的变化及时修订预案，上报国务院备案，并抄报有关部门。在具有下列情形时，预案应进行更新：①预案所依据的法律法规作出调整或修改，或国家出台新的应急管理相关法律法规；②原则上每两年组织一次应急预案的修订、完善；③根据日常应急演练和特别重大公路交通突发事件应急行动结束后取得的经验，对预案作出修改；④因机构改革需要对应急管理机构进行调整；⑤其他。公路交通应急抢险保通和应急运输保障队伍及物资的数据资料应每年更新一次。

地方交通运输主管部门应根据形势变化和实际需要，及时修订和更新相关应急预案。

第四节　道路交通安全事故应急处置与救援

一、分级响应

根据突发事件的响应需求程度不同，公路交通突发事件按照其可控性、严重程度和影响范围分为特别重大事件（Ⅰ级）、重大事件（Ⅱ级）、较大事件（Ⅲ级）和一般事件（Ⅳ级）四个等级。交通运输部负责Ⅰ级应急响应的启动和实施，省级交通运输主管部门负责Ⅱ级应急响应的启动和实施，市级交通运输主管部门负责Ⅲ级应急响应的启动和实施，县级交通运输主管部门负责Ⅳ级应急响应的启动和实施。特别重大事件（Ⅰ级）：对符合本预案公路交通Ⅰ级预警条件的公路交通突发事件或由国务院下达的紧急物资运输等事件，由应急领导小组予以确认，启动并实施本级公路交通应急响应，同时报送国务院备案。重大事件（Ⅱ级）：对符合本预案公路交通Ⅱ级预警条件的公路交通突发事件或由交通运输部下达的紧急物资运输等事件，由省级交通运输主管部门在省级人民政府的领导下予以确认，启动并实施本级公路交通应急响应，同时报送交通运输部备案。较大事件（Ⅲ级）：符合由省级交通运输主管部门确定的公路交通运输Ⅲ级预警条件的公路交通突发事件，由市级交通运输主管部门在市级人民政府的领导下，启动并实施本级公路交通应急响应，同时报送省级交通运输主管部门备案。一般事件（Ⅳ级）：符合由省级交通运输主管部门确定的公路交通运输Ⅳ级预警条件的公路交通突发事件，由县级交通运输主管部门在县级人民政府的领导下，启动并实施本级公路交通应急响应，同时报送市级交通运输主管部门备案。

除Ⅰ级预警或应急响应外，交通运输部根据突发事件的严重性、紧急程度、可控性、敏感程度、影响范围等，还负责处置如下突发事件：①根据路网中心的日常监测或对已启动的Ⅱ级应急响应事件的重点跟踪，已经发展为特别严重事件（Ⅰ级）或已引起国务院和公众特别关注的、交通运输部认为需要在不启动Ⅰ级应急响应的情况下予以协调处置的突发事件；②根据省级应急管理机构请求，需要交通运输部协调处置的突发事件；③按照国务院部署由交通运输部负责协助处置的突发事件。

二、响应启动程序

Ⅰ级响应时，交通运输部按下列程序和内容启动响应：①路网中心提出公路交通突发事件Ⅰ级应急响应启动建议；②应急领导小组在 2 h 内决定是否启动Ⅰ级应急响应，如同意启动，则正式签发Ⅰ级应急响应启动文件，报送国务院，并于 24 h 内召集面向国务院各相关部门、相关地方交通运输主管部门的电话或视频会议，由应急领导小组组长正式宣布启动Ⅰ级应急响应，并由新闻宣传小组负责向社会公布Ⅰ级应急响应文件；③Ⅰ级应急响应宣布后，应急领导小组根据需要指定成立现场工作组，赶赴现场指挥公路交通应急处置工作；④Ⅰ级应急响应宣布后，路网中心和各应急工作组立即启动 24 h 值班制，根据国家关于公路交通事故应急预案的有关规定开展应急工作。

各地应急部门可以参照Ⅰ级响应程序，结合本地区实际，自行确定Ⅱ、Ⅲ、Ⅳ级公路交通突发事件应急响应程序。需要有关应急力量支援时，及时向上一级公路交通应急管理机构提出请求。

三、信息报送与处理

在突发事故中，快速高效的信息传递有利于事故救援，建立部际信息快速通报与联动响应机制，明确各相关部门的应急日常管理机构名称和联络方式，确定不同类别预警与应急信息的通报部门，建立信息快速沟通渠道，规定各类信息的通报与反馈时限，形成较为完善的突发事件信息快速沟通机制。建立完善部省公路交通应急信息报送与联动机制，路网中心汇总上报的公路交通突发事件信息，及时向可能受影响的省（区、市）发布，并提供跨区域出行路况信息服务。

严重以上预警信息发布和应急响应启动后，事件所涉及的省级公路交通应急管理机构应当将进展情况及时上报路网中心，并按照“零报告”制度，形成每日情况简报。路网中心及时将进展信息汇总形成每日公路交通突发事件情况简报，上报应急领导小组，并通报各应急工作组。

信息报告内容包括：事件的类型、发生时间和地点、影响范围和程度、已采取的应急处置措施和成效。公路交通运输管理有关单位对发现或接到社会公众报告的公路交通突发事件，经核实后，应依据职责分工，立即组织调集力量开展应急处置工作，全力控制事态发展，并在 2 h 内向交通运输主管部门报告。

四、应急指挥与协调

在突发事件发生后，部门之间的协调尤为关键，主要涉及三个环节：其一，部省路网协调与指挥机制。当发生Ⅱ级以上公路交通突发事件时，路网中心和事发地公路交通应急管理机构均进入 24 h 应急值班状态，确保部省两级日常应急管理机构的信息畅通，建立交通运输部与相关省份省级交通运输主管部门之间的定期视频应急会商机制。路网中心协调各省级公路交通应急管理机构，科学实施跨区域公路网绕行分流措施，同时及时发布路况信息。其二，部门间协调机制。当发生Ⅰ级公路交通突发事件时，交通运输部与公安部等部门建立协调机制，按照职责分工，加强协作，共同开展应急处置工作。同时，指导地方公路交通应急管理机构建立与公安交警的联合调度指挥机制，实现路警“联合指挥、联合巡逻、联合执法、联合施救”。其三，现场指挥协调机制。现场工作组负责指导、协调Ⅰ级公路交通突发事件现场的应急处置工作，并及时收集、掌握相关信息，根据应急物资的特性及其分布、受灾地点、区域路网结构及其损坏程度、天气条件等，优化措施，研究备选方案，及时上报最新事态和运输保障情况。

五、应急物资调用与支援

当省级应急物资储备在数量、种类及时间、地理条件等受限制的情况下，需要调用国家公路交通应急物资储备时，由使用地省级公路交通应急管理机构提出申请，经应急领导小组同意，由路网中心下达国家公路交通应急物资调用指令，应急物资储备管理单位接到路网中心的调拨通知后，应在 48 h 内完成储备物资发运工作。在交通运输部协调下，建立省际应急资源互助机制，合理充分利用各省级应急物资储备和应急处置力量，以就近原则，统筹协调各地方应急力量支援行动。对于跨省应急力量的使用，各受援地方应当给予征用补偿。

六、应急响应终止程序

Ⅰ级应急响应终止时，交通运输部采取如下终止程序：①路网中心根据掌握的事件信息，确认公路交通恢复正常运行，公路交通突发事件平息，向应急领导小组提出Ⅰ级应急响应状态终止建议；②应急领导小组决定是否终止Ⅰ级应急响应状态，如同意终止，签发Ⅰ级应急响应终止文件，提出应急响应终止后续处理意见，并在 24 h 内向国务院及相关部门报送；③新闻宣传小组负责向社会宣布Ⅰ级应急响应结束，说明已经采取的措施和效果以及应急响应终止后将采取的各项措施。Ⅱ、Ⅲ、Ⅳ级应急响应终止程序由各级应急管理机构参照Ⅰ级应急响应终止程序，结合本地区特点，自行编制。

【本章重点】

1. 道路交通突发事件也称公路交通突发事件，是指由自然灾害等突发事件引发的造成或者可能造成公路以及重要客运枢纽出现中断、阻塞、重大人员伤亡、大量人员需要疏散、重大财产损失、生态环境破坏和严重社会危害，以及由于社会经济异常波动造成重要物资、旅客运输紧张需要交通运输部门提供应急运输保障的紧急事件。

2. 各类道路交通突发事件按照其性质、严重程度、可控性和影响范围等因素，一般分为四级：Ⅰ级（特别重大）、Ⅱ级（重大）、Ⅲ级（较大）和Ⅳ级（一般）。

3. 道路交通应急组织体系由国家级（交通运输部）、省级（省级交通运输主管部门）、市级（市级交通运输主管部门）和县级（县级交通运输主管部门）四级应急管理机构组成。国家级公路交通应急管理机构包括应急领导小组、应急工作组、日常管理机构、专家咨询组、现场工作组等。

4. 防范道路交通安全事故需要建立完善的动态监测系统，通过监测指标，即全方位的网络预警监视系统，敏感地发现可能出现道路交通安全事故的预警对象在运行中的异常状态，并及时反馈，进而加以评估，建立面向交通行业的气象灾害、地震、地质灾害等突发事件影响的预测、预警支持系统。

5. 各级交通运输主管部门按照“平急结合、因地制宜，分类建设、分级负责，统一指挥、协调运转”的原则建立公路交通突发事件应急队伍。

6. 应急物资设备储备体系包括国家公路交通应急物资储备和地方公路交通应急物资储备。应急物资包括公路抢通物资和救援物资两类。

7. 建立和完善“统一管理、多网联动、快速响应、处理有效”的公路交通应急平台体系。公路交通应急平台体系包括交通运输部、省、市三级公路交通应急平台，以及依托中心城市辐射覆盖城乡基层的、面向公众的紧急信息接报平台和信息发布平台。

8. 交通运输部负责Ⅰ级应急响应的启动和实施，省级交通运输主管部门负责Ⅱ级应急响应的启动和实施，市级交通运输主管部门负责Ⅲ级应急响应的启动和实施，县级交通运输主管部门负责Ⅳ级应急响应的启动和实施。

【课后习题】

1. 什么是道路交通安全突发事件，它是根据何种标准如何进行分级的？

2. 结合实例谈一谈我国道路交通安全事故能否适用《安全生产法》关于生产安全事故的规定。

3. 结合实例谈一谈道路交通安全事故应急救援程序。

第八章
消防法律制度

不受人们控制的火，必然会带来生命财产损失。火灾使我们蒙受巨大的灾难，而且这样的灾难似乎从来就没有断过。据统计，2020 年全国共接报火灾 25.2 万起，死亡 1183 人，受伤 775 人，直接财产损失 40.09 亿元。凡是火灾必有损失，火灾会造成财产损失、引发人员伤亡，甚至导致生态失衡，严重破坏环境。因此，学习并掌握必要的消防法律制度，全面提高全社会抵御和预防火灾的能力，才能有效地保护人民生命财产安全。

第一节　我国《消防法》的方针和原则

一、我国消防法律体系

（一）法律

《中华人民共和国消防法》（简称《消防法》）于 1998 年 4 月 29 日第九届全国人民代表大会常务委员会第二次会议通过，2008 年 10 月 28 日第十一届全国人民代表大会常务委员会第五次会议修订，根据 2019 年 4 月 23 日第十三届全国人民代表大会常务委员会第十次会议《关于修改〈中华人民共和国建筑法〉等八部法律的决定》修正，根据 2021 年 4 月 29 日第十三届全国人民代表大会常务委员会第二十八次会议《关于修改〈中华人民共和国道路交通安全法〉第八部法律的决定》第二次修正。

《中华人民共和国消防救援衔条例》于 2018 年 10 月 26 日第十三届全国人民代表大会常务委员会第六次会议通过，自 2018 年 10 月 27 日起施行。为加强国家综合性消防救援队伍正规化、专业化、职业化建设，增强消防救援人员的责任感、荣誉感和组织纪律性，有利于国家综合性消防救援队伍的指挥、管理和依法履行职责，根据宪法，制定该条例。

（二）行政法规

2018 年 11 月 6 日，国务院总理李克强签署第 705 号国务院令，公布《中华人民共和国消防救援衔标志式样和佩带办法》，自公布之日起施行。《中华人民共和国消防救援衔标志式样和佩带办法》是《中华人民共和国消防救援衔条例》的配套行政法规。出台这一办法，明确消防救援衔标志式样、规范佩带办法、严格制作管理，是消防救援衔制度建设的重要一环，对于增强消防救援队伍的使命感、荣誉感，加强队伍正规化建设，推进改革任务顺利完成都有重要意义。

（三）部门规章

依据《消防法》，承担消防安全管理的部门有应急管理部门、公安部门、住房和城乡建设部门等，这些部门制定了大量关于消防安全的部门规章。《消防法》修订之后颁布的部门规章主要有应急管理部制定的《社会消防技术服务管理规定》《高层民用建筑消防安全管理规定》以及住房和城乡建设部制定的《建设工程消防设计审查验收管理暂行规定》等。

二、《消防法》的方针

依据《消防法》第二条，我国消防工作贯彻预防为主、防消结合的方针。

（一）预防为主

预防为主是指把防火作为消防安全管理的指导思想，立足预防和动员，依靠各行业、各界人士，贯彻执行防火的行政、技术和组织措施，防止火灾发生和发展。只要从思想上、行政上和物质上加以贯彻执行，就可以掌握从根本上灭火的主动权。

（二）防消结合

防消结合是指扑救火灾的两种基本手段。预防与扑灭要有机结合、相辅相成、齐头并进，搞好消防队伍建设，积极做好思想、组织、技术上的防火准备，快速有效地灭火，减少人员伤亡和物质损失。加强公安消防队、企事业单位专职消防队和志愿消防队建设，通过搞好技术装备，加强消防基础设施建设，提高消防能力。防和消是不可分割的整体矛盾的主要方面，消是弥补防的不足，这是达到目的的两种手段，二者相辅相成、互为补充。在实际工作中应做到防中有消、消中有防，防与消必须紧密结合。任何重防轻消或者重消轻防都是片面的，只有正确、全面理解并贯彻预防为主、防消结合的方针，才能有效地同火灾作斗争。

三、《消防法》的基本原则

依据《消防法》第二条，我国消防工作实行政府统一领导、部门依法监管、单位全面负责、公民积极参与的原则。

（一）政府统一领导

国务院领导全国的消防工作。地方各级人民政府负责本行政区域内的消防工作。各级人民政府应当将消防工作纳入国民经济和社会发展计划，保障消防工作与经济社会发展相适应。

（二）部门依法监管

国务院应急管理部门对全国的消防工作实施监督管理。县级以上地方人民政府应急管理部门对本行政区域内的消防工作实施监督管理，并由本级人民政府消防救援机构负责实施。军事设施的消防工作由其主管单位监督管理，消防救援机构协助，矿井地下部分、核电厂、海上石油天然气设施的消防工作由其主管单位监督管理。县级以上人民政府其他有关部门在各自的职责范围内，依照《消防法》和其他相关法律、法规的规定做好消防工作。例如，对住房和城乡建设主管部门规定的特殊建设工程，建设单位应当将消防设计文件报送住房和城乡建设主管部门审查，住房和城乡建设主管部门依法对审查结果负责。法律、行政法规对森林、草原的消防工作另有规定的，从其规定。例如，《森林法》规定，地方各级人民政府负责本行政区域的森林防火工作，发挥群防作用；县级以上人民政府组织领导应急管理、林业、公安等部门按照职责分工密切配合做好森林火灾的科学预防、扑救和处置工作：①组织开展森林防火宣传活动，普及森林防火知识；②划定森林防火区，规定森林防火期；③设置防火设施，配备防灭火装备和物资；④建立森林火灾监测预警体系，及时消除隐患；⑤制定森林火灾应急预案，一旦发生森林火灾，立即组织扑救；⑥保障预防和扑救森林火灾所需费用。国家综合性消防救援队伍承担国家规定的森林火灾扑救任务和预防相关工作。

（三）单位全面负责

任何单位都有维护消防安全、保护消防设施、预防火灾、报告火警的义务。机关、团体、企业、事业等单位对本单位的消防安全全面负责，还应当加强对本单位人员的消防宣传教育。应急管理部门及消防救援机构应当加强消防法律、法规的宣传，并督促、指导、协助有关单位做好消防宣传教育工作。

（四）公民积极参与

消防安全事关每一个人、每一个家庭，因此需要全民参与，主要体现在：①任何个人都有维护消防安全、保护消防设施、预防火灾、报告火警的义务；②任何单位和成年人都有参加有组织的灭火工作的义务；③各级人民政府和有关部门应当组织开展经常性的消防宣传教育，提高公民的消防安全意识；村民委员会、居民委员会应当协助人民政府以及公安机关、应急管理等部门，加强消防宣传教育；④教育、人力资源行政主管部门和学校、有关职业培训机构应当将消防知识纳入教育、教学、培训内容；⑤新闻、广播、电视等有关单位，应当有针对性地面向社会进行消防宣传教育；⑥工会、中国共产主义青年团、妇女联合会等团体应当结合各自工作对象的特点，组织开展消防宣传教育。

第二节　火　灾　预　防

我国《消防法》等有关法律、行政法规、部门规章对火灾预防作了具体规定。我国实行消防安全责任制，单位要对本单位消防安全负责，政府要对本地区消防安全负责，有关部门对职责范围的消防安全负责。为落实消防责任制，依据《消防法》，政府及有关部门和单位要承担以下火灾预防责任。

一、从消防规划入手预防火灾

地方各级人民政府应当将包括消防安全布局、消防站、消防供水、消防通信、消防车通道、消防装备等内容的消防规划纳入城乡规划，并负责组织实施。

城乡消防安全布局不符合消防安全要求的，应当调整、完善，公共消防设施、消防装备不足或者不适应实际需要的，应当增建、改建、配置或者进行技术改造。

二、建设工程消防设计审查验收制度

建设工程的消防设计、施工必须符合国家工程建设消防技术标准。建设、设计、施工、工程监理等单位依法对建设工程的消防设计、施工质量负责。

为加强建设工程消防设计审查验收管理，保证建设工程消防设计、施工质量，根据《中华人民共和国建筑法》《中华人民共和国消防法》《建设工程质量管理条例》等法律、行政法规，国务院住房和城乡建设部制定了《建设工程消防设计审查验收管理暂行规定》。根据这些法律、法规、规章，我国对按照国家工程建设消防技术标准需要进行消防设计的建设工程（即特殊建设工程），实行建设工程消防设计审查验收制度，对其他建设工程的消防设计实施验收备案制度。

（一）建设工程消防设计审查验收的部门

国务院住房和城乡建设主管部门负责指导监督全国建设工程消防设计审查验收工作。县级以上地方人民政府住房和城乡建设主管部门（简称消防设计审查验收主管部门）依职责承担本行政区域内建设工程的消防设计审查、消防验收、备案和抽查工作。跨行政区域建设工程的消防设计审查、消防验收、备案和抽查工作，由该建设工程所在行政区域消防设计审查验收主管部门共同的上一级主管部门指定负责。

（二）有关单位的消防设计、施工质量责任和义务

建设单位依法对建设工程消防设计、施工质量负首要责任。设计、施工、工程监理、技术服务等单位依法对建设工程消防设计、施工质量负主体责任。建设、设计、施工、工程监理、技术服务等单位的从业人员依法对建设工程消防设计、施工质量承担相应的个人责任。

1. 建设单位的消防设计、施工质量责任和义务

建设单位应当履行下列消防设计、施工质量责任和义务：①不得明示或者暗示设计、施工、工程监理、技术服务等单位及其从业人员违反建设工程法律法规和国家工程建设消防技术标准，降低建设工程消防设计、施工质量；②依法申请建设工程消防设计审查、消防验收，办理备案并接受抽查；③实行工程监理的建设工程，依法将消防施工质量委托监理；④委托具有相应资质的设计、施工、工程监理单位；⑤按照工程消防设计要求和合同约定，选用合格的消防产品和满足防火性能要求的建筑材料、建筑构配件和设备；⑥组织有关单位进行建设工程竣工验收时，对建设工程是否符合消防要求进行查验；⑦依法及时向档案管理机构移交建设工程消防有关档案。

2. 设计单位的消防设计、施工质量责任和义务

设计单位应当履行下列消防设计、施工质量责任和义务：①按照建设工程法律法规和

国家工程建设消防技术标准进行设计，编制符合要求的消防设计文件，不得违反国家工程建设消防技术标准强制性条文；②在设计文件中选用的消防产品和具有防火性能要求的建筑材料、建筑构配件和设备，应当注明规格、性能等技术指标，符合国家规定的标准；③参加建设单位组织的建设工程竣工验收，对建设工程消防设计实施情况签章确认，并对建设工程消防设计质量负责。

3. 施工单位的消防设计、施工质量责任和义务

施工单位应当履行下列消防设计、施工质量责任和义务：①按照建设工程法律法规、国家工程建设消防技术标准，以及经消防设计审查合格或者满足工程需要的消防设计文件组织施工，不得擅自改变消防设计进行施工，降低消防施工质量；②按照消防设计要求、施工技术标准和合同约定检验消防产品和具有防火性能要求的建筑材料、建筑构配件和设备的质量，使用合格产品，保证消防施工质量；③参加建设单位组织的建设工程竣工验收，对建设工程消防施工质量签章确认，并对建设工程消防施工质量负责。

4. 工程监理单位的消防设计、施工质量责任和义务

工程监理单位应当履行下列消防设计、施工质量责任和义务：①按照建设工程法律法规、国家工程建设消防技术标准，以及经消防设计审查合格或者满足工程需要的消防设计文件实施工程监理；②在消防产品和具有防火性能要求的建筑材料、建筑构配件和设备使用、安装前，核查产品质量证明文件，不得同意使用或者安装不合格的消防产品和防火性能不符合要求的建筑材料、建筑构配件和设备；③参加建设单位组织的建设工程竣工验收，对建设工程消防施工质量签章确认，并对建设工程消防施工质量承担监理责任。

提供建设工程消防设计图纸技术审查、消防设施检测或者建设工程消防验收现场评定等服务的技术服务机构，应当按照建设工程法律法规、国家工程建设消防技术标准和国家有关规定提供服务，并对出具的意见或者报告负责。

（三）特殊建设工程的消防设计审查

1. 特殊建设工程的范围

具有下列情形之一的建设工程是特殊建设工程：①总建筑面积大于20000 m^2 的体育场馆、会堂，公共展览馆、博物馆的展示厅；②总建筑面积大于15000 m^2 的民用机场航站楼、客运车站候车室、客运码头候船厅；③总建筑面积大于10000 m^2 的宾馆、饭店、商场、市场；④总建筑面积大于2500 m^2 的影剧院，公共图书馆的阅览室，营业性室内健身、休闲场馆，医院的门诊楼，大学的教学楼、图书馆、食堂，劳动密集型企业的生产加工车间，寺庙、教堂；⑤总建筑面积大于1000 m^2 的托儿所、幼儿园的儿童用房，儿童游乐厅等室内儿童活动场所，养老院、福利院，医院、疗养院的病房楼，中小学校的教学楼、图书馆、食堂，学校的集体宿舍，劳动密集型企业的员工集体宿舍；⑥总建筑面积大于500 m^2 的歌舞厅、录像厅、放映厅、卡拉OK厅、夜总会、游艺厅、桑拿浴室、网吧、酒吧，具有娱乐功能的餐馆、茶馆、咖啡厅；⑦工程建设消防技术标准规定的一类高层住宅建筑；⑧城市轨道交通、隧道工程，大型发电、变配电工程；⑨生产、储存、装卸易燃易爆危险物品的工厂、仓库和专用车站、码头，易燃易爆气体和液体的充装站、供应站、调压站；⑩国家机关办公楼、电力调度楼、电信楼、邮政楼、防灾指挥调度楼、广播电视楼、档案楼；⑪设有本条第一项至第六项所列情形的建设工程；⑫本条第⑩项、第⑪项规定以外的单体建筑面积大于 40000 m^2 或者建筑高度超过 50 m 的公共建筑。

2. 对特殊建设工程实行消防设计审查制度

我国对特殊建设工程实行消防设计审查制度。特殊建设工程的建设单位应当向消防设计审查验收主管部门申请消防设计审查，消防设计审查验收主管部门依法对审查的结果负责。特殊建设工程未经消防设计审查或者审查不合格的，建设单位、施工单位不得施工。

1）建设单位申请消防设计审查应当提交的材料

①消防设计审查申请表；②消防设计文件；③依法需要办理建设工程规划许可的，应当提交建设工程规划许可文件；④依法需要批准的临时性建筑，应当提交批准文件。

特殊建设工程具有下列情形之一的，建设单位除提交上述所列材料外，还应当同时提交特殊消防设计技术资料：①国家工程建设消防技术标准没有规定，必须采用国际标准或者境外工程建设消防技术标准的；②消防设计文件拟采用的新技术、新工艺、新材料不符合国家工程建设消防技术标准规定的。特殊消防设计技术资料，应当包括特殊消防设计文件，设计采用的国际标准、境外工程建设消防技术标准的中文文本，以及有关的应用实例、产品说明等资料。

2）申请材料的审查

消防设计审查验收主管部门收到建设单位提交的消防设计审查申请后，对申请材料齐全的，应当出具受理凭证；申请材料不齐全的，应当一次性告知需要补正的全部内容。实行施工图设计文件联合审查的，应当将建设工程消防设计的技术审查并入联合审查。

3）申请材料的评审

需要提交特殊消防设计技术资料的建设项目消防设计审查采取专家评审方式。消防设计审查验收主管部门应当自受理消防设计审查申请之日起 5 个工作日内，将申请材料报送省、自治区、直辖市人民政府住房和城乡建设主管部门组织专家评审。省、自治区、直辖市人民政府住房和城乡建设主管部门应当建立由具有工程消防、建筑等专业高级技术职称人员组成的专家库，制定专家库管理制度。省、自治区、直辖市人民政府住房和城乡建设主管部门应当在收到申请材料之日起 10 个工作日内组织召开专家评审会，对建设单位提交的特殊消防设计技术资料进行评审。评审专家从专家库随机抽取，对于技术复杂、专业性强或者国家有特殊要求的项目，可以直接邀请相应专业的中国科学院院士、中国工程院院士、全国工程勘察设计大师以及境外具有相应资历的专家参加评审，与特殊建设工程设计单位有利害关系的专家不得参加评审。

评审专家应当符合相关专业要求，总数不得少于 7 人，且独立出具评审意见。特殊消防设计技术资料经 3/4 以上评审专家同意即为评审通过，评审专家有不同意见的，应当注明。省、自治区、直辖市人民政府住房和城乡建设主管部门应当将专家评审意见，书面通知报请评审的消防设计审查验收主管部门，同时报国务院住房和城乡建设主管部门备案。

消防设计审查验收主管部门应当自受理消防设计审查申请之日起 15 个工作日内出具书面审查意见。依照本规定需要组织专家评审的，专家评审时间不超过 20 个工作日。

4）审查结果

对符合下列条件的，消防设计审查验收主管部门应当出具消防设计审查合格意见：①申请材料齐全、符合法定形式；②设计单位具有相应资质；③消防设计文件符合国家工程建设消防技术标准（需要提交特殊消防设计技术资料的，要通过专家评审）。对不符合规定条件的，消防设计审查验收主管部门应当出具消防设计审查不合格意见，并说明理由。

建设、设计、施工单位不得擅自修改经审查合格的消防设计文件。确需修改的，建设单位应当依照《建设工程消防设计审查验收管理暂行规定》重新申请消防设计审查。

（四）特殊建设工程的消防验收

1. 特殊建设工程实行消防验收制度

我国对特殊建设工程实行消防验收制度。特殊建设工程竣工验收后，建设单位应当向消防设计审查验收主管部门申请消防验收，未经消防验收或者消防验收不合格的，禁止投入使用。

2. 建设单位的查验

建设单位组织竣工验收时，应当对建设工程是否符合下列要求进行查验：①完成工程消防设计和合同约定的消防各项内容；②有完整的工程消防技术档案和施工管理资料（含涉及消防的建筑材料、建筑构配件和设备的进场试验报告）；③建设单位对工程涉及消防的各分部分项工程验收合格。施工、设计、工程监理、技术服务等单位确认工程消防质量符合有关标准；④消防设施性能、系统功能联调联试等内容检测合格。经查验不符合规定的建设工程，建设单位不得编制工程竣工验收报告。

3. 提交验收材料

建设单位申请消防验收，应当提交下列材料：①消防验收申请表；②工程竣工验收报告；③涉及消防的建设工程竣工图纸。消防设计审查验收主管部门收到建设单位提交的消防验收申请后，对申请材料齐全的，应当出具受理凭证；申请材料不齐全的，应当一次性告知需要补正的全部内容。

4. 现场评定

消防设计审查验收主管部门受理消防验收申请后，应当按照国家有关规定，对特殊建设工程进行现场评定。现场评定包括对建筑物防（灭）火设施的外观进行现场抽样查看；通过专业仪器设备对涉及距离、高度、宽度、长度、面积、厚度等可测量的指标进行现场抽样测量；对消防设施的功能进行抽样测试、联调联试消防设施的系统功能等内容。

5. 出具验收意见

消防设计审查验收主管部门应当自受理消防验收申请之日起 15 日内出具消防验收意见。对符合下列条件的，应当出具消防验收合格意见：①申请材料齐全、符合法定形式；

②工程竣工验收报告内容完备；③涉及消防的建设工程竣工图纸与经审查合格的消防设计文件相符；④现场评定结论合格。对不符合规定条件的，消防设计审查验收主管部门应当出具消防验收不合格意见，并说明理由。

实行规划、土地、消防、人防、档案等事项联合验收的建设工程，消防验收意见由地方人民政府指定的部门统一出具。

（五）其他建设工程的消防设计、备案与抽查

1. 其他建设工程的消防设计

其他建设工程，建设单位申请施工许可或者申请批准开工报告时，应当提供满足施工需要的消防设计图纸及技术资料。未提供满足施工需要的消防设计图纸及技术资料的，有关部门不得发放施工许可证或者批准开工报告。

2. 其他建设工程实行备案抽查制度

我国对其他建设工程实行备案抽查制度。其他建设工程经依法抽查不合格的，应当停止使用。

其他建设工程竣工验收合格之日起 5 个工作日内，建设单位应当报消防设计审查验收主管部门备案。建设单位办理备案，应当提交下列材料：①消防验收备案表；②工程竣工验收报告；③涉及消防的建设工程竣工图纸。

消防设计审查验收主管部门收到建设单位备案材料后，对备案材料齐全的，应当出具备案凭证；备案材料不齐全的，应当一次性告知需要补正的全部内容。

消防设计审查验收主管部门应当对备案的其他建设工程进行抽查。抽查工作推行“双随机、一公开”制度，随机抽取检查对象，随机选派检查人员。抽取比例由省、自治区、直辖市人民政府住房和城乡建设主管部门，结合辖区内消防设计、施工质量情况确定，并向社会公示。

消防设计审查验收主管部门应当自其他建设工程被确定为检查对象之日起 15 个工作日内，按照建设工程消防验收有关规定完成检查，制作检查记录。检查结果应当通知建设单位，并向社会公示。

建设单位收到检查不合格整改通知后，应当停止使用建设工程，并组织整改，整改完成后，向消防设计审查验收主管部门申请复查。

消防设计审查验收主管部门应当自收到书面申请之日起 7 个工作日内进行复查，并出具复查意见。复查合格后方可使用建设工程。

三、消防安全检查制度

公众聚集场所在投入使用、营业前，建设单位或者使用单位应当向场所所在地的县级以上地方人民政府消防救援机构申请消防安全检查。消防救援机构应当自受理申请之日起 10 个工作日内，根据消防技术标准和管理规定，对该场所进行消防安全检查。未经消防安全检查或者经检查不符合消防安全要求的，不得投入使用、营业。

四、单位的消防安全职责

机关、团体、企业、事业等单位应当履行下列消防安全职责：①落实消防安全责任制，制定本单位的消防安全制度、消防安全操作规程，制定灭火和应急疏散预案；②按照国家标准、行业标准配置消防设施、器材，设置消防安全标志，并定期组织检验、维修，确保完好有效；③对建筑消防设施每年至少进行一次全面检测，确保完好有效，检测记录应当完整准确，存档备查；④保障疏散通道、安全出口、消防车通道畅通，保证防火防烟分区、防火间距符合消防技术标准；⑤组织防火检查，及时消除火灾隐患；⑥组织进行有针对性的消防演练；⑦法律、法规规定的其他消防安全职责。单位的主要负责人是本单位的消防安全责任人。

五、消防重点单位的消防安全职责

县级以上地方人民政府消防救援机构应当将发生火灾可能性较大以及发生火灾可能造成重大人身伤亡或者财产损失的单位，确定为本行政区域内的消防安全重点单位，并由应急管理部门本级人民政府备案。消防安全重点单位除应当履行上述职责外，还应当履行下列消防安全职责：①确定消防安全管理人，组织实施本单位的消防安全管理工作；②建立消防档案，确定消防安全重点部位，设置防火标志，实行严格管理；③实行每日防火巡查，并建立巡查记录；④对职工进行岗前消防安全培训，定期组织消防安全培训和消防演练。

六、建筑物消防安全

同一建筑物由两个以上单位管理或者使用的，应当明确各方的消防安全责任，并确定责任人对共用的疏散通道、安全出口、建筑消防设施和消防车通道进行统一管理。住宅区的物业服务企业应当对管理区域内的共用消防设施进行维护管理，提供消防安全防范服务。为了加强高层民用建筑消防安全管理，预防火灾和减少火灾危害，根据《中华人民共和国消防法》等法律、行政法规和国务院有关规定，应急管理部制定了《高层民用建筑消防安全管理规定》。

高层民用建筑消防安全管理贯彻预防为主、防消结合的方针，实行消防安全责任制。建筑高度超过 100 m 的高层民用建筑应当实行更加严格的消防安全管理。

（一）高层民用建筑消防安全职责

1. 消防安全责任主体

高层民用建筑的业主、使用人是高层民用建筑消防安全责任主体，对高层民用建筑的消防安全负责。高层民用建筑的业主、使用人是单位的，其法定代表人或者主要负责人是本单位的消防安全责任人。高层民用建筑的业主、使用人可以委托物业服务企业或者消防技术服务机构等专业服务单位（简称消防服务单位）提供消防安全服务，并应当在服务合同中约定消防安全服务的具体内容。

同一高层民用建筑有两个及以上业主、使用人的，各业主、使用人对其专有部分的消防安全负责，对共有部分的消防安全共同负责。

同一高层民用建筑有两个及以上业主、使用人的，应当共同委托物业服务企业，或者明确一个业主、使用人作为统一管理人，对共有部分的消防安全实行统一管理，协调、指导业主、使用人共同做好整栋建筑的消防安全工作，并通过书面形式约定各方消防安全责任。

高层民用建筑以承包、租赁或者委托经营、管理等形式交由承包人、承租人、经营管理人使用的，当事人在订立承包、租赁、委托管理等合同时，应当明确各方消防安全责任。委托方、出租方依照法律规定，可以对承包方、承租方、受托方的消防安全工作统一协调、管理。实行承包、租赁或者委托经营、管理时，业主应当提供符合消防安全要求的建筑物，督促使用人加强消防安全管理。

2. 高层公共建筑的业主单位、使用单位消防安全职责

高层公共建筑的业主单位、使用单位应当履行下列消防安全职责：①遵守消防法律法规，建立和落实消防安全管理制度；②明确消防安全管理机构或者消防安全管理人员；③组织开展防火巡查、检查，及时消除火灾隐患；④确保疏散通道、安全出口、消防车通道畅通；⑤对建筑消防设施、器材定期进行检验、维修，确保完好有效；⑥组织消防宣传教育培训，制定灭火和应急疏散预案，定期组织消防演练；⑦按照规定建立专职消防队、志愿消防队（微型消防站）等消防组织；⑧法律、法规规定的其他消防安全职责。

委托物业服务企业，或者明确统一管理人实施消防安全管理的，物业服务企业或者统一管理人应当按照约定履行前款规定的消防安全职责，业主单位、使用单位应当督促并配合物业服务企业或者统一管理人做好消防安全工作。

3. 消防安全管理人

高层公共建筑的业主、使用人、物业服务企业或者统一管理人应当明确专人担任消防安全管理人，负责整栋建筑的消防安全管理工作，并在建筑显著位置公示其姓名、联系方式和消防安全管理职责。高层公共建筑的消防安全管理人应当履行下列消防安全管理职责：①拟订年度消防工作计划，组织实施日常消防安全管理工作；②组织开展防火检查、巡查和火灾隐患整改工作；③组织实施对建筑共用消防设施设备的维护保养；④管理专职消防队、志愿消防队（微型消防站）等消防组织；⑤组织开展消防安全的宣传教育和培训；⑥组织编制灭火和应急疏散综合预案并开展演练。

高层公共建筑的消防安全管理人应当具备与其职责相适应的消防安全知识和管理能力。对建筑高度超过 100 m 的高层公共建筑，鼓励有关单位聘用相应级别的注册消防工程师或者相关工程类中级及以上专业技术职务的人员担任消防安全管理人。

4. 高层住宅建筑的业主、使用人的消防安全义务

高层住宅建筑的业主、使用人应当履行下列消防安全义务：①遵守住宅小区防火安全公约和管理规约约定的消防安全事项；②按照不动产权属证书载明的用途使用建筑；③配合消防服务单位做好消防安全工作；④按照法律规定承担消防服务费用以及建筑消防设施维修、更新和改造的相关费用；⑤维护消防安全，保护消防设施，预防火灾，报告火警，成年人参加有组织的灭火工作；⑥法律、法规规定的其他消防安全义务。

5. 接受委托的高层住宅建筑的物业服务企业的消防安全职责

接受委托的高层住宅建筑的物业服务企业应当依法履行下列消防安全职责：①落实消防安全责任，制定消防安全制度，拟订年度消防安全工作计划和组织保障方案；②明确具体部门或者人员负责消防安全管理工作；③对管理区域内的共用消防设施、器材和消防标志定期进行检测、维护保养，确保完好有效；④组织开展防火巡查、检查，及时消除火灾隐患；⑤保障疏散通道、安全出口、消防车通道畅通，对占用、堵塞、封闭疏散通道、安全出口、消防车通道等违规行为予以制止；制止无效的，及时报告消防救援机构等有关行政管理部门依法处理；⑥督促业主、使用人履行消防安全义务；⑦定期向所在住宅小区业主委员会和业主、使用人通报消防安全情况，提示消防安全风险；⑧组织开展经常性的消防宣传教育；⑨制定灭火和应急疏散预案，并定期组织演练；⑩法律、法规规定和合同约定的其他消防安全职责。

6. 其他主体对高层民用建筑内由其管理的设施设备的消防安全负责

供水、供电、供气、供热、通信、有线电视等专业运营单位依法对高层民用建筑内由其管理的设施设备消防安全负责，并定期进行检查和维护。

7. 对高层民用建筑的消防监督检查

消防救援机构和其他负责消防监督检查的机构依法对高层民用建筑进行消防监督检查，督促业主、使用人、受委托的消防服务单位等落实消防安全责任；对监督检查中发现的火灾隐患，通知有关单位或者个人立即采取措施消除隐患。消防救援机构应当加强高层民用建筑消防安全法律、法规的宣传，督促、指导有关单位做好高层民用建筑消防安全宣传教育工作。

村民委员会、居民委员会应当依法组织制定防火安全公约，对高层民用建筑进行防火安全检查，协助人民政府和有关部门加强消防宣传教育；对老年人、未成年人、残疾人等开展有针对性的消防宣传教育，加强消防安全帮扶。

（二）高层民用建筑的消防安全管理

1. 施工期间的消防安全管理

高层民用建筑施工期间，建设单位应当与施工单位明确施工现场的消防安全责任。施工期间应当严格落实现场防范措施，配置消防器材，指定专人监护，采取防火分隔措施，不得影响其他区域的人员安全疏散和建筑消防设施的正常使用。

高层民用建筑的业主、使用人不得擅自变更建筑使用功能、改变防火防烟分区，不得违反消防技术标准使用易燃、可燃装修装饰材料。

2. 动火作业的安全管理

高层民用建筑的业主、使用人或者物业服务企业、统一管理人应当对动用明火作业实行严格的消防安全管理，不得在具有火灾、爆炸危险的场所使用明火；因施工等特殊情况需要进行电焊、气焊等明火作业的，应当按照规定办理动火审批手续，落实现场监护人，配备消防器材，并在建筑主入口和作业现场显著位置公告。作业人员应当依法持证上岗，严格遵守消防安全规定，清除周围及下方的易燃、可燃物，采取防火隔离措施。作业完毕，应当进行全面检查，消除遗留火种。

高层公共建筑内的商场、公共娱乐场所不得在营业期间动火施工。高层公共建筑内应当确定禁火禁烟区域，并设置明显标志。

3. 高层民用建筑内电器设备的安全管理

高层民用建筑内电器设备的安装使用及其线路敷设、维护保养和检测应当符合消防技术标准及管理规定。高层民用建筑业主、使用人或者消防服务单位，应当安排专业机构或者电工定期对管理区域内由其管理的电器设备及线路进行检查；对不符合安全要求的，应当及时维修、更换。

4. 高层民用建筑内燃气用具的安全管理

高层民用建筑内燃气用具的安装使用及其管路敷设、维护保养和检测应当符合消防技术标准及管理规定。禁止违反燃气安全使用规定，擅自安装、改装、拆除燃气设备和用具。高层民用建筑使用燃气应当采用管道供气方式。禁止在高层民用建筑地下部分使用液化石油气。

5. 设有建筑外墙外保温系统的高层民用建筑的安全管理

设有建筑外墙外保温系统的高层民用建筑，其管理单位应当在主入口及周边相关显著位置，设置提示性和警示性标识，标示外墙外保温材料的燃烧性能、防火要求。对高层民用建筑外墙外保温系统破损、开裂和脱落的，应当及时修复。高层民用建筑在进行外墙外保温系统施工时，建设单位应当采取必要的防火隔离以及限制住人和使用的措施，确保建筑内人员安全。

6. 高层民用建筑消防安全禁止事项

（1）禁止使用易燃、可燃材料作为高层民用建筑外墙外保温材料；禁止在其建筑内及周边禁放区域燃放烟花爆竹；禁止在其外墙周围堆放可燃物；对于使用难燃外墙外保温材料或者采用与基层墙体、装饰层之间有空腔的建筑外墙外保温系统的高层民用建筑，禁止在其外墙动火用电。

（2）禁止在高层民用建筑内违反国家规定生产、储存、经营甲、乙类火灾危险性物品。

（3）高层民用建筑的电缆井、管道井等竖向管井和电缆桥架应当在每层楼板处进行防火封堵，管井检查门应当采用防火门。禁止占用电缆井、管道井，或者在电缆井、管道井等竖向管井堆放杂物。

（4）高层民用建筑的户外广告牌、外装饰不得采用易燃、可燃材料，不得妨碍防烟排烟、逃生和灭火救援，不得改变或者破坏建筑立面防火结构。禁止在高层民用建筑外窗设置影响逃生和灭火救援的障碍物。建筑高度超过 50 m 的高层民用建筑外墙上设置的装饰、广告牌应当采用不燃材料并易于破拆。

（5）禁止在消防车通道、消防车登高操作场地设置构筑物、停车泊位、固定隔离桩等障碍物。禁止在消防车通道上方、登高操作面设置妨碍消防车作业的架空管线、广告牌、装饰物等障碍物。

（6）除为满足高层民用建筑的使用功能所设置的自用物品暂存库房、档案室和资料室等附属库房外，禁止在高层民用建筑内设置其他库房。

（7）高层民用建筑内的锅炉房、变配电室、空调机房、自备发电机房、储油间、消防水泵房、消防水箱间、防排烟风机房等设备用房应当按照消防技术标准设置，确定为消防安全重点部位，设置明显的防火标志，实行严格管理，并不得占用和堆放杂物。

（8）禁止圈占、遮挡消火栓，禁止在消火栓箱内堆放杂物，禁止在防火卷帘下堆放物品。

（9）禁止占用高层民用建筑避难层（间）和避难走道或者堆放杂物，禁止锁闭避难层（间）和避难走道出入口。

（10）禁止在高层民用建筑公共门厅、疏散走道、楼梯间、安全出口停放电动自行车或者为电动自行车充电。

7. 24 h 值班制度

高层民用建筑消防控制室应当由其管理单位实行 24 h 值班制度，每班不应少于 2 名值班人员。消防控制室值班操作人员应当依法取得相应等级的消防行业特有工种职业资格证书，熟练掌握火警处置程序和要求，按照有关规定检查自动消防设施、联动控制设备运行情况，确保其处于正常工作状态。消防控制室内应当保存高层民用建筑总平面布局图、平面布置图和消防设施系统图及控制逻辑关系说明、建筑消防设施维修保养记录和检测报告等资料。

8. 消防队伍建设

高层公共建筑内有关单位、高层住宅建筑所在社区居民委员会或者物业服务企业按照规定建立的专职消防队、志愿消防队（微型消防站）等消防组织，应当配备必要的人员、场所和器材、装备，定期进行消防技能培训和演练，开展防火巡查、消防宣传，及时处置、扑救初起火灾。

9. 配备应急器材

高层公共建筑的业主、使用人应当按照国家标准、行业标准配备灭火器材以及自救呼吸器、逃生缓降器、逃生绳等逃生疏散设施器材。高层住宅建筑应当在公共区域的显著位置摆放灭火器材，有条件的配置自救呼吸器、逃生绳、救援哨、疏散用手电筒等逃生疏散设施器材。鼓励高层住宅建筑的居民家庭制定火灾疏散逃生计划，并配置必要的灭火和逃生疏散器材。

10. 高层民用建筑每日防火巡查制度

高层民用建筑应当进行每日防火巡查，并填写巡查记录。其中，高层公共建筑内公众聚集场所在营业期间应当至少每 2 h 进行一次防火巡查，医院、养老院、寄宿制学校、幼儿园应当进行白天和夜间防火巡查，高层住宅建筑和高层公共建筑内的其他场所可以结合实际确定防火巡查的频次。防火巡查应当包括下列内容：①用火、用电、用气有无违章情况；②安全出口、疏散通道、消防车通道畅通情况；③消防设施、器材完好情况，常闭式防火门关闭情况；④消防安全重点部位人员在岗在位等情况。

11. 高层住宅建筑的防火检查

高层住宅建筑应当每月至少开展一次防火检查，高层公共建筑应当每半个月至少开展一次防火检查，并填写检查记录。防火检查应当包括下列内容：①安全出口和疏散设施情况；②消防车通道、消防车登高操作场地和消防水源情况；③灭火器材配置及有效情况；④用火、用电、用气和危险品管理制度落实情况；⑤消防控制室值班和消防设施运行情况；⑥人员教育培训情况；⑦重点部位管理情况；⑧火灾隐患整改以及防范措施的落实等情况。

对防火巡查、检查发现的火灾隐患，高层民用建筑的业主、使用人、受委托的消防服务单位应当立即采取措施予以整改。对不能当场改正的火灾隐患，应当明确整改责任、期限，落实整改措施，整改期间应当采取临时防范措施，确保消防安全；必要时，应当暂时停止使用危险部位。

12. 消防安全评估

高层民用建筑的业主、使用人或者消防服务单位、统一管理人应当每年至少组织开展一次整栋建筑的消防安全评估。消防安全评估报告应当包括存在的消防安全问题、火灾隐患以及改进措施等内容。

（三）高层公共建筑消防宣传教育和灭火疏散预案

1. 宣传教育

高层公共建筑内的单位应当每半年至少对员工开展一次消防安全教育培训。高层公共建筑内的单位应当对本单位员工进行上岗前消防安全培训，并对消防安全管理人员、消防控制室值班人员和操作人员、电工、保安员等重点岗位人员组织专门培训。高层住宅建筑的物业服务企业应当每年至少对居住人员进行一次消防安全教育培训,进行一次疏散演练。

2. 安全疏散示意图等设置要醒目

高层民用建筑应当在每层的显著位置张贴安全疏散示意图，公共区域电子显示屏应当播放消防安全提示和消防安全知识。

高层公共建筑还应当在首层显著位置提示公众注意火灾危险，以及安全出口、疏散通道和灭火器材的位置。

高层住宅小区还应当在显著位置设置消防安全宣传栏，在高层住宅建筑单元入口处提示安全用火、用电、用气，以及电动自行车存放、充电等消防安全常识。

3. 灭火疏散预案及演练

高层民用建筑应当结合场所特点，分级分类编制灭火和应急疏散预案。规模较大或者功能业态复杂，且有两个及以上业主、使用人或者多个职能部门的高层公共建筑，有关单位应当编制灭火和应急疏散总预案，各单位或者职能部门应当根据场所、功能分区、岗位实际编制专项灭火和应急疏散预案或者现场处置方案（简称分预案）。

灭火和应急疏散预案应当明确应急组织机构，确定承担通信联络、灭火、疏散和救护任务的人员及其职责，明确报警、联络、灭火、疏散等处置程序和措施。

高层民用建筑的业主、使用人、受委托的消防服务单位应当结合实际，按照灭火和应急疏散总预案和分预案分别组织实施消防演练。

高层民用建筑应当每年至少进行一次全要素综合演练，建筑高度超过 100 m 的高层公共建筑应当每半年至少进行一次全要素综合演练。编制分预案的，有关单位和职能部门应当每季度至少进行一次综合演练或者专项灭火、疏散演练。

演练前，有关单位应当告知演练范围内的人员并进行公告；演练时，应当设置明显标识；演练结束后，应当进行总结评估，并及时对预案进行修订和完善。

七、有关场所、活动消防安全管理

（一）易燃易爆危险品的场所安全管理

生产、储存、经营易燃易爆危险品的场所不得与居住场所设置在同一建筑物内，并应当与居住场所保持安全距离。生产、储存、经营其他物品的场所与居住场所设置在同一建筑物内的，应当符合国家工程建设消防技术标准。

（二）举办大型群众性活动的消防安全管理

举办大型群众性活动，承办人应当依法向公安机关申请安全许可，制定灭火和应急疏散预案并组织演练，明确消防安全责任分工，确定消防安全管理人员，保持消防设施和消防器材配置齐全、完好有效，保证疏散通道、安全出口、疏散指示标志、应急照明和消防车通道符合消防技术标准和管理规定。

（三）具有火灾、爆炸危险的场所消防安全管理

禁止在具有火灾、爆炸危险的场所吸烟、使用明火。因施工等特殊情况需要使用明火作业的，应当按照规定事先办理审批手续，采取相应的消防安全措施；作业人员应当遵守消防安全规定。进行电焊、气焊等具有火灾危险作业的人员和自动消防系统的操作人员，必须持证上岗，并遵守消防安全操作规程。

（四）生产、储存、装卸易燃易爆危险品场所的消防安全管理

生产、储存、装卸易燃易爆危险品的工厂、仓库和专用车站、码头的设置，应当符合消防技术标准。易燃易爆气体和液体的充装站、供应站、调压站，应当设置在符合消防安全要求的位置，并符合防火防爆要求。

已经设置的生产、储存、装卸易燃易爆危险品的工厂、仓库和专用车站、码头，易燃易爆气体和液体的充装站、供应站、调压站，不再符合前款规定的，地方人民政府应当组

织、协调有关部门、单位限期解决，消除安全隐患。

进入生产、储存易燃易爆危险品的场所，必须执行消防安全规定。禁止非法携带易燃易爆危险品进入公共场所或者乘坐公共交通工具。

储存可燃物资仓库的管理，必须执行消防技术标准和管理规定。

八、消防产品、设施设备管理

（一）消防产品要符合国家标准、行业标准

消防产品必须符合国家标准；没有国家标准的，必须符合行业标准。禁止生产、销售或者使用不合格的消防产品以及国家明令淘汰的消防产品。

依法实行强制性产品认证的消防产品，由具有法定资质的认证机构按照国家标准、行业标准的强制性要求认证合格后，方可生产、销售、使用。实行强制性产品认证的消防产品目录，由国务院应急管理部门制定并公布。

新研制的尚未制定国家标准、行业标准的消防产品，应当按照国务院应急管理部门规定的办法，经技术鉴定符合消防安全要求的，方可生产、销售、使用。

依照规定经强制性产品认证合格或者技术鉴定合格的消防产品，国务院应急管理部门应当予以公布。

（二）消防设施、设备的保护

任何单位、个人不得损坏、挪用或者擅自拆除、停用消防设施、器材，不得埋压、圈占、遮挡消火栓或者占用防火间距，不得占用、堵塞、封闭疏散通道、安全出口、消防车通道。人员密集场所的门窗不得设置影响逃生和灭火救援的障碍物。

（三）消防设施设备的维护

负责公共消防设施维护管理的单位，应当保持消防供水、消防通信、消防车通道等公共消防设施的完好有效。在修建道路以及停电、停水、截断通信线路时有可能影响消防队灭火救援的，有关单位必须事先通知当地消防救援机构。

九、装修、装饰以及电器产品、燃气用具应符合消防安全要求

建筑构件、建筑材料和室内装修、装饰材料的防火性能必须符合国家标准；没有国家标准的，必须符合行业标准。人员密集场所室内装修、装饰，应当按照消防技术标准的要求，使用不燃、难燃材料。

电器产品、燃气用具的产品标准，应当符合消防安全的要求。电器产品、燃气用具的安装、使用及其线路、管路的设计、敷设、维护保养、检测，必须符合消防技术标准和管理规定。

十、消防安全监督检查

产品质量监督部门、工商行政管理部门、消防救援机构应当按照各自职责加强对消防

产品质量的监督检查。地方各级人民政府应当加强对农村消防工作的领导，采取措施加强公共消防设施建设，组织建立和督促落实消防安全责任制。在农业收获季节、森林和草原防火期间、重大节假日期间以及火灾多发季节，地方各级人民政府应当组织开展有针对性的消防宣传教育，采取防火措施，进行消防安全检查。乡镇人民政府、城市街道办事处应当指导、支持和帮助村民委员会、居民委员会开展群众性的消防工作。村民委员会、居民委员会应当确定消防安全管理人，组织制定防火安全公约，进行防火安全检查。

第三节 消 防 组 织

各级人民政府应当加强消防组织建设，根据经济社会发展的需要，建立多种形式的消防组织，加强消防技术人才培养，增强火灾预防、扑救和应急救援的能力。依据《消防法》《消防救援衔条例》，我国消防组织的形式包括国家综合性消防救援队、专职消防队、志愿消防队。

一、国家综合性消防救援队、专职消防队及其职责

县级以上地方人民政府应当按照国家规定建立国家综合性消防救援队、专职消防队，并按照国家标准配备消防装备，承担火灾扑救工作。

国家综合性消防救援队、专职消防队按照国家规定承担重大灾害事故和其他以抢救人员生命为主的应急救援工作。

国家综合性消防救援队、专职消防队应当充分发挥火灾扑救和应急救援专业力量的骨干作用；按照国家规定，组织实施专业技能训练，配备并维护保养装备器材，提高火灾扑救和应急救援的能力。

专职消防队的建立，应当符合国家有关规定，并报当地消防救援机构验收。专职消防队的队员依法享受社会保险和福利待遇。

二、乡镇人民政府设立的消防组织

乡镇人民政府应当根据当地经济发展和消防工作的需要，建立专职消防队、志愿消防队，承担火灾扑救工作。

三、单位消防组织

下列单位应当建立单位专职消防队，承担本单位的火灾扑救工作：①大型核设施单位、大型发电厂、民用机场、主要港口；②生产、储存易燃易爆危险品的大型企业；③储备可燃的重要物资的大型仓库、基地；④上述以外的火灾危险性较大、距离国家综合性消防救援队较远的其他大型企业；⑤距离国家综合性消防救援队较远、被列为全国重点文物保护单位的古建筑群的管理单位。

四、志愿消防队

机关、团体、企业、事业等单位以及村民委员会、居民委员会根据需要，建立志愿消防队等多种形式的消防组织，开展群众性自防自救工作。

消防救援机构应当对专职消防队、志愿消防队等消防组织进行业务指导；根据扑救火灾的需要，可以调动指挥专职消防队参加火灾扑救工作。

第四节　灭　火　救　援

一、消防救援准备

县级以上地方人民政府应当组织有关部门针对本行政区域内的火灾特点制定应急预案，建立应急反应和处置机制，为火灾扑救和应急救援工作提供人员、装备等保障。

二、火灾警报及现场采取的措施

任何人发现火灾都应当立即报警。任何单位、个人都应当无偿为报警提供便利，不得阻拦报警。严禁谎报火警。人员密集场所发生火灾，该场所的现场工作人员应当立即组织、引导在场人员疏散。任何单位发生火灾，必须立即组织力量扑救。邻近单位应当给予支援。消防队接到火警，必须立即赶赴火灾现场，救助遇险人员，排除险情，扑灭火灾。

三、消防指挥

消防救援机构统一组织和指挥火灾现场扑救，应当优先保障遇险人员的生命安全。火灾现场总指挥根据扑救火灾的需要，有权决定下列事项：①使用各种水源；②截断电力、可燃气体和可燃液体的输送，限制用火用电；③划定警戒区，实行局部交通管制；④利用临近建筑物和有关设施；⑤为了抢救人员和重要物资，防止火势蔓延，拆除或者破损毗邻火灾现场的建筑物、构筑物或者设施等；⑥调动供水、供电、供气、通信、医疗救护、交通运输、环境保护等有关单位协助灭火救援。根据扑救火灾的紧急需要，有关地方人民政府应当组织人员、调集所需物资支援灭火。

国家综合性消防救援队、专职消防队参加火灾以外的其他重大灾害事故的应急救援工作，由县级以上人民政府统一领导。

四、消防车、消防艇通行保障

消防车、消防艇前往执行火灾扑救或者应急救援任务，在确保安全的前提下，不受行驶速度、行驶路线、行驶方向和指挥信号的限制，其他车辆、船舶以及行人应当让行，不得穿插超越；收费公路、桥梁免收车辆通行费。交通管理指挥人员应当保证消防车、消防艇迅速通行。

赶赴火灾现场或者应急救援现场的消防人员和调集的消防装备、物资，需要铁路、水路或者航空运输的，有关单位应当优先运输。

消防车、消防艇以及消防器材、装备和设施，不得用于与消防和应急救援工作无关的事项。

五、消防救援费用承担

国家综合性消防救援队、专职消防队扑救火灾、应急救援，不得收取任何费用。单位专职消防队、志愿消防队参加扑救外单位火灾所损耗的燃料、灭火剂和器材、装备等，由火灾发生地的人民政府给予补偿。

六、火灾调查

消防救援机构有权根据需要封闭火灾现场，负责调查火灾原因，统计火灾损失。火灾扑灭后，发生火灾的单位和相关人员应当按照消防救援机构的要求保护现场，接受事故调查，如实提供与火灾有关的情况。消防救援机构根据火灾现场勘验、调查情况和有关的检验、鉴定意见，及时制作火灾事故认定书，作为处理火灾事故的证据。

七、消防救援伤残人员权利保障

对因参加扑救火灾或者应急救援受伤、致残或者死亡的人员，按照《烈士褒扬条例》等国家有关规定给予医疗、抚恤。

第五节　消防法律责任

一、行政责任

消防行政处罚是国家机关依法对公民、法人或者其他组织违反消防法律法规的行为给予的惩戒和制裁。

（1）依据《消防法》第五十八条的规定，违反《消防法》规定，有下列行为之一的，由住房和城乡建设主管部门、消防救援机构按照各自职权责令停止施工、停止使用或者停产停业，并处3万元以上30万元以下罚款：①依法应当进行消防设计审查的建设工程，未经依法审查或者审查不合格，擅自施工的；②依法应当进行消防验收的建设工程，未经消防验收或者消防验收不合格，擅自投入使用的；③《消防法》第十三条规定的其他建设工程验收后经依法抽查不合格，不停止使用的；④公众聚集场所未经消防救援机构许可，擅自投入使用、营业的，或者经核查发现场所使用、营业情况与承诺内容不符的。

核查发现公众聚集场所使用、营业情况与承诺内容不符，经责令限期改正，逾期不整改或者整改后仍达不到要求的，依法撤销相应许可。

建设单位未依照《消防法》规定在验收后报住房和城乡建设主管部门备案的，由住房和城乡建设主管部门责令改正，处5000元以下罚款。

（2）依据《消防法》第五十九条的规定，违反《消防法》规定，有下列行为之一的，由住房和城乡建设主管部门责令改正或者停止施工，并处1万元以上10万元以下罚款：①建设单位要求建筑设计单位或者建筑施工企业降低消防技术标准设计、施工的；②建筑设计单位不按照消防技术标准强制性要求进行消防设计的；③建筑施工企业不按照消防设计文件和消防技术标准施工，降低消防施工质量的；④工程监理单位与建设单位或者建筑施工企业串通，弄虚作假，降低消防施工质量的。

（3）依据《消防法》第六十条的规定，单位违反《消防法》规定，有下列行为之一的，责令改正，处5000元以上5万元以下罚款：①消防设施、器材或者消防安全标志的配置、设置不符合国家标准、行业标准，或者未保持完好有效的；②损坏、挪用或者擅自拆除、停用消防设施、器材的；③占用、堵塞、封闭疏散通道、安全出口或者有其他妨碍安全疏散行为的；④埋压、圈占、遮挡消火栓或者占用防火间距的；⑤占用、堵塞、封闭消防车通道，妨碍消防车通行的；⑥人员密集场所在门窗上设置影响逃生和灭火救援的障碍物的；⑦对火灾隐患经消防救援机构通知后不及时采取措施消除的。

个人有前款第②、第③、第④、第⑤项行为之一的，处警告或者500元以下罚款。有第③、第④、第⑤、第⑥项行为，经责令改正拒不改正的，强制执行，所需费用由违法行为人承担。

（4）依据《消防法》第六十一条的规定，生产、储存、经营易燃易爆危险品的场所与居住场所设置在同一建筑物内，或者未与居住场所保持安全距离的，责令停产停业，并处5000元以上5万元以下罚款。

生产、储存、经营其他物品的场所与居住场所设置在同一建筑物内，不符合消防技术标准的，依照前款规定处罚。

（5）依据《消防法》第六十二条的规定，有下列行为之一的，依照《中华人民共和国治安管理处罚法》的规定处罚：①违反有关消防技术标准和管理规定生产、储存、运输、销售、使用、销毁易燃易爆危险品的；②非法携带易燃易爆危险品进入公共场所或者乘坐公共交通工具的；③谎报火警的；④阻碍消防车、消防艇执行任务的；⑤阻碍消防救援机构的工作人员依法执行职务的。

（6）依据《消防法》第六十三条的规定，违反《消防法》规定，有下列行为之一的，处警告或者500元以下罚款；情节严重的，处5日以下拘留：①违反消防安全规定进入生产、储存易燃易爆危险品场所的；②违反规定使用明火作业或者在具有火灾、爆炸危险的场所吸烟、使用明火的。

（7）依据《消防法》第六十四条的规定，违反《消防法》规定，有下列行为之一，尚不构成犯罪的，处10日以上15日以下拘留，可以并处500元以下罚款；情节较轻的，处警告或者500元以下罚款：①指使或者强令他人违反消防安全规定，冒险作业的；②过失引起火灾的；③在火灾发生后阻拦报警，或者负有报告职责的人员不及时报警的；④扰乱火灾现场秩序，或者拒不执行火灾现场指挥员指挥，影响灭火救援的；⑤故意破坏或者伪造火灾现场的；⑥擅自拆封或者使用被消防救援机构查封的场所、部位的。

（8）依据《消防法》第六十五条的规定，违反《消防法》规定，生产、销售不合格的消防产品或者国家明令淘汰的消防产品的，由产品质量监督部门或者工商行政管理部门依照《中华人民共和国产品质量法》的规定从重处罚。

人员密集场所使用不合格的消防产品或者国家明令淘汰的消防产品的，责令限期改正；逾期不改正的，处5000元以上5万元以下罚款，并对其直接负责的主管人员和其他直接责任人员处500元以上2000元以下罚款；情节严重的，责令停产停业。

消防救援机构对于本条第二款规定的情形，除依法对使用者予以处罚外，应当将发现不合格的消防产品和国家明令淘汰的消防产品的情况通报产品质量监督部门、工商行政管理部门。产品质量监督部门、工商行政管理部门应当对生产者、销售者依法及时查处。

（9）依据《消防法》第六十六条的规定，电器产品、燃气用具的安装、使用及其线路、管路的设计、敷设、维护保养、检测不符合消防技术标准和管理规定的，责令限期改正；逾期不改正的，责令停止使用，可以并处1000元以上5000元以下罚款。

（10）依据《消防法》第六十七条的规定，机关、团体、企业、事业等单位违反《消防法》第十六条、第十七条、第十八条、第二十一条第二款规定的，责令限期改正；逾期不改正的，对其直接负责的主管人员和其他直接责任人员依法给予处分或者给予警告处罚。

（11）依据《消防法》第六十八条的规定，人员密集场所发生火灾，该场所的现场工作人员不履行组织、引导在场人员疏散的义务，情节严重，尚不构成犯罪的，处5日以上10日以下拘留。

（12）依据《消防法》第六十九条的规定，消防设施维护保养检测、消防安全评估等消防技术服务机构，不具备从业条件从事消防技术服务活动或者出具虚假文件的，由消防救援机构责令改正，处5万元以上10万元以下罚款，并对直接负责的主管人员和其他直接责任人员处1万元以上5万元以下罚款；不按照国家标准、行业标准开展消防技术服务活动的，责令改正，处5万元以下罚款，并对直接负责的主管人员和其他直接责任人员处1万元以下罚款；有违法所得的，并处没收违法所得；给他人造成损失的，依法承担赔偿责任；情节严重的，依法责令停止执业或者吊销相应资格；造成重大损失的，由相关部门吊销营业执照，并对有关责任人员采取终身市场禁入措施。

前款规定的机构出具失实文件，给他人造成损失的，依法承担赔偿责任；造成重大损失的，由消防救援机构依法责令停止执业或者吊销相应资格，由相关部门吊销营业执照，并对有关责任人员采取终身市场禁入措施。

（13）依据《消防法》第七十条的规定，《消防法》规定的行政处罚，除应当由公安机关依照《中华人民共和国治安管理处罚法》的有关规定决定的外，由住房和城乡建设主管部门、消防救援机构按照各自职权决定。

被责令停止施工、停止使用、停产停业的，应当在整改后向作出决定的部门或者机构报告，经检查合格，方可恢复施工、使用、生产、经营。

当事人逾期不执行停产停业、停止使用、停止施工决定的，由作出决定的部门或者机构强制执行。

责令停产停业，对经济和社会生活影响较大的，由住房和城乡建设主管部门或者应急管理部门报请本级人民政府依法决定。

(14) 依据《消防法》第七十一条的规定，住房和城乡建设主管部门、消防救援机构的工作人员滥用职权、玩忽职守、徇私舞弊，有下列行为之一，尚不构成犯罪的，依法给予处分：①对不符合消防安全要求的消防设计文件、建设工程、场所准予审查合格、消防验收合格、消防安全检查合格的；②无故拖延消防设计审查、消防验收、消防安全检查，不在法定期限内履行职责的；③发现火灾隐患不及时通知有关单位或者个人整改的；④利用职务为用户、建设单位指定或者变相指定消防产品的品牌、销售单位或者消防技术服务机构、消防设施施工单位的；⑤将消防车、消防艇以及消防器材、装备和设施用于与消防和应急救援无关的事项的；⑥其他滥用职权、玩忽职守、徇私舞弊的行为。

产品质量监督、工商行政管理等其他有关行政主管部门的工作人员在消防工作中滥用职权、玩忽职守、徇私舞弊，尚不构成犯罪的，依法给予处分。

二、民事责任

火灾事故的民事责任研究主要研究民事损害赔偿问题，是指行为人由于过错造成火灾事故，侵害单位或者自然人的人身权利或财产权利，而应当承担的民事侵权损害赔偿责任。火灾的民事责任是一种民事侵权责任。从本质上讲，侵权法律制度是以损害赔偿和恢复被侵权权利为基础的，受害人因侵权行为造成的人身损害和财产损害获得赔偿。

三、刑事责任

消防刑事处罚是指国家司法机关对违反消防法规和管理规定、实施危害公共消防安全的行为人，依据国家刑事法律规范给予刑事惩戒和处罚。《刑法》及其修正案中，涉及消防安全工作的罪名主要有以下几种。

1. 放火罪

放火罪是指行为人故意放火焚烧公共财物，危害公共安全的行为。放火罪的主要特征有：

(1) 放火罪的主体是一般主体，年满 14 周岁具有刑事责任能力的自然人都可以成为本罪的主体。

(2) 主观方面是故意。行为人希望或放任自己的行为可能发生危害社会的结果。从主观意愿来看，行为人是希望火灾发生的或对火灾的发生持放任态度。

（3）客观方面表现为行为人直接实施了放火行为。放火罪是行为犯，不以产生严重后果为要件。

放火罪的刑罚：依据《刑法》第一百一十四条、一百一十五条第一款，对放火罪的刑罚是尚未造成严重后果的，处3年以上10年以下有期徒刑；致人重伤、死亡或者使公私财物遭受严重损失的，处10年以上有期徒刑、无期徒刑或者死刑。

2. 失火罪

失火罪是指行为人过失引起火灾，造成严重后果，危害公共安全的行为。本罪的主要特征有：

（1）本罪的主体是一般主体，年满16周岁，具有刑事责任能力的自然人均可成为本罪的主体。

（2）本罪的客体是公共安全；主观方面是过失行为人应当预见自己的行为可能发生危害社会的结果，但是由于疏忽大意没有预见或者已经预见而轻信能够避免，以致造成严重后果。从主观意愿来看，行为人是不愿意火灾发生的。若对火灾的发生是放任态度，则属于间接故意的范畴，就构成了放火罪。

（3）客观方面表现为行为人的行为直接导致了火灾的发生，并且造成严重后果。

失火罪的刑罚：依据《刑法》第一百一十五条第二款规定，对失火的处刑是处3年以上7年以下有期徒刑；情节较轻的，处3年以下有期徒刑或者拘役。

3. 消防责任事故罪

消防责任事故罪是指违反消防管理法规，经消防监督机构通知采取改正措施而拒绝执行，造成严重后果的行为。消防责任事故罪的主要特征有：

（1）本罪的主体为一般主体，年满16周岁，具有刑事责任能力的自然人均可成为本罪的主体。

（2）本罪的客体为公共安全。主观方面为过失。行为人对火灾的发生存在过失，由于疏忽大意没有预见或已经预见而轻信能够避免。但对于违反消防管理法规，经消防监督机构通知采取改正措施而拒绝执行则是明知的。

（3）客观方面表现为违反消防管理法规，经消防监督机构通知采取改正措施而拒绝执行，造成严重后果。此处的消防管理法规包括法律、行政法规、地方性法规、国务院部门规章以及地方政府规章。严重后果指造成人员伤亡或公私财产造成严重损失。

依据《刑法》第一百三十九条规定，违反消防管理法规，经消防监督机构通知采取改正措施而拒绝执行，造成严重后果的，对直接责任人员，处3年以下有期徒刑或者拘役；后果特别严重的，处3年以上7年以下有期徒刑。

除放火罪、失火罪以及消防责任事故罪以外，《刑法》中规定的重大责任事故罪、强令违章冒险作业罪、重大劳动安全事故罪、大型群众性活动重大安全事故罪、危险物品肇事罪、不报谎报安全事故罪、生产销售假冒伪劣产品罪、生产销售不符合安全标准的产品罪、妨碍公务罪、渎职罪等也与消防管理有关。

【本章重点】

1. 我国消防工作贯彻预防为主、防消结合的方针。

2. 我国消防工作实行政府统一领导、部门依法监管、单位全面负责、公民积极参与的原则。

3. 我国实行消防安全责任制，单位要对本单位消防安全负责，政府要对本地区消防安全负责，有关部门对职责范围的消防安全负责。

4. 国务院住房和城乡建设主管部门负责指导监督全国建设工程消防设计审查验收工作。县级以上地方人民政府住房和城乡建设主管部门依职责承担本行政区域内建设工程的消防设计审查、消防验收、备案和抽查工作。跨行政区域建设工程的消防设计审查、消防验收、备案和抽查工作，由该建设工程所在行政区域消防设计审查验收主管部门共同的上一级主管部门指定负责。

5. 我国对特殊建设工程实行消防设计审查制度。特殊建设工程的建设单位应当向消防设计审查验收主管部门申请消防设计审查，消防设计审查验收主管部门依法对审查的结果负责。特殊建设工程未经消防设计审查或者审查不合格的，建设单位、施工单位不得施工。

6. 我国对其他建设工程实行备案抽查制度。其他建设工程经依法抽查不合格的，应当停止使用。

7. 高层民用建筑消防安全管理贯彻预防为主、防消结合的方针，实行消防安全责任制。建筑高度超过 100 m 的高层民用建筑应当实行更加严格的消防安全管理。

8. 我国消防组织的形式包括国家综合性消防救援队、专职消防队、志愿消防队。

9. 县级以上地方人民政府应当组织有关部门针对本行政区域内的火灾特点制定应急预案，建立应急反应和处置机制，为火灾扑救和应急救援工作提供人员、装备等保障。

10. 国家综合性消防救援队、专职消防队参加火灾以外的其他重大灾害事故的应急救援工作，由县级以上人民政府统一领导。

【课后习题】

1. 简述我国消防法的基本原则。

2. 简述我国建设工程消防设计审查验收的主要内容。

3. 简述我国的消防组织体系。

4. 简述消防救援过程中，可以采取的应急措施。

5. 简述高层建筑业主的消防安全职责。

第九章
防灾减灾法律制度

自然灾害是指由自然因素造成人类生命、财产、社会功能和生态环境等损害的事件或现象，包括洪涝、干旱灾害，台风、冰雹、雪、沙尘暴等气象灾害，火山、地震灾害，山体崩塌、滑坡、泥石流等地质灾害，风暴潮、海啸等海洋灾害，森林草原火灾和重大生物灾害。我国是世界上自然灾害最为严重的地区之一，灾害种类多、分布地域广、发生频率高、造成损失重。有74%的省会城市以及60%的地级以上城市，位于地震烈度Ⅶ度以上危险地区；有70%以上的大城市、半数以上的人口分布在气象、海洋、洪水、地震等灾害严重的地区；有60%以上的国土面积受到洪涝或干旱灾害威胁；东部、南部沿海地区以及部分内陆省份经常遭受热带气旋侵袭；约占国土面积69%的山地、高原区域，滑坡、泥石流、山体崩塌等地质灾害频繁发生。一般来说，突发性自然灾害容易使人类猝不及防，常能造成死亡事件和较大的经济损失，属于我国《突发事件应对法》规定的突发事件之一，也是本章防灾减灾法所要讨论的对象。

第一节　自然灾害与防灾减灾法

一、自然灾害的分类

（一）按照成灾过程分类

按照成灾过程，自然灾害分为突发性自然灾害与缓发性自然灾害。

1. 突发性自然灾害

自然灾害形成的过程有长有短，有缓有急。有些自然灾害，当致灾因子的变化超过一定强度时，就会在几天、几小时甚至几分、几秒钟内表现为灾害行为，像地震、洪水、飓风、风暴潮、冰雹等，这类灾害被称为突发性自然灾害。旱灾、农作物和森林的病、虫、草害等，虽然一般要在几个月的时间内成灾，但灾害的形成和结束仍然比较快速、明显，直接影响到国家的年度核算，所以也把它们列入突发性自然灾害。

2. 缓发性自然灾害

有一些自然灾害是在致灾因素长期发展的情况下，逐渐显现成灾的，如土地沙漠化、水土流失、环境恶化等，这类灾害通常要几年或更长时间的发展，故称为缓发性自然灾害。

（二）按照自然灾害成因和我国灾害管理现状分类

我国政府将自然灾害分为七大类：气象灾害（种类最多）、洪水灾害（损失最严重）、地震灾害（群灾之首）、地质灾害、海洋灾害、森林生物灾害、农业生物灾害。

（三）按照灾害发生的先后关系分类（基于灾害链角度）

按照灾害发生的先后关系，可将自然灾害分为原生灾害、次生灾害、衍生灾害。

以地震灾害为例，地震为原生灾害，由地震引发的火灾为次生灾害，随之引起的生产生存环境灾害为衍生灾害。如地震引起化工厂剧毒、强腐蚀性或放射性物质大量泄漏等。

（四）按照灾情大小分类

按照灾情大小可将自然灾害分为特别重大（简称“特大”）、重大、较大和一般四种。

二、我国防灾减灾法律体系

防灾减灾法是防御与减轻自然灾害的简称，也是对自然灾害预防、自然灾害监测预报、自然灾害应急救援、灾后过渡性安置和恢复重建的防灾减灾四个环节工作和活动的高度概括。防灾减灾法是调整防灾减灾领域各个方面社会关系的基本法律规范。我国防灾减灾法律体系由防灾减灾基本法和防灾减灾专门法组成。

（一）体系构成

1. 防灾减灾基本法——《突发事件应对法》

《突发事件应对法》第三条规定：“本法所称突发事件，是指突然发生，造成或者可能造成严重社会危害，需要采取应急处置措施予以应对的自然灾害、事故灾难、公共卫生事件和社会安全事件。”《突发事件应对法》是各级党政机关和社会公众应对突发事件的根本依据和准则，自然灾害作为我国《突发事件应对法》规定的突发事件之一，《突发事件应对法》自然也就成了我国防灾减灾的基本法。

2. 防灾减灾专门法

现有的防灾减灾专门法律有：《防洪法》《防震减灾法》《气象法》《防沙治沙法》等。

除此之外，还有一些涉及防灾减灾的法规和条例。例如《防汛条例》《水库大坝安全管理条例》《破坏性地震应急条例》《人工影响天气管理条例》《地质灾害防治条例》《水文条例》《抗旱条例》《气象灾害防御条例》等。

（二）我国防灾减灾法律体系的特点——统一立法与单行立法相结合

我国防灾减灾法律体系采用统一立法与单行立法相结合的模式。

以单行的法律法规形式规定某种自然灾害应急管理及其应对措施有其明显优势：一是制定相对简单，出台及时，可以暂时避开某些难题或研究不成熟的问题；二是针对性强，能及时应对某类特殊的突发灾害事件；三是突出了不同自然灾害应急管理及其应对措施的特点，使每类自然灾害应急管理及其应对措施的规定较为细致、详尽。

但单行的法体模式也存在许多局限性：其一，这种法体模式虽然突出了行政机关应对不同自然灾害应急管理的个性，但却肢解了行政机关应对各类灾害应急管理的共性；其二，以某一种自然灾害应急管理为调整对象来制定单行的法律法规，立法将难以涵盖、穷尽所有自然灾害应急管理的种类。

克服上述局限性的方式是以普遍性原则规定和一般性程序制度要求相结合，来进行最大限度的涵盖，即采用统一立法的法体形式。2007 年，我国出台了《突发事件应对法》，标志着我国以突发事件应对法为基本法，以自然灾害单行应急法为补充的法律体系初步形成。

（三）《突发事件应对法》与其他自然灾害单行应急法律的关系

《突发事件应对法》与其他自然灾害单行应急法律都属于“应急法制”和突发事件应对法的范畴，属于同一层次的法律规范。它们的主要区别表现在三个方面：

一是《突发事件应对法》属于突发事件应对的基本法或者说一般法，其调整对象是自然灾害、事故灾难、公共卫生事件、社会安全事件等各类突发事件的应对工作，而自然灾害单行应急法律属于自然灾害突发事件应对的特别法，其调整对象仅限于自然灾害领域的突发事件应对工作。

二是根据特别法优先于一般法的规则，当自然灾害单行应急法律和《突发事件应对法》均对某一突发事件作出规定时，即使二者规定不一致，其他自然灾害单行应急法律在适用上也优先于《突发事件应对法》。这是针对同一位阶的法律而言。如果自然灾害单行应急法规、规章与《突发事件应对法》对同一问题规定不一致，除非该单行应急法规、规章的规定有明确的法律依据或者《突发事件应对法》有明确的排除性规定，否则根据下位法服从上位法的规则，应当适用《突发事件应对法》的规定。

三是当自然灾害单行应急法律未规定或者规定的措施不足以应对突发事件的需要时，可以在适用单行应急法律的同时补充适用《突发事件应对法》。

第二节　防灾减灾法的基本原则

一、预防为主

预防为主是防灾减灾工作中所需遵循的首要原则，也是应对各种自然灾害时制定各项具体政策所必须体现的指导思想。《地质灾害防治条例》第三条规定：“地质灾害防治工作，应当坚持预防为主、避让与治理相结合和全面规划、突出重点的原则。”《防震减灾法》第三条也规定：“防震减灾工作，实行预防为主、防御与救助相结合的方针。”《防洪法》《防沙治沙法》《抗旱条例》中也存在着相关规定。这个用法律形式确定的防灾减灾工作原则，是在总结几十年来我国防灾减灾工作经验和教训的基础上制定的，具有科学性，能够在实践中作为指导防灾减灾各项工作的总原则。

“预防为主”是对我国防灾减灾工作几十年来“重救（救灾、救济）轻防（防御、预防）”观念的一种彻底否定。只有把防御与救灾相结合的思想贯穿防灾减灾全过程，将这两个方面工作相互结合，防灾减灾工作才能取得实效。但在具体工作中这种思想能否得到切实贯彻落实，关键在于各级人民政府。也就是从防灾减灾的规划、预防到救灾、重建的全过程中起主导作用的是各级人民政府。全社会只要把思想统一到这一原则上来，就能步调一致，取得防灾减灾的胜利。

二、政府统一领导和政府职能部门分工负责

防灾减灾作为一项社会公益事业，各级政府必须综合运用法制手段、行政手段和宣传教育手段进行管理。防灾减灾工作涉及社会各个方面，只有在各级政府强有力的领导下，各个环节的工作才能有机地相互衔接。政府各职能部门、社会各方面才能在统一的目标下采取协调一致的行动，从而保证防灾减灾工作高效有序地进行。

《防洪法》第八条规定：“国务院水行政主管部门在国务院的领导下，负责全国防洪的组织、协调、监督、指导等日常工作。国务院水行政主管部门在国家确定的重要江河、湖泊设立的流域管理机构，在所管辖的范围内行使法律、行政法规规定和国务院水行政主管部门授权的防洪协调和监督管理职责。国务院建设行政主管部门和其他有关部门在国务院的领导下，按照各自的职责，负责有关的防洪工作。县级以上地方人民政府水行政主管部门在本级人民政府的领导下，负责本行政区域内防洪的组织、协调、监督、指导等日常工作。县级以上地方人民政府建设行政主管部门和其他有关部门在本级人民政府的领导下，按照各自的职责，负责有关的防洪工作。”

以上条款是对防汛工作管理体制的规定，从法律上凸显了防汛工作主管部门的地位，明确了国务院水行政主管部门和县级以上地方人民政府水行政主管部门的职能，同时体现了对相关部门按照职责分工，各负其责、密切配合进行工作的要求。其中，政府统一领导是防灾减灾工作的关键，各部门按职能分工、各负其责、密切配合才是防灾减灾工作的根本。

我国防灾减灾法律体系中的其他单行法律法规如《防震减灾法》《抗旱条例》《气象灾害防御条例》的具体条文中也体现了政府统一领导和政府职能部门分工负责的原则。

三、坚持防灾减灾科普宣传教育和演练

社会组织或个人对自然灾害的认知程度、适应能力和在灾害应急时的应变能力以及在灾难中的生存能力和自救互救等能力越强，其受灾损失程度就会越小，也就是说，公民的防灾意识、防御行为与防灾减灾效果有密切关系。而公民的防御知识和技能、灾害意识和应急意识的形成和提高是一个长期知识培训、进行应急演练的过程，这就需要坚持不懈地逐步提高社会公众防灾减灾知识普及率和受教育程度，并将防灾减灾知识的宣传教育持续下去，需要结合生产和社会需要组织专业培训和演练，提高专业队伍的救援水平。我国是

一个自然灾害多发的国家，所以在国民经济迅速发展、人民生活水平逐步提高的同时，强化全民族居安思危的意识，自觉做到未雨绸缪、防患于未然，具有现实和长远意义。

《气象灾害防御条例》第七条规定："地方各级人民政府、有关部门应当采取多种形式，向社会宣传普及气象灾害防御知识，提高公众的防灾减灾意识和能力。学校应当把气象灾害防御知识纳入有关课程和课外教育内容，培养和提高学生的气象灾害防范意识和自救互救能力。教育、气象等部门应当对学校开展的气象灾害防御教育进行指导和监督。"第十七条规定："地方各级人民政府应当根据本地气象灾害特点，组织开展气象灾害应急演练，提高应急救援能力。居民委员会、村民委员会、企业事业单位应当协助本地人民政府做好气象灾害防御知识的宣传和气象灾害应急演练工作。"这些条款是坚持防灾减灾科普宣传教育和演练原则在气象灾害相关法律制度中的根本体现。

四、社会公众广泛参与

防灾减灾作为一项社会公益事业，与每个公民的切身利益紧密相关。历次自然灾害事件说明，社会公众广泛参与是提高社会整体应急处理能力的关键。所以，除了政府部门在防灾减灾中具有义不容辞的管理职责之外，公民都应该具有参与防震减灾活动、服从政府统一管理的法律义务。

我国《防震减灾法》的相关规定充分体现了社会公众广泛参与的原则。比如，《防震减灾法》第八条规定："任何单位和个人都有依法参加防震减灾活动的义务。国家鼓励、引导社会组织和个人开展地震群测群防活动，对地震进行监测和预防。国家鼓励、引导志愿者参加防震减灾活动。"第四十五条规定："国家发展有财政支持的地震灾害保险事业，鼓励单位和个人参加地震灾害保险。"

第三节　自然灾害预防与应急准备的基本法律制度

自然灾害预防与应急准备是指自然灾害发生之前应做的预防和准备工作，其目的在于增强全社会的防灾减灾意识，提高避险、自救互救能力，以及进行救灾准备等方面的灾害预防活动，是防灾减灾的关键环节。

一、防灾减灾规划制度

防灾减灾规划是政府对减轻自然灾害的各方面工作的统一规划，是加强自然灾害预防、提高综合防灾减灾能力的重要依据。

（一）防震减灾规划

1. 规划编制主体

国务院地震工作主管部门会同国务院有关部门组织编制国家防震减灾规划，报国务院批准后组织实施。县级以上地方人民政府负责管理地震工作的部门或者机构会同同级有关部门，根据上一级防震减灾规划和本行政区域的实际情况，组织编制本行政区域的防震减灾规划，报本级人民政府批准后组织实施，并报上一级人民政府负责管理地震工作的部门或者机构备案。

2. 规划内容

防震减灾规划的内容应当包括：震情形势和防震减灾总体目标，地震监测台网建设布局，地震灾害预防措施，地震应急救援措施，以及防震减灾技术、信息、资金、物资等保障措施。

地震重点监视防御区是指未来10~15年，存在发生破坏性地震危险或者受破坏性地震影响，可能造成严重地震灾害损失的地区和城市。在编制防震减灾规划时，应当对地震重点监视防御区的地震监测台网建设、震情跟踪、地震灾害预防措施、地震应急准备、防震减灾知识宣传教育等作出具体安排。

（二）地质灾害防治规划

1. 规划编制主体

国务院国土资源主管部门会同国务院建设、水利、铁路、交通等部门，依据全国地质灾害调查结果，编制全国地质灾害防治规划，经专家论证后报国务院批准公布。县级以上地方人民政府国土资源主管部门会同同级建设、水利、交通等部门，依据本行政区域的地质灾害调查结果和上一级地质灾害防治规划，编制本行政区域的地质灾害防治规划，经专家论证后报本级人民政府批准公布，并报上一级人民政府国土资源主管部门备案。修改地质灾害防治规划，应当报经原批准机关批准。

2. 规划内容

地质灾害防治规划的内容包括：①地质灾害现状和发展趋势预测；②地质灾害的防治原则和目标；③地质灾害易发区、重点防治区；④地质灾害防治项目；⑤地质灾害防治措施等。

县级以上人民政府应当将城镇、人口集中居住区、风景名胜区、大中型工矿企业所在地和交通干线、重点水利电力工程等基础设施作为地质灾害重点防治区中的防护重点。

编制和实施土地利用总体规划、矿产资源规划以及水利、铁路、交通、能源等重大建设工程项目规划，应当充分考虑地质灾害防治要求，避免和减轻地质灾害造成的损失。编制城市总体规划、村庄和集镇规划，应当将地质灾害防治规划作为其组成部分。

（三）防洪规划

防洪规划是指为防治某一流域、河段或者区域的洪涝灾害而制定的总体部署，包括国家确定的重要江河、湖泊的流域防洪规划，其他江河、河段、湖泊的防洪规划以及区域防洪规划。防洪规划应当服从所在流域、区域的综合规划；区域防洪规划应当服从所在流域的流域防洪规划。防洪规划是江河、湖泊治理和防洪工程设施建设的基本依据。

1. 规划编制主体

国家确定的重要江河、湖泊的防洪规划，由国务院水行政主管部门依据该江河、湖泊的流域综合规划，会同有关部门和有关省、自治区、直辖市人民政府编制，报国务院批准。其他江河、河段、湖泊的防洪规划或者区域防洪规划，由县级以上地方人民政府水行政主管部门分别依据流域综合规划、区域综合规划，会同有关部门和有关地区编制，报本级人民政府批准，并报上一级人民政府水行政主管部门备案；跨省、自治区、直辖市的江河、河段、湖泊的防洪规划由有关流域管理机构会同江河、河段、湖泊所在地的省、自治区、直辖市人民政府水行政主管部门、有关主管部门拟定，分别经有关省、自治区、直辖市人民政府审查提出意见后，报国务院水行政主管部门批准。城市防洪规划，由城市人民政府组织水行政主管部门、建设行政主管部门和其他有关部门依据流域防洪规划、上一级人民政府区域防洪规划编制，按照国务院规定的审批程序批准后纳入城市总体规划。修改防洪规划，应当报经原批准机关批准。

2. 规划编制原则

编制防洪规划，应当遵循确保重点、兼顾一般，以及防汛和抗旱相结合、工程措施和非工程措施相结合的原则，充分考虑洪涝规律和上下游、左右岸的关系以及国民经济对防洪的要求，并与国土规划和土地利用总体规划相协调。

3. 规划内容

防洪规划应当确定防护对象、治理目标和任务、防洪措施和实施方案，划定洪泛区、蓄滞洪区和防洪保护区的范围，规定蓄滞洪区的使用原则。

受风暴潮威胁的沿海地区的县级以上地方人民政府，应当把防御风暴潮纳入本地区的防洪规划，加强海堤（海塘）、挡潮闸和沿海防护林等防御风暴潮工程体系建设，监督建筑物、构筑物的设计和施工符合防御风暴潮的需要。

山洪可能诱发山体滑坡、崩塌和泥石流的地区以及其他山洪多发地区的县级以上地方人民政府，应当组织负责地质矿产管理工作的部门、水行政主管部门和其他有关部门对山体滑坡、崩塌和泥石流隐患进行全面调查，划定重点防治区，采取防治措施。城市、村镇和其他居民点以及工厂、矿山、铁路和公路干线的布局，应当避开山洪威胁；已经建在受山洪威胁的地方的，应当采取防御措施。

平原、洼地、水网圩区、山谷、盆地等易涝地区的有关地方人民政府，应当制定除涝治涝规划，组织有关部门、单位采取相应的治理措施，完善排水系统，发展耐涝农作物种类和品种，开展洪涝、干旱、盐碱综合治理。城市人民政府应当加强对城区排涝管网、泵站的建设和管理。

国务院水行政主管部门应当会同有关部门和省、自治区、直辖市人民政府制定长江、黄河、珠江、辽河、淮河、海河入海河口的整治规划。在前述入海河口围海造地，应当符合河口整治规划。

防洪规划确定的河道整治计划用地和规划建设的堤防用地范围内的土地，经土地管理部门和水行政主管部门会同有关地区核定，报经县级以上人民政府按照国务院规定的权限批准后，可以划定为规划保留区；该规划保留区范围内的土地涉及其他项目用地的，有关土地管理部门和水行政主管部门核定时，应当征求有关部门的意见。规划保留区划定后，应当公告。规划保留区内不得建设与防洪无关的工矿工程设施；特殊情况下，国家工矿建设项目确需占用前款规划保留区内的土地的，应当按照国家规定的基本建设程序报请批准，并征求有关水行政主管部门的意见。防洪规划确定的扩大或者开辟的人工排洪道用地范围内的土地，经省级以上人民政府土地管理部门和水行政主管部门会同有关部门、有关地区核定，报省级以上人民政府按照国务院规定的权限批准后，可以划定为规划保留区。

在江河、湖泊上建设防洪工程和其他水工程、水电站等，应当符合防洪规划的要求；水库应当按照防洪规划的要求留足防洪库容。前述防洪工程和其他水工程、水电站未取得有关水行政主管部门签署的符合防洪规划要求的规划同意书的，建设单位不得开工建设。

（四）抗旱规划

1. 规划编制主体

县级以上地方人民政府水行政主管部门会同同级有关部门编制本行政区域的抗旱规划，报本级人民政府批准后实施，并抄送上一级人民政府水行政主管部门。编制抗旱规划应当充分考虑本行政区域的国民经济和社会发展水平、水资源综合开发利用情况、干旱规律和特点、可供水资源量和抗旱能力以及城乡居民生活用水、工农业生产和生态用水的需求。抗旱规划应当与水资源开发利用等规划相衔接。下级抗旱规划应当与上一级的抗旱规划相协调。

2. 规划内容

抗旱规划应当主要包括抗旱组织体系建设、抗旱应急水源建设、抗旱应急设施建设、抗旱物资储备、抗旱服务组织建设、旱情监测网络建设以及保障措施等。

（五）气象灾害防御规划

1. 规划编制主体

国务院气象主管机构应当会同国务院有关部门，根据气象灾害风险评估结果和气象灾害风险区域，编制国家气象灾害防御规划，报国务院批准后组织实施。县级以上地方人民政府应当组织有关部门，根据上一级人民政府的气象灾害防御规划，结合本地气象灾害特点，编制本行政区域的气象灾害防御规划。

2. 规划内容

气象灾害防御规划应当包括气象灾害发生发展规律和现状、防御原则和目标、易发区和易发时段、防御设施建设和管理以及防御措施等内容。

二、自然灾害应急预案制度

自然灾害应急预案是指各级人民政府及其部门、基层组织、企事业单位、社会团体等为依法、迅速、科学、有序应对自然灾害这一突发事件，最大限度减少自然灾害及其造成的损失而预先制定的工作方案。

自然灾害应急预案属于专项应急预案。所谓专项应急预案，是指国务院及其有关部门为应对某一类型或者某几种类型突发公共事件而制定的应急预案，我国现有的自然灾害应急预案有《国家自然灾害救助应急预案》《国家防汛抗旱应急预案》《国家地震应急预案》《国家突发地质灾害应急预案》《国家森林草原火灾应急预案》等。

（一）应急预案的制定、批准和备案

我国《防震减灾法》第四十六条按照行政领导责任和行政管理的分级、分工、分类原则，规定了国家、地方及企事业单位三个层级的破坏性地震应急预案。

1. 国家地震应急预案

国务院地震工作主管部门会同国务院有关部门制定国家地震应急预案，报国务院批准。国务院有关部门根据国家地震应急预案，制定本部门的地震应急预案，报国务院地震工作主管部门备案。

2. 地方地震应急预案

县级以上地方人民政府及其有关部门和乡、镇人民政府，应当根据有关法律、法规、规章、上级人民政府及其有关部门的地震应急预案和本行政区域的实际情况，制定本行政区域的地震应急预案和本部门的地震应急预案。省、自治区、直辖市和较大的市的地震应急预案，应当报国务院地震工作主管部门备案。

3. 企事业单位地震应急预案

交通、铁路、水利、电力、通信等基础设施和学校、医院等人员密集场所的经营管理单位，以及可能发生次生灾害的核电、矿山、危险物品等生产经营单位，应当制定地震应急预案，并报所在地的县级人民政府负责管理地震工作的部门或者机构备案。

我国《地质灾害防治条例》第二十五条规定了国家和地方两个层级的突发性地质灾害应急预案：①国家突发性地质灾害应急预案。国务院国土资源主管部门会同国务院建设、水利、铁路、交通等部门拟订全国突发性地质灾害应急预案，报国务院批准后公布。②地方突发性地质灾害应急预案。县级以上地方人民政府国土资源主管部门会同同级建设、水利、交通等部门拟订本行政区域的突发性地质灾害应急预案，报本级人民政府批准后公布。

我国《气象灾害防御条例》《抗旱条例》中有关预案制定、批准和备案的规定与《地质灾害防治条例》基本类似，均对国家和地方两个层级的灾害应急预案作出了规定，只是预案制订的主管部门有所不同。

（二）应急预案的主要内容

自然灾害应急预案的主要内容一般包括组织体系与职责，预防和预警机制，应急响应和应急保障措施等几个方面。

《防震减灾法》第四十七条第一款规定：“地震应急预案的内容应当包括：组织指挥体系及其职责，预防和预警机制，处置程序，应急响应和应急保障措施等。”《气象灾害防御条例》第十六条也规定：“气象灾害应急预案应当包括应急预案启动标准、应急组织指挥体系与职责、预防与预警机制、应急处置措施和保障措施等内容。”《地质灾害防治条

例》的规定则更为具体，将突发性地质灾害应急预案概括为七个方面，即：①应急机构和有关部门的职责分工；②抢险救援人员的组织和应急、救助装备、资金、物资的准备；③地质灾害的等级与影响分析准备；④地质灾害调查、报告和处理程序；⑤发生地质灾害时的预警信号、应急通信保障；⑥人员财产撤离、转移路线、医疗救治、疾病控制等应急行动方案。

《抗旱条例》第二十八条规定：抗旱预案应当包括预案的执行机构以及有关部门的职责、干旱灾害预警、干旱等级划分和按不同等级采取的应急措施、旱情紧急情况下水量调度预案和保障措施等内容，并将干旱灾害按照区域耕地和作物受旱的面积与程度以及因干旱导致饮水困难人口数量的多少，分为轻度干旱、中度干旱、严重干旱、特大干旱四级。

《国家自然灾害救助应急预案》对我国自然灾害救助的应急预案作出了专门规定，具体包括总则、组织指挥体系、灾害预警响应、信息报告和发布、国家应急响应、灾后救助与恢复重建、保障措施、附则等内容。

（三）自然灾害应急预案应当根据实际情况适时修订

随着时间的推移，不仅灾情会发展变化，社会经济建设也在发展，应急机构的职责和应急队伍的组成也会发生重大变化，防灾减灾科学技术和应急救助装备也在不断进步。同时，在自然灾害实际应对和应急演练中也会发现一些问题，所以在应急预案实施一段时间之后，编制单位应当建立定期评估制度，分析评估预案内容的针对性、实用性和可操作性，根据实际情况适时修订应急预案。如我国《防震减灾法》第四十七条第二款就明确规定："地震应急预案应当根据实际情况适时修订。"

三、自然灾害应急准备制度

（一）地震灾害应急准备

1. 工程性准备

1）全国地震烈度区或地震动参数区的划分

国务院地震工作主管部门负责制定全国地震烈度区划图或者地震动参数区划图。

地震烈度区划图是指以地震烈度（以等级表示的地震影响强弱程度）为指标，将全国划分为不同抗震设防要求区域的图件。地震动参数区划图是指以地震动参数（以加速度表示地震作用强弱程度）为指标，将全国划分为不同抗震设防要求区域的图件。

2）地震安全性评价

国务院地震工作主管部门和省、自治区、直辖市人民政府负责管理地震工作的部门或者机构，负责审定建设工程的地震安全性评价报告，确定抗震设防要求。

新建、扩建、改建建设工程，应当达到抗震设防要求。重大建设工程和可能发生严重次生灾害的建设工程，应当按照国务院有关规定进行地震安全性评价，并按照经审定的地震安全性评价报告所确定的抗震设防要求进行抗震设防。建设工程的地震安全性评价单位应当按照国家有关标准进行地震安全性评价，并对地震安全性评价报告的质量负责。除此以外的建设工程，应当按照地震烈度区划图或者地震动参数区划图所确定的抗震设防要求进行抗震设防；对学校、医院等人员密集场所的建设工程，应当按照高于当地房屋建筑的抗震设防要求进行设计和施工，采取有效措施，增强抗震设防能力。

建设单位对建设工程的抗震设计、施工的全过程负责。设计单位应当按照抗震设防要求和工程建设强制性标准进行抗震设计，并对抗震设计的质量以及出具的施工图设计文件的准确性负责。施工单位应当按照施工图设计文件和工程建设强制性标准进行施工，并对施工质量负责。建设单位、施工单位应当选用符合施工图设计文件和国家有关标准规定的材料、构配件和设备。工程监理单位应当按照施工图设计文件和工程建设强制性标准实施监理，并对施工质量承担监理责任。

已经建成的下列建设工程，未采取抗震设防措施或者抗震设防措施未达到抗震设防要求的，应当按照国家有关规定进行抗震性能鉴定，并采取必要的抗震加固措施：①重大建设工程；②可能发生严重次生灾害的建设工程；③具有重大历史、科学、艺术价值或者重要纪念意义的建设工程；④学校、医院等人员密集场所的建设工程；⑤地震重点监视防御区内的建设工程。

县级以上地方人民政府应当加强对农村村民住宅和乡村公共设施抗震设防的管理，组织开展农村实用抗震技术的研究和开发，推广达到抗震设防要求、经济适用、具有当地特色的建筑设计和施工技术，培训相关技术人员，建设示范工程，逐步提高农村村民住宅和乡村公共设施的抗震设防水平。国家对需要抗震设防的农村村民住宅和乡村公共设施给予必要支持。

城乡规划应当根据地震应急避难的需要，合理确定应急疏散通道和应急避难场所，统筹安排地震应急避难所必需的交通、供水、供电、排污等基础设施建设。

2. 非工程性准备

1）应急知识宣传普及与应急演练

县级人民政府及其有关部门和乡、镇人民政府、城市街道办事处等基层组织，应当组织开展地震应急知识的宣传普及活动和必要的地震应急救援演练，提高公民在地震灾害中自救互救的能力。机关、团体、企业、事业等单位，应当按照所在地人民政府的要求，结合各自实际情况，加强对本单位人员的地震应急知识宣传教育，开展地震应急救援演练。学校应当进行地震应急知识教育，组织开展必要的地震应急救援演练，培养学生的安全意识和自救互救能力。新闻媒体应当开展地震灾害预防和应急、自救互救知识的公益宣传。国务院地震工作主管部门和县级以上地方人民政府负责管理地震工作的部门或者机构，应当指导、协助、督促有关单位做好防震减灾知识的宣传教育和地震应急救援演练等工作。

2）资金与物资准备

地震重点监视防御区的县级以上地方人民政府应当根据实际需要，在本级财政预算和物资储备中安排抗震救灾资金、物资。

3）发展地震灾害保险

国家发展有财政支持的地震灾害保险事业，鼓励单位和个人参加地震灾害保险。

（二）地质灾害应急准备

1. 工程性准备

1）地质灾害危险区的划定

对出现地质灾害前兆、可能造成人员伤亡或者重大财产损失的区域和地段，县级人民政府应当及时划定为地质灾害危险区，予以公告，并在地质灾害危险区的边界设置明显警示标志。在地质灾害危险区内，禁止爆破、削坡、进行工程建设以及从事其他可能引发地质灾害的活动。县级以上人民政府应当组织有关部门及时采取工程治理或者搬迁避让措施，保证地质灾害危险区内居民的生命和财产安全。地质灾害险情已经消除或者得到有效控制的，县级人民政府应当及时撤销原划定的地质灾害危险区，并予以公告。

2）地质灾害危险性评估

在地质灾害易发区内进行工程建设应当在可行性研究阶段进行地质灾害危险性评估，并将评估结果作为可行性研究报告的组成部分；可行性研究报告未包含地质灾害危险性评估结果的，不得批准其可行性研究报告。编制地质灾害易发区内的城市总体规划、村庄和集镇规划时，应当对规划区进行地质灾害危险性评估。

国家对从事地质灾害危险性评估的单位实行资质管理制度。地质灾害危险性评估单位应当具备下列条件，经省级以上人民政府国土资源主管部门资质审查合格，取得国土资源主管部门颁发的相应等级的资质证书后，方可在资质等级许可的范围内从事地质灾害危险性评估业务：①有独立的法人资格；②有一定数量的工程地质、环境地质和岩土工程等相应专业的技术人员；③有相应的技术装备。

地质灾害危险性评估单位进行评估时，应当对建设工程遭受地质灾害危害的可能性和该工程建设中、建成后引发地质灾害的可能性作出评价，提出具体的预防治理措施，并对评估结果负责。

禁止地质灾害危险性评估单位超越其资质等级许可的范围或者以其他地质灾害危险性评估单位的名义承揽地质灾害危险性评估业务。禁止地质灾害危险性评估单位允许其他单位以本单位的名义承揽地质灾害危险性评估业务。禁止任何单位和个人伪造、变造、买卖地质灾害危险性评估资质证书。

对经评估认为可能引发地质灾害或者可能遭受地质灾害危害的建设工程，应当配套建设地质灾害治理工程。地质灾害治理工程的设计、施工和验收应当与主体工程的设计、施工、验收同时进行。配套的地质灾害治理工程未经验收或者经验收不合格的，主体工程不得投入生产或者使用。

2. 非工程性准备

县级以上人民政府应当组织有关部门开展地质灾害防治知识的宣传教育，增强公众的地质灾害防治意识和自救互救能力。国家鼓励和支持地质灾害防治科学技术研究，推广先进的地质灾害防治技术，普及地质灾害防治的科学知识。

（三）防洪应急准备

1. 工程性准备

1）防洪区的划定

防洪区是指洪水泛滥可能淹及的地区，分为洪泛区、蓄滞洪区和防洪保护区。洪泛区是指尚无工程设施保护的洪水泛滥所及的地区。蓄滞洪区是指包括分洪口在内的河堤背水面以外临时储存洪水的低洼地区及湖泊等。防洪保护区是指在防洪标准内受防洪工程设施保护的地区。洪泛区、蓄滞洪区和防洪保护区的范围，在防洪规划或者防御洪水方案中划定，并报请省级以上人民政府按照国务院规定的权限批准后予以公告。

洪泛区、蓄滞洪区所在地的省、自治区、直辖市人民政府应当组织有关地区和部门，按照防洪规划的要求，制定洪泛区、蓄滞洪区安全建设计划，控制蓄滞洪区人口增长，对居住在经常使用的蓄滞洪区的居民，有计划地组织外迁，并采取其他必要的安全保护措施。因蓄滞洪区而直接受益的地区和单位，应当对蓄滞洪区承担国家规定的补偿、救助义务。国务院和有关的省、自治区、直辖市人民政府应当建立对蓄滞洪区的扶持和补偿、救助制度。国务院和有关的省、自治区、直辖市人民政府可以制定洪泛区、蓄滞洪区安全建设管理办法以及对蓄滞洪区的扶持和补偿、救助办法。

2）洪水影响评价

在洪泛区、蓄滞洪区内建设非防洪建设项目，应当就洪水对建设项目可能产生的影响和建设项目对防洪可能产生的影响作出评价，编制洪水影响评价报告，提出防御措施。洪水影响评价报告未经有关水行政主管部门审查批准的，建设单位不得开工建设。在蓄滞洪区内建设的油田、铁路、公路、矿山、电厂、电信设施和管道，其洪水影响评价报告应当包括建设单位自行安排的防洪避洪方案。建设项目投入生产或者使用时，其防洪工程设施应当经水行政主管部门验收。

大中城市，重要的铁路、公路干线，大型骨干企业，应当列为防洪重点，确保安全。受洪水威胁的城市、经济开发区、工矿区和国家重要的农业生产基地等，应当重点保护，建设必要的防洪工程设施。城市建设不得擅自填堵原有河道沟汊、贮水湖塘洼淀和废除原有防洪围堤。确需填堵或者废除的，应当经城市人民政府批准。

属于国家所有的防洪工程设施，应当按照经批准的设计，在竣工验收前由县级以上人民政府按照国家规定，划定管理和保护范围。属于集体所有的防洪工程设施，应当按照省、自治区、直辖市人民政府的规定，划定保护范围。在防洪工程设施保护范围内，禁止进行爆破、打井、采石、取土等危害防洪工程设施安全的活动。

各级人民政府应当组织有关部门加强对水库大坝的定期检查和监督管理。对未达到设计洪水标准、抗震设防要求或者有严重质量缺陷的险坝，大坝主管部门应当组织有关单位采取除险加固措施，限期消除危险或者重建，有关人民政府应当优先安排所需资金。对可能出现垮坝的水库，应当事先制定应急抢险和居民临时撤离方案。各级人民政府和有关主管部门应当加强对尾矿坝的监督管理，采取措施，避免因洪水导致垮坝。

2. 非工程性准备

各级防汛指挥部应当储备一定数量的防汛抢险物资，由商业、供销、物资部门代储的，可以支付适当的保管费。受洪水威胁的单位和群众应当储备一定的防汛抢险物料。防汛抢险所需的主要物资，由计划主管部门在年度计划中予以安排。

（四）抗旱应急准备

1. 工程性准备

县级以上人民政府应当加强农田水利基础设施建设和农村饮水工程建设，组织做好抗旱应急工程及其配套设施建设和节水改造，提高抗旱供水能力和水资源利用效率。县级以上人民政府水行政主管部门应当组织做好农田水利基础设施和农村饮水工程的管理和维护，确保其正常运行，并做好水资源的分配、调度和保护工作，组织建设抗旱应急水源工程和集雨设施。干旱缺水地区的地方人民政府及有关集体经济组织应当因地制宜修建中小微型蓄水、引水、提水工程和雨水集蓄利用工程。

2. 非工程性准备

1）技术准备

国家鼓励和扶持研发、使用抗旱节水机械和装备，推广农田节水技术，支持旱作地区修建抗旱设施，发展旱作节水农业。国家鼓励、引导、扶持社会组织和个人建设、经营抗旱设施，并保护其合法权益。县级以上地方人民政府应当做好干旱期城乡居民生活供水的应急水源贮备保障工作。

2）资金与物资准备

各级人民政府应当建立和完善与经济社会发展水平以及抗旱减灾要求相适应的资金投入机制，在本级财政预算中安排必要的资金，保障抗旱减灾投入。干旱灾害频繁发生地区的县级以上地方人民政府，应当根据抗旱工作需要储备必要的抗旱物资，并加强日常管理。

3）宣传教育

各级人民政府应当开展节约用水宣传教育，推行节约用水措施，推广节约用水新技术、新工艺，建设节水型社会。

（五）气象灾害应急准备

1. 工程性准备

1）气象灾害风险区的划定

县级以上地方人民政府应当组织气象等有关部门对本行政区域内发生的气象灾害的种类、次数、强度和造成的损失等情况开展气象灾害普查，建立气象灾害数据库，按照气象灾害的种类进行气象灾害风险评估，并根据气象灾害分布情况和气象灾害风险评估结果，划定气象灾害风险区域。

2）安装雷电防护装置的“三同时”制度

各类建（构）筑物、场所和设施安装雷电防护装置应当符合国家有关防雷标准的规定。新建、改建、扩建建（构）筑物、场所和设施的雷电防护装置应当与主体工程同时设计、同时施工、同时投入使用。

新建、改建、扩建建设工程雷电防护装置的设计、施工，可以由取得相应建设、公路、水路、铁路、民航、水利、电力、核电、通信等专业工程设计、施工资质的单位承担。油库、气库、弹药库、化学品仓库和烟花爆竹、石化等易燃易爆建设工程和场所，雷电易发区内的矿区、旅游景点或者投入使用的建（构）筑物、设施等需要单独安装雷电防护装置的场所，以及雷电风险高且没有防雷标准规范、需要进行特殊论证的大型项目，其雷电防护装置的设计审核和竣工验收由县级以上地方气象主管机构负责。未经设计审核或者设计审核不合格的，不得施工；未经竣工验收或者竣工验收不合格的，不得交付使用。房屋建筑、市政基础设施、公路、水路、铁路、民航、水利、电力、核电、通信等建设工程的主管部门，负责相应领域内建设工程的防雷管理。

2. 非工程性准备

1）气象灾害防御知识宣传和应急演练

地方各级人民政府应当根据本地气象灾害特点，组织开展气象灾害应急演练，提高应急救援能力。居民委员会、村民委员会、企业事业单位应当协助本地人民政府做好气象灾害防御知识的宣传和气象灾害应急演练工作。

2）防护林和紧急避难场所建设

大风（沙尘暴）、龙卷风多发区域的地方各级人民政府、有关部门应当加强防护林和紧急避难场所等建设，并定期组织开展建（构）筑物防风避险的监督检查。台风多发区域的地方各级人民政府、有关部门应当加强海塘、堤防、避风港、防护林、避风锚地、紧急避难场所等建设，并根据台风情况做好人员转移等准备工作。

3）供电、供水和医药准备

地方各级人民政府、有关部门和单位应当在高温来临前做好供电、供水和防暑医药供应的准备工作，并合理调整工作时间。

4）交通疏导、调度和防护准备

大雾、霾多发区域的地方各级人民政府、有关部门和单位应当加强对机场、港口、高速公路、航道、渔场等重要场所和交通要道的大雾、霾的监测设施建设，做好交通疏导、调度和防护等准备工作。

第四节　自然灾害监测与预警法律制度

为了在灾害来临前及时采取应对措施，最大限度减少灾害可能造成的损失，灾害监测预警系统必不可少。灾害预警信息如果发布及时，将为政府正确决策、及时应对以及社会公众科学防范提供有力支持。

一、地震监测与预警

(一) 监测

1. 统一规划，分级、分类管理制度

国家对地震监测台网实行统一规划，分级、分类管理。国务院地震工作主管部门和县级以上地方人民政府负责管理地震工作的部门或者机构，按照国务院有关规定，制定地震监测台网规划。全国地震监测台网由国家级地震监测台网、省级地震监测台网和市、县级地震监测台网组成，其建设资金和运行经费列入财政预算。

2. 台网建设与运行制度

《防震减灾法》第十九条至第二十二条对地震台网建设与运行制度作出了规定。

水库、油田、核电站等重大建设工程的建设单位，应当按照国务院有关规定，建设专用地震监测台网或者强震动监测设施，其建设资金和运行经费由建设单位承担。

地震监测台网的建设，应当遵守法律、法规和国家有关标准，保证建设质量。

地震监测台网不得擅自中止或者终止运行。检测、传递、分析、处理、存贮、报送地震监测信息的单位，应当保证地震监测信息的质量和安全。县级以上地方人民政府应当组织相关单位为地震监测台网的运行提供通信、交通、电力等保障条件。

沿海县级以上地方人民政府负责管理地震工作的部门或者机构，应当加强海域地震活动监测预测工作。海域地震发生后，县级以上地方人民政府负责管理地震工作的部门或者机构，应当及时向海洋主管部门和当地海事管理机构等通报情况。火山所在地的县级以上地方人民政府负责管理地震工作的部门或者机构，应当利用地震监测设施和技术手段，加强火山活动监测预测工作。

3. 地震监测设施和地震观测环境保护制度

国家依法保护地震监测设施和地震观测环境。任何单位和个人不得侵占、毁损、拆除或者擅自移动地震监测设施。地震监测设施遭到破坏的，县级以上地方人民政府负责管理地震工作的部门或者机构应当采取紧急措施组织修复，确保地震监测设施正常运行。任何单位和个人不得危害地震观测环境。国务院地震工作主管部门和县级以上地方人民政府负责管理地震工作的部门或者机构会同同级有关部门，按照国务院有关规定划定地震观测环境保护范围，并纳入土地利用总体规划和城乡规划。

新建、扩建、改建建设工程，应当避免对地震监测设施和地震观测环境造成危害。建设国家重点工程，确实无法避免对地震监测设施和地震观测环境造成危害的，建设单位应当按照县级以上地方人民政府负责管理地震工作的部门或者机构的要求，增建抗干扰设施；不能增建抗干扰设施的，应当新建地震监测设施。对地震观测环境保护范围内的建设工程项目，城乡规划主管部门在依法核发选址意见书时，应当征求负责管理地震工作的部门或者机构的意见；不需要核发选址意见书的，城乡规划主管部门在依法核发建设用地规划许可证或者乡村建设规划许可证时，应当征求负责管理地震工作的部门或者机构的意见。

4. 信息平台建设制度

《防震减灾法》第二十五条规定："国务院地震工作主管部门建立健全地震监测信息共享平台，为社会提供服务。县级以上地方人民政府负责管理地震工作的部门或者机构，应当将地震监测信息及时报送上一级人民政府负责管理地震工作的部门或者机构。专用地震监测台网和强震动监测设施的管理单位，应当将地震监测信息及时报送所在地省、自治区、直辖市人民政府负责管理地震工作的部门或者机构。"此条明确了地震信息平台的建设主体并确立了信息平台内容的逐级上报制度。

（二）预警

1. 预警内容

地震预报意见发布后，有关省、自治区、直辖市人民政府根据预报的震情可以宣布有关区域进入临震应急期；有关地方人民政府应当按照地震应急预案，组织有关部门做好应急防范和抗震救灾准备工作。

2. 等级划分

按照社会危害程度、影响范围等因素，地震灾害分为一般、较大、重大和特别重大四级。具体分级标准按照国务院规定执行。

二、地质灾害监测与预警

（一）监测

1. 监测体系的建立

国家建立地质灾害监测网络和预警信息系统。县级以上人民政府国土资源主管部门应当会同建设、水利、交通等部门加强对地质灾害险情的动态监测。因工程建设可能引发地质灾害的，建设单位应当加强地质灾害监测。

2. 群测群防

地质灾害易发区的县、乡、村应当加强地质灾害的群测群防工作。在地质灾害重点防范期内，乡镇人民政府、基层群众自治组织应当加强地质灾害险情的巡回检查，发现险情及时处理和报告。国家鼓励单位和个人提供地质灾害前兆信息。

3. 监测设施保护制度

国家保护地质灾害监测设施。任何单位和个人不得侵占、损毁、损坏地质灾害监测设施。

（二）预警

1. 预警内容

依据《地质灾害防治条例》相关规定，地质灾害预警主要由气象和国土两部门负责，预报内容主要包括时间预报、空间预报和强度预报。通过地质灾害气象预报系统对某一区域发生地质灾害的可能性作出预测，再通过专业监测和群测群防对单点的地质灾害发生的可能性作出预测。在具备相应条件时，要求预报区域要到乡（镇）一级；当灾害等级达到

3 级以上时，由县国土资源局和气象局会商取得一致意见后，按规定程序公开发布。信息发布方式是预报信息由县国土资源局和气象局联合署名共同发布，并通过县电视台、电台、县国土资源局网站、县气象局网站、手机短信等公众媒体发布。一旦发生地质灾害，县国土资源局、气象局要联合组织调查，将辖区内地质灾害发生的实际情况及时告知县委、县政府和县三防办，为县委、县政府有效防御地质灾害提供科学依据。

2. 等级划分

地质灾害预报预警等级依发生可能性的大小由低到高划分为五级。

三、旱灾监测与预警

（一）监测

我国《抗旱条例》第二十三条、第二十六条和第三十九条对旱灾监测作出了规定。

1. 各级气象主管机构的职责

各级气象主管机构应当加强气象科学技术研究，提高气象监测和预报水平，及时向人民政府防汛抗旱指挥机构提供气象干旱及其他与抗旱有关的气象信息。发生干旱灾害，各级气象主管机构应当做好气象干旱监测和预报工作，并适时实施人工增雨作业。

2. 完善旱情监测网络与抗旱信息系统

县级以上人民政府应当组织有关部门，充分利用现有资源，建设完善旱情监测网络，加强对干旱灾害的监测。县级以上人民政府防汛抗旱指挥机构应当组织完善抗旱信息系统，实现成员单位之间的信息共享，为抗旱指挥决策提供依据。

（二）预警

1. 预警内容

发生特大干旱，严重危及城乡居民生活、生产用水安全，可能影响社会稳定的，有关省、自治区、直辖市人民政府防汛抗旱指挥机构经本级人民政府批准，可以宣布本辖区内的相关行政区域进入紧急抗旱期，并及时报告国家防汛抗旱总指挥部。特大干旱旱情缓解后，有关省、自治区、直辖市人民政府防汛抗旱指挥机构应当宣布结束紧急抗旱期，并及时报告国家防汛抗旱总指挥部。

2. 等级划分

干旱灾害按照区域耕地和作物受旱的面积与程度以及因干旱导致饮水困难人口数量的多少，分为轻度干旱、中度干旱、严重干旱、特大干旱四级。

四、气象灾害监测与预警

（一）监测

1. 完善监测体系

县级以上地方人民政府应当根据气象灾害防御的需要，建设应急移动气象灾害监测设施，健全应急监测队伍，完善气象灾害监测体系。县级以上人民政府应当整合完善气象灾害监测信息网络，实现信息资源共享。

2. 重点监测区制度

各级气象主管机构及其所属的气象台站应当完善灾害性天气的预报系统，提高灾害性天气预报、警报的准确率和时效性。各级气象主管机构所属的气象台站、其他有关部门所属的气象台站和与灾害性天气监测、预报有关的单位应当根据气象灾害防御的需要，按照职责开展灾害性天气的监测工作，并及时向气象主管机构和有关灾害防御、救助部门提供雨情、水情、风情、旱情等监测信息。各级气象主管机构应当根据气象灾害防御的需要组织开展跨地区、跨部门的气象灾害联合监测，并将人口密集区、农业主产区、地质灾害易发区域、重要江河流域、森林、草原、渔场作为气象灾害监测的重点区域。

（二）预警

1. 预警内容

1）预警统一发布制度

各级气象主管机构所属的气象台站应当按照职责向社会统一发布灾害性天气警报和气象灾害预警信号，并及时向有关灾害防御、救助部门通报；其他组织和个人不得向社会发布灾害性天气警报和气象灾害预警信号。气象灾害预警信号的种类和级别，由国务院气象主管机构规定。

广播、电视、报纸、电信等媒体应当及时向社会播发或者刊登当地气象主管机构所属的气象台站提供的适时灾害性天气警报、气象灾害预警信号，并根据当地气象台站的要求及时增播、插播或者刊登。

2）建立和完善预警信息发布系统

县级以上地方人民政府应当建立和完善气象灾害预警信息发布系统，并根据气象灾害防御的需要，在交通枢纽、公共活动场所等人口密集区域和气象灾害易发区域建立灾害性天气警报、气象灾害预警信号接收和播发设施，并保证设施的正常运转。乡（镇）人民政府、街道办事处应当确定人员，协助气象主管机构、民政部门开展气象灾害防御知识宣传、应急联络、信息传递、灾害报告和灾情调查等工作。

2. 等级划分

气象预警信号分为台风、暴雨、暴雪、寒潮、大风、沙尘暴、高温、干旱、雷电、冰雹、霜冻、大雾、霾、道路结冰等14类。预警信号的级别依据气象灾害可能造成的危害程度、紧急程度和发展态势一般划分为Ⅳ（一般）、Ⅲ级（较重）、Ⅱ级（严重）、Ⅰ级（特别严重）四级，依次用蓝色、黄色、橙色和红色表示。

第五节　自然灾害应急处置与救援的基本法律制度

自然灾害的应急处置与救援是指在自然灾害发生后，为了将人员伤亡和财产损失降到最低所采取的救援措施，它是防灾减灾的重要组成部分，也是灾害发生后减少人员伤亡和财产损失的关键一环。

一、地震应急处置与救援

（一）地震应急响应

一般或者较大地震灾害发生后，地震发生地的市、县人民政府负责组织有关部门启动地震应急预案；重大地震灾害发生后，地震发生地的省、自治区、直辖市人民政府负责组织有关部门启动地震应急预案；特别重大地震灾害发生后，国务院负责组织有关部门启动地震应急预案，国务院抗震救灾指挥机构在地震灾区成立现场指挥机构，并根据需要设立相应的工作组，统一组织领导、指挥和协调抗震救灾工作。各级人民政府及有关部门和单位、中国人民解放军、中国人民武装警察部队和民兵组织，应当按照统一部署，分工负责，密切配合，共同做好地震应急救援工作。

（二）紧急措施

地震灾害发生后，抗震救灾指挥机构应当立即组织有关部门和单位迅速查清受灾情况，提出地震应急救援力量的配置方案，并采取以下紧急措施：

（1）迅速组织抢救被压埋人员，并组织有关单位和人员开展自救互救。

（2）迅速组织实施紧急医疗救护，协调伤员转移和接收与救治。

（3）迅速组织抢修毁损的交通、铁路、水利、电力、通信等基础设施。

（4）启用应急避难场所或者设置临时避难场所，设置救济物资供应点，提供救济物品、简易住所和临时住所，及时转移和安置受灾群众，确保饮用水消毒和水质安全，积极开展卫生防疫，妥善安排受灾群众生活。

（5）迅速控制危险源，封锁危险场所，做好次生灾害的排查与监测预警工作，防范地震可能引发的火灾、水灾、爆炸、山体滑坡和崩塌、泥石流、地面塌陷，或者剧毒、强腐蚀性、放射性物质大量泄漏等次生灾害以及传染病疫情的发生。

（6）依法采取维持社会秩序、维护社会治安的必要措施。

（三）紧急救援队伍

国务院建立国家地震灾害紧急救援队伍。省、自治区、直辖市人民政府和地震重点监视防御区的市、县人民政府可以根据实际需要，充分利用消防等现有队伍，按照一队多用、专职与兼职相结合的原则，建立地震灾害紧急救援队伍。地震灾害紧急救援队伍应当配备相应的装备、器材，开展培训和演练，提高地震灾害紧急救援能力。地震灾害紧急救援队伍在实施救援时，应当首先对倒塌建筑物、构筑物压埋人员进行紧急救援。

二、地质灾害应急处置与救援

（一）地质灾害应急响应

发生特大型或者大型地质灾害时，有关省、自治区、直辖市人民政府应当成立地质灾害抢险救灾指挥机构。必要时，国务院可以成立地质灾害抢险救灾指挥机构。发生其他地质灾害或者出现地质灾害险情时，有关市、县人民政府可以根据地质灾害抢险救灾工作的需要，成立地质灾害抢险救灾指挥机构。地质灾害抢险救灾指挥机构由政府领导负责、有关部门组成，在本级人民政府的领导下，统一指挥和组织地质灾害的抢险救灾工作。

发现地质灾害险情或者灾情的单位和个人，应当立即向当地人民政府或者国土资源主管部门报告。其他部门或者基层群众自治组织接到报告的，应当立即转报当地人民政府。当地人民政府或者县级人民政府国土资源主管部门接到报告后，应当立即派人赶赴现场，进行现场调查，采取有效措施，防止灾害发生或者灾情扩大，并按照国务院国土资源主管部门关于地质灾害灾情分级报告的规定，向上级人民政府和国土资源主管部门报告。

（二）各部门依职权分工负责

县级以上人民政府有关部门应当按照突发性地质灾害应急预案的分工，做好相应的应急工作。

国土资源主管部门应当会同同级建设、水利、交通等部门尽快查明地质灾害发生原因、影响范围等地质灾害应急响应情况，提出应急治理措施，减轻和控制地质灾害灾情。

民政、卫生、食品药品监督管理、商务、公安部门，应当及时设置避难场所和救济物资供应点，妥善安排灾民生活，做好医疗救护、卫生防疫、药品供应、社会治安工作。

气象主管机构应当做好气象服务保障工作。

通信、航空、铁路、交通部门应当保证地质灾害应急的通信畅通和救灾物资、设备、药物、食品的运送。

（三）紧急措施

根据地质灾害应急处理的需要，县级以上人民政府应当紧急调集人员，调用物资、交通工具和相关的设施、设备；必要时，可以根据需要在抢险救灾区域范围内采取交通管制等措施。因救灾需要，临时调用单位和个人的物资、设施、设备或者占用其房屋、土地的，事后应当及时归还；无法归还或者造成损失的，应当给予相应的补偿。

三、干旱灾害应急处置与救援

（一）干旱灾害应急响应

发生干旱灾害，县级以上人民政府防汛抗旱指挥机构应当按照抗旱预案规定的权限，启动抗旱预案，组织开展抗旱减灾工作。发生严重干旱和特大干旱，国家防汛抗旱总指挥部应当启动国家防汛抗旱预案，总指挥部各成员单位应当按照防汛抗旱预案的分工，做好相关工作。

（二）各部门依职权分工负责

发生干旱灾害，县级以上地方人民政府应当按照统一调度、保证重点、兼顾一般的原则对水源进行调配，优先保障城乡居民生活用水，合理安排生产和生态用水。县级以上人民政府防汛抗旱指挥机构或者流域防汛抗旱指挥机构可以按照批准的抗旱预案，制订应急水量调度实施方案，统一调度辖区内的水库、水电站、闸坝、湖泊等所蓄的水量。有关地方人民政府、单位和个人必须服从统一调度和指挥，严格执行调度指令。县级以上地方人民政府防汛抗旱指挥机构应当及时组织抗旱服务组织，解决农村饮水困难，提供抗旱技术咨询等方面的服务。

发生干旱灾害，各级气象主管机构除了做好前述的气象干旱监测和预报工作之外，还应适时实施人工增雨作业。县级以上人民政府卫生主管部门应当做好干旱灾害发生地区疾病预防控制、医疗救护和卫生监督执法工作，监督、检测饮用水水源卫生状况，确保饮水卫生安全，防止干旱灾害导致重大传染病疫情发生。县级以上人民政府民政部门应当做好干旱灾害的救助工作，妥善安排受灾地区群众基本生活。干旱灾害发生地区的乡镇人民政府、街道办事处、村民委员会、居民委员会应当组织力量，向村民、居民宣传节水抗旱知识，协助做好抗旱措施的落实工作。供水企事业单位应当加强对供水、水源和抗旱设施的管理与维护，按要求启用应急备用水源，确保城乡供水安全。

（三）紧急措施

根据《抗旱条例》第三十四条和第三十五条，在发生严重干旱和特大干旱情况下，县级以上地方人民政府防汛抗旱指挥机构可以采取以下紧急措施：

（1）启用应急备用水源或者应急打井、挖泉。

（2）设置临时抽水泵站，开挖输水渠道或者临时在江河沟渠内截水。

（3）使用再生水、微咸水、海水等非常规水源，组织实施人工增雨。

（4）组织向人畜饮水困难地区送水。

（5）压减供水指标。

（6）限制或者暂停高耗水行业用水。

（7）限制或者暂停排放工业污水。

（8）缩小农业供水范围或者减少农业供水量。

（9）限时或者限量供应城镇居民生活用水。

《抗旱条例》第四十七条规定，在紧急抗旱期，有关地方人民政府防汛抗旱指挥机构根据抗旱工作的需要，有权在其管辖范围内征用物资、设备、交通运输工具。

四、气象灾害应急处置与救援

（一）气象灾害应急响应

各级气象主管机构所属的气象台站应当及时向本级人民政府和有关部门报告灾害性天气预报、警报情况和气象灾害预警信息。县级以上地方人民政府、有关部门应当根据灾害性天气警报、气象灾害预警信号和气象灾害应急预案启动标准，及时作出启动相应应急预案的决定，向社会公布，并报告上一级人民政府；必要时，可以越级上报，并向当地驻军和可能受到危害的毗邻地区的人民政府通报。发生跨省、自治区、直辖市大范围的气象灾害，并造成较大危害时，由国务院决定启动国家气象灾害应急预案。

县级以上地方人民政府应当根据灾害性天气影响范围、强度，将可能造成人员伤亡或者重大财产损失的区域临时确定为气象灾害危险区，并及时予以公告。

（二）灾情监测与评估

气象灾害应急预案启动后，各级气象主管机构应当组织所属的气象台站加强对气象灾害的监测和评估，启用应急移动气象灾害监测设施，开展现场气象服务，及时向本级人民政府、有关部门报告灾害性天气实况、变化趋势和评估结果，为本级人民政府组织防御气象灾害提供决策依据。气象、水利、国土资源、农业、林业、海洋等部门应当根据气象灾害发生的情况，加强对气象因素引发的衍生、次生灾害的联合监测，并根据相应的应急预案，做好各项应急处置工作。

（三）各部门依职权分工负责

县级以上人民政府有关部门应当按照各自职责，做好相应的应急工作。

民政部门应当设置避难场所和救济物资供应点，开展受灾群众救助工作，并按照规定职责核查灾情、发布灾情信息。

卫生主管部门应当组织医疗救治、卫生防疫等卫生应急工作。

交通运输、铁路等部门应当优先运送救灾物资、设备、药物、食品，及时抢修被毁的道路交通设施。

住房城乡建设部门应当保障供水、供气、供热等市政公用设施的安全运行。电力、通信主管部门应当组织做好电力、通信应急保障工作。

国土资源部门应当组织开展地质灾害监测、预防工作。农业主管部门应当组织开展农业抗灾救灾和农业生产技术指导工作。

水利主管部门应当统筹协调主要河流、水库的水量调度，组织开展防汛抗旱工作。

公安部门应当负责灾区的社会治安和道路交通秩序维护工作，协助组织灾区群众进行紧急转移。

广播、电视、报纸、电信等媒体应当及时、准确地向社会传播气象灾害的发生、发展和应急处置情况。

（四）人员转移与救助

县级以上地方人民政府、有关部门应当根据气象灾害的发生情况，依照《突发事件应对法》的规定及时采取应急处置措施；情况紧急时，及时动员、组织受到灾害威胁的人员转移、疏散，开展自救互救。对当地人民政府、有关部门采取的气象灾害应急处置措施，任何单位和个人应当配合实施，不得妨碍气象灾害救助活动。

第六节　防灾减灾法律责任

防灾减灾法律责任由行政责任、民事责任和刑事责任构成。其中主要责任形式是行政法律责任，重点是行政法律责任中的处分和行政处罚。这是由防灾减灾法律、法规和规章侧重行政管理的性质决定的。

一、行政责任

（一）处分

我国《地质灾害防治条例》第四十条对国家机关工作人员在地质灾害防治工作中的违法行为，根据情节轻重规定了三种处分，分别是降级、撤职、开除；具体而言，有下列行为之一的，对直接负责的主管人员和其他直接责任人员，依法给予降级或者撤职的行政处分；造成地质灾害导致人员伤亡和重大财产损失的，依法给予开除的行政处分：

（1）未按照规定编制突发性地质灾害应急预案，或者未按照突发性地质灾害应急预案的要求采取有关措施、履行有关义务的。

（2）在编制地质灾害易发区内的城市总体规划、村庄和集镇规划时，未按照规定对规划区进行地质灾害危险性评估的。

（3）批准未包含地质灾害危险性评估结果的可行性研究报告的。

（4）隐瞒、谎报或者授意他人隐瞒、谎报地质灾害灾情，或者擅自发布地质灾害预报的。

（5）给不符合条件的单位颁发地质灾害危险性评估资质证书或者地质灾害治理工程勘查、设计、施工、监理资质证书的。

（6）在地质灾害防治工作中有其他渎职行为的。

（二）行政处罚

我国《地质灾害防治条例》对有关单位和个人在地质灾害防治工作中的违法行为，规定了责令限期改正、罚款、责令限期治理、责令停业整顿、降低资质等级、吊销资质证书、没收违法所得的行政处罚。具体规定如下：

建设单位有下列行为之一的，由县级以上地方人民政府国土资源主管部门责令限期改正；逾期不改正的，责令停止生产、施工或者使用，处 10 万元以上 50 万元以下的罚款：①未按照规定对地质灾害易发区内的建设工程进行地质灾害危险性评估的；②配套的地质灾害治理工程未经验收或者经验收不合格，主体工程即投入生产或者使用的。

违反《地质灾害防治条例》的规定，对工程建设等人为活动引发的地质灾害不予治理的，由县级以上人民政府国土资源主管部门责令限期治理；逾期不治理或者治理不符合要求的，由责令限期治理的国土资源主管部门组织治理，所需费用由责任单位承担，处 10 万元以上 50 万元以下的罚款。

违反《地质灾害防治条例》的规定，在地质灾害危险区内爆破、削坡、进行工程建设以及从事其他可能引发地质灾害活动的，由县级以上地方人民政府国土资源主管部门责令停止违法行为，对单位处 5 万元以上 20 万元以下的罚款，对个人处 1 万元以上 5 万元以下的罚款。

违反《地质灾害防治条例》的规定，有下列行为之一的，由县级以上人民政府国土资源主管部门或者其他部门依据职责责令停止违法行为，对地质灾害危险性评估单位、地质灾害治理工程勘查、设计或者监理单位处合同约定的评估费、勘查费、设计费或者监理酬金1倍以上2倍以下的罚款，对地质灾害治理工程施工单位处工程价款2%以上4%以下的罚款，并可以责令停业整顿，降低资质等级；有违法所得的，没收违法所得；情节严重的，吊销其资质证书：①在地质灾害危险性评估中弄虚作假或者故意隐瞒地质灾害真实情况的；②在地质灾害治理工程勘查、设计、施工以及监理活动中弄虚作假、降低工程质量的；③无资质证书或者超越其资质等级许可的范围承揽地质灾害危险性评估、地质灾害治理工程勘查、设计、施工及监理业务的；④以其他单位的名义或者允许其他单位以本单位的名义承揽地质灾害危险性评估、地质灾害治理工程勘查、设计、施工和监理业务的。

二、民事责任

防灾减灾民事法律责任是指在防灾减灾活动中,民事关系主体违反民事法律规范、不履行民事法律义务时所应承担的法律后果。它主要是一种民事救济手段,旨在使受害人被侵犯的权益得到恢复。其具体责任形式为恢复原状或者采取其他补救措施、依法赔偿损失等。

在防震减灾民事责任方面，《防震减灾法》《地震监测设施和地震观测环境保护条例》《破坏性接应急条例》等法律、法规规定，对以下行为责令恢复原状、依法赔偿损失：

（1）侵占、毁损、拆除或者擅自移动地震监测设施的。

（2）危害地震观测环境的。

（3）破坏典型地震遗址、遗迹的。

（4）建设单位从事建设活动时，未按照要求增建抗干扰设施或者新建地震监测设施，对地震监测设施或者地震观测环境造成破坏的。

关于地质灾害防治的民事责任，依据《地质灾害防治条例》，建设单位、地质灾害危险性评估单位、地质灾害治理工程勘查、设计、施工、监理单位和个人的违法行为，给他人造成损失的，应当依法承担赔偿责任；对侵占、损毁、损坏地质灾害监测设施或者地质灾害治理工程设施的，应当限期恢复原状或者采取其他补救措施。

三、刑事责任

防灾减灾刑事法律责任，是指在防灾减灾活动中，行为人实施了刑法所明文禁止的行为而必须承担的惩罚性法律后果。

根据现行防震减灾法律的规定，违反防震减灾法律构成犯罪的，依照《刑法》的有关规定追究刑事责任，这主要有以下几种情况：①盗窃地震应急工作经费或者物资，盗窃地震观测设施的行为，构成犯罪的，以盗窃罪追究刑事责任；②破坏地震监测设施及其观测环境，危害公共安全造成严重后果的，以危害公共安全罪追究刑事责任；③在临震应急期或者震后应急期哄抢国家、集体或者公民财产，构成犯罪的，以抢劫罪追究刑事责任；④挪用地震应急工作经费或者物资，构成犯罪的，以挪用公款罪追究刑事责任；⑤以暴力、威胁方法阻碍地震行政主管部门工作人员依法执行公务，或者阻挠抗震救灾指挥紧急调用物资、人员或者占用场地，构成犯罪的，以阻挠公务罪追究刑事责任；⑥地震行政主管部门、其他部门工作人员在防震减灾工作中滥用职权、玩忽职守或者徇私舞弊，致使公共财产、国家和人民利益遭受重大损失，构成犯罪的，以渎职罪追究刑事责任；⑦地震行政主管部门、其他部门工作人员利用职务之便，侵吞、窃取、骗取或者以其他手段非法占用公共财物的，或者贪污地震应急工作经费或物资，构成犯罪的，以贪污罪追究刑事责任。

依据《地质灾害防治条例》，有关县级以上地方人民政府、国土资源主管部门和其他有关部门的违法行为，建设单位的违法行为，地质灾害危险性评估单位、地质灾害治理工程勘查、设计、施工、监理单位的违法行为以及其他有关单位和个人的违法行为，可能触犯刑法关于受贿罪、玩忽职守罪、滥用职权罪、以其他危险方法危害公共安全罪、重大安全事故罪和伪造、变造、买卖国家机关公文、证件、印章罪以及故意毁坏财物罪。因而对上述情形，构成犯罪的，要依法追究刑事责任。

我国《气象法》《气象灾害防御条例》《抗旱条例》等法律文件中也规定了防灾减灾过程中需要承担刑事责任的各种情形，在此不再一一介绍。

【本章重点】

1. 自然灾害是指由自然因素造成人类生命、财产、社会功能和生态环境等损害的事件或现象，包括洪涝、干旱灾害，台风、冰雹、雪、沙尘暴等气象灾害，火山、地震灾害，山体崩塌、滑坡、泥石流等地质灾害，风暴潮、海啸等海洋灾害，森林草原火灾和重大生物灾害。

2. 自然灾害防治工作，实行预防为主、防御与救助相结合的方针。

3. 防灾减灾法的基本原则包括预防为主原则、政府统一领导和政府职能部门分工负责的原则、坚持防灾减灾科普宣传教育和演练的原则、社会公众广泛参与原则。

4. 防灾减灾规划是政府对减轻自然灾害的各方面工作的统一规划，是加强自然灾害预防、提高综合防灾减灾能力的重要依据。

5. 自然灾害应急预案是指各级人民政府及其部门、基层组织、企事业单位、社会团体等为依法、迅速、科学、有序应对自然灾害这一突发事件，最大限度减少自然灾害及其造成的损失而预先制定的工作方案。

6. 自然灾害应急准备制度包括工程性准备和非工程性准备。

7. 为了在灾害来临前及时采取应对措施，最大限度减少灾害可能造成的损失，灾害监测预警系统必不可少。自然灾害监测与预警法律制度包括地震监测与预警、地质灾害监测与预警、旱灾监测与预警、气象灾害监测与预警；自然灾害应急处置与救援的基本法律制度包括地震、地质、旱灾、气象等灾害应急处置与救援。

8. 防灾减灾法律责任由行政责任、民事责任和刑事责任构成。其中主要责任形式是行政法律责任，重点是行政法律责任中的处分和行政处罚。

【课后习题】

1. 简述我国防灾减灾法的基本原则。
2. 结合实例谈一谈我国《防震减灾法》关于监测与预警的规定。
3. 简述我国自然灾害应急响应的规定。

第十章
突发公共卫生事件应急管理法律制度

突发公共卫生事件是一种重要的突发公共卫生事件。尤其自 2020 年以来，蔓延全球的新冠疫情这一公共卫生事件应对成为世界各国面临的共同难题。中国依法应对新冠病毒为世界各国作出了重要贡献。自 2003 年“非典”以来，我国关于突发公共卫生事件应急管理的法律制度不断建立并完善，形成了系统的公共卫生事件应急管理法律制度体系。

第一节　突发公共卫生事件应急管理法律制度概述

一、突发公共卫生事件的概念和特征

依据《突发公共卫生事件应急条例》第二条，突发公共卫生事件，是指突然发生，造成或者可能造成社会公众健康严重损害的重大传染病疫情、群体性不明原因疾病、重大食物和职业中毒以及其他严重影响公众健康的事件。

突发公共卫生事件具有突发性、多样性、广泛性和综合性等特点。

（1）突发性。突发公共卫生事件的突发性是指突发公共卫生事件的确切发生时间和地点具有不可预见性，且具有不确定性。虽然突发公共卫生事件存在发生征兆和预警的可能，但往往很难对其发生作出准确预测和及时识别；甚至有些突发公共卫生事件的发生事先没有预兆，难以作出能完全避免此类事件发生的应对措施。突发公共卫生事件难以预见但并不等于不能预见，随着公共卫生体制和预警机制的不断健全和完善，更多的突发公共卫生事件是有可能预料或预见的。

（2）多样性。突发公共卫生事件的多样性体现在引起突发公共卫生事件的因素多种多样，主要有生物因素、自然灾害、食品安全事件、职业中毒等。突发公共卫生事件的多样性导致应对各种突发公共卫生事件的复杂性。例如对某一种重大传染病的致病原因等通常难以在短时间内从医学上进行准确研判，导致应对突发公共卫生事件的困难。

（3）广泛性。突发公共卫生事件的广泛性是指突发公共卫生事件影响范围广，其并非仅仅影响少数人的健康，而是受害者范围广，尤其是对儿童、老人、妇女和体弱多病者等特殊人群的影响更加突出。当前我们正处在全球化的时代，某一种疾病可以通过现代交通工具或者物流实现跨区域甚至跨国流动，而一旦造成传播，就会成为全球性的公共卫生

事件。

（4）综合性。突发公共卫生事件的综合性是指突发公共卫生事件的应急管理不仅仅是公共卫生部门的工作，往往涉及社会诸多环节、诸多部门，是一个社会问题。因此，突发公共卫生事件的应急处理必须由政府统一指挥，需要卫生行政主管部门和其他有关部门，在各自的职责范围内做好突发公共卫生事件应急处理的有关工作。突发公共卫生事件事关每一个人的生命健康安全，需要受疫情影响的地区全社会成员通力协作、共同努力，方能合理妥善处理，将其危害降到最低程度。

二、突发公共卫生事件的分级

根据突发公共卫生事件性质、危害程度、涉及范围，突发公共卫生事件划分为特别重大（Ⅰ级）、重大（Ⅱ级）、较大（Ⅲ级）和一般（Ⅳ级）四级。其中，特别重大突发公共卫生事件主要包括：

（1）肺鼠疫、肺炭疽在大、中城市发生并有扩散趋势，或肺鼠疫、肺炭疽疫情波及2个以上的省份，并有进一步扩散趋势。

（2）发生传染性非典型肺炎、人感染高致病性禽流感病例，并有扩散趋势。

（3）涉及多个省份的群体性不明原因疾病，并有扩散趋势。

（4）发生新传染病或我国尚未发现的传染病发生或传入，并有扩散趋势，或发现我国已消灭的传染病重新流行。

（5）发生烈性病菌株、毒株、致病因子等丢失事件。

（6）周边以及与我国通航的国家和地区发生特大传染病疫情，并出现输入性病例，严重危及我国公共卫生安全的事件。

（7）国务院卫生行政主管部门认定的其他特别重大突发公共卫生事件。

三、突发公共卫生事件应急法的渊源

突发公共卫生事件应急法的渊源是指突发公共卫生事件应急法的表现形式。因法的渊源有宪法、法律、行政法规、部门规章、地方性法规和地方政府规章以及其他规范性法律文件等。因此，从广义上讲，突发公共卫生事件应急法的渊源也表现为宪法、法律、法规规章等。目前，我国虽然未制定突发公共卫生事件应急法，但存在大量的突发公共卫生事件法律制度。法律层面主要是《传染病防治法》《突发公共卫生事件应对法》，行政法规层面主要是《突发公共卫生事件应急条例》，地方性法规层面主要是各省、自治区、直辖市人民代表大会或常委会制定的适用于本地区的有关突发公共卫生事件应对地方性法规，部门规章层面主要是《传染病防治法实施办法》，地方政府规章层面主要是有规章制定权的地方人民政府制定的突发公共卫生事件应急方面的政府规章。

四、突发公共卫生事件应急工作的方针

依据《突发公共卫生事件应急条例》第五条，突发公共卫生事件应急工作的方针是预

防为主、常备不懈。预防为主是卫生工作的基本指导方针，也是减少各类突发公共卫生事件的保证，是有效应对突发公共卫生事件的前提。预防为主主要是预防突发公共卫生事件的发生，做好预防工作，可以有效控制传染病的发生和传播，减少食物中毒、职业中毒和其他突发公共卫生事件。常备不懈，既是对预防突发公共卫生事件的长期性要求，也是对突发公共卫生事件应急工作的要求。预防为主不是一个短暂的过程，而是需要长期贯彻执行。为有效应对突发公共卫生事件，需要做好突发公共卫生事件应急准备工作，且准备工作必须常抓不懈，这样才能确保一旦发生突发公共卫生事件，有必要的应急资源加以应对。因此，要提高全社会对突发公共卫生事件的防范意识，落实各项防范措施，做好人员、技术、物资和设备的应急储备工作。对各类可能引发突发公共卫生事件的情况要及时进行分析、预警，做到早发现、早报告、早处理。

五、突发公共卫生事件应急工作的原则

依据《突发公共卫生事件应急条例》第五条，突发公共卫生事件应急工作的原则是统一领导、分级负责、反应及时、措施果断、依靠科学、加强合作。

（一）统一领导

统一领导是指突发公共卫生事件发生后，由人民政府统一领导、统一指挥突发公共卫生事件应急处理。突发公共卫生事件发生后，国务院设立全国突发公共卫生事件应急处理指挥部，由国务院有关部门和军队有关部门组成，国务院主管领导人担任总指挥，负责对全国突发公共卫生事件应急处理的统一领导、统一指挥。突发公共卫生事件发生后，省、自治区、直辖市人民政府成立地方突发公共卫生事件应急处理指挥部，省、自治区、直辖市人民政府主要领导人担任总指挥，负责领导、指挥本行政区域内突发公共卫生事件的应急处理工作。针对传染病应急工作，《传染病防治法》第五条也规定，各级人民政府领导传染病防治工作。县级以上人民政府制定传染病防治规划并组织实施，建立健全传染病防治的疾病预防控制、医疗救治和监督管理体系。地方各级人民政府根据本级人民政府卫生行政主管部门的建议和实际工作需要，决定是否成立地方应急指挥部。地方各级人民政府及有关部门和单位要按照属地管理的原则，切实做好本行政区域内突发公共卫生事件应急处理工作。

（二）分级负责

鉴于突发公共卫生事件的影响范围广、应对的复杂性等，《突发公共卫生事件应急条例》规定，国务院应当设立全国突发公共卫生事件应急处理指挥部，统一领导、统一指挥。省、自治区、直辖市人民政府成立地方突发公共卫生事件应急处理指挥部。这一规定要求国务院、省级人民政府应当成立“指挥部”，但并未否认县级以上人民政府对疫情防控的统一指挥职责。“分级负责”主要包括两个层面的内容：一是地方各级人民政府应当依照法律、行政法规的规定，做好传染病预防和其他公共卫生工作，防范突发公共卫生事件发生；二是根据突发公共卫生事件的性质、范围和危害程度，对突发公共卫生事件实行

分级管理。各级人民政府负责突发公共卫生事件应急处理的统一领导和指挥，各有关部门按照预案规定，在各自的职责范围内做好突发公共卫生事件应急处理的有关工作。

（三）反应及时

实践证明，突发公共卫生事件发生后，快速反应，能够及时将传染病以及其他公共卫生事件致灾因子熄灭。因此，对公共卫生事件进行监测、预警并对发生的突发公共卫生事件快速处置，对预防和控制传染病等公共卫生事件造成更大危害具有非常重要的意义。《传染病防治法》《突发公共卫生事件应急条例》等关于传染病等突发公共卫生事件应急工作的诸多规定，都体现了反应及时的要求。例如，突发公共卫生事件监测机构发现有可能发生传染病暴发、流行的情形时，应当在 2 h 内向所在地县级人民政府卫生行政主管部门报告；接到报告的卫生行政主管部门应当在 2 h 内向本级人民政府报告，并同时向上级人民政府卫生行政主管部门和国务院卫生行政主管部门报告。

（四）措施果断

突发公共卫生事件一旦发生，各级人民政府和县级以上人民政府有关部门应当立即采取果断措施。应急预案启动前，县级以上各级人民政府有关部门应当根据突发公共卫生事件的实际情况，做好应急处理准备，采取必要的应急措施。应急预案启动后，突发公共卫生事件发生地的人民政府有关部门，应当根据预案规定的职责要求，服从突发公共卫生事件应急处理指挥部的统一指挥，立即到达规定岗位，采取有关的控制措施。根据突发公共卫生事件应急处理的需要，突发公共卫生事件应急处理指挥部有权紧急调集人员、储备的物资、交通工具以及相关设施、设备；必要时，对人员进行疏散或者隔离，并可以依法对传染病疫区实行封锁。这就要求："地方各级人民政府和卫生行政主管部门要按照相关法律、法规和规章的规定，完善突发公共卫生事件应急体系，建立健全系统、规范的突发公共卫生事件应急处理工作制度，对突发公共卫生事件和可能发生的公共卫生事件作出快速反应，及时、有效开展监测、报告和处理工作。"

（五）依靠科学

突发公共卫生事件应急工作要充分尊重和依靠科学，要重视开展防范和处理突发公共卫生事件的科研和培训，为突发公共卫生事件应急处理提供科技保障。县级以上各级人民政府应当组织开展防治突发公共卫生事件相关科学研究，建立突发公共卫生事件应急流行病学调查、传染源隔离、医疗救护、现场处置、监督检查、监测检验、卫生防护等有关物资、设备、设施、技术与人才资源储备，所需经费列入本级政府财政预算。国家对边远贫困地区突发公共卫生事件应急工作给予财政支持。

（六）加强合作

有些突发公共卫生事件例如传染病是超地域的，可在一国内部传播，也可跨国传播。因此，突发公共卫生事件的应对需要加强合作。这就要求：

一是加强一国内部各地区的合作。《突发公共卫生事件应对法》第七条第一款规定，如果突发公共卫生事件涉及两个以上行政区域的，由有关行政区域共同的上一级人民政府负责，或者由各有关行政区域的上一级人民政府共同负责。第四十条规定："可能发生重大或者特别重大突发公共卫生事件的，应当立即向上级人民政府报告，并向上级人民政府有关部门、当地驻军和可能受到危害的毗邻或者相关地区的人民政府通报。"这样规定的目的之一，在于共同应对突发公共卫生事件。

二是加强各地区有关部门的合作。县级以上地方人民政府卫生行政主管部门，具体负责组织突发公共卫生事件的调查、控制和医疗救治工作。县级以上地方人民政府有关部门，在各自的职责范围内做好突发公共卫生事件应急处理的有关工作。各有关部门和单位要通力合作、资源共享，有效应对突发公共卫生事件。要广泛组织、动员公众参与突发公共卫生事件的应急处理。县级以上各级人民政府及其卫生行政主管部门，应当对参加突发公共卫生事件应急处理的医疗卫生人员，给予适当补助和保健津贴；对参加突发公共卫生事件应急处理作出贡献的人员，给予表彰和奖励；对因参与应急处理工作致病、致残、死亡的人员，按照国家有关规定，给予相应的补助和抚恤。

三是加强国际合作。国家鼓励、支持开展突发公共卫生事件监测、预警、反应处理有关技术的国际交流与合作，引进国外先进技术、装备和方法，提高我国应对突发公共卫生事件的整体水平。

第二节 突发公共卫生事件的预防与应急准备

一、突发公共卫生事件应急预案

根据制定主体不同，突发公共卫生事件应急预案分为国家突发公共卫生事件应急预案、地方突发公共卫生事件应急预案和有关部门的工作预案。

（一）突发公共卫生事件应急预案的制定

1. 国家突发公共卫生事件应急预案的制定

国家突发公共卫生事件应急预案由国务院卫生行政主管部门按照分类指导、快速反应的要求，负责制定全国突发公共卫生事件应急预案，报请国务院批准后组织实施。2006年，依据《中华人民共和国传染病防治法》《中华人民共和国食品卫生法》《中华人民共和国职业病防治法》《中华人民共和国国境卫生检疫法》《突发公共卫生事件应急条例》《国内交通卫生检疫条例》和《国家突发公共事件总体应急预案》，制定了《国家突发公共卫生事件应急预案》。

《国家突发公共卫生事件应急预案》应当包括以下主要内容：①突发公共卫生事件应急处理指挥部的组成和相关部门的职责；②突发公共卫生事件的监测与预警；③突发公共卫生事件信息的收集、分析、报告、通报制度；④突发公共卫生事件应急处理技术和监测机构及其任务；⑤突发公共卫生事件的分级和应急处理工作方案；⑥突发公共卫生事件预防、现场控制、应急设施、设备、救治药品和医疗器械以及其他物资和技术的储备与调度；⑦突发公共卫生事件应急处理专业队伍的建设和培训。

2. 地方人民政府突发公共卫生事件应急预案的制定

县级以上地方人民政府依据《突发公共卫生事件应急条例》的规定，参照《国家突发公共卫生事件总体应急预案》并结合本地区实际情况，组织制定本地区突发公共卫生事件应急预案。

3. 有关部门工作预案的制定

国务院有关部门根据需要，结合《国家突发公共卫生事件总体应急预案》的规定，制定本部门职责范围内的具体工作预案。县级以上地方人民政府有关部门根据需要和本地区突发公共卫生事件应急预案，制定本部门职责范围内的具体工作预案。

（二）预案演练

各级人民政府卫生行政主管部门要按照“统一规划、分类实施、分级负责、突出重点、适应需求”的原则，采取定期和不定期相结合的形式，组织开展突发公共卫生事件应急预案的应急演练。

（三）突发公共卫生事件应急预案的修订、补充

突发公共卫生事件应急预案应当根据突发公共卫生事件的变化和实施中发现的问题及时进行更新、修订和补充。

二、防范发生突发公共卫生事件

地方各级人民政府应当依照法律、行政法规的规定，做好传染病预防和其他公共卫生工作，防范突发公共卫生事件的发生。县级以上各级人民政府卫生行政主管部门和其他有关部门，应当对公众开展突发公共卫生事件应急知识的专门教育，增强全社会对突发公共卫生事件的防范意识和应对能力。

三、建立突发公共卫生事件应急组织体系

国家突发公共卫生事件应急组织体系主要包括应急指挥机构、日常管理机构、专家咨询委员会和应急处理专业技术机构。

（一）应急指挥机构

1. 全国突发公共卫生事件应急指挥部的组成和职责

全国突发公共卫生事件应急指挥部负责对特别重大突发公共卫生事件的统一领导、统一指挥，作出处理突发公共卫生事件的重大决策。指挥部成员单位根据突发公共卫生事件的性质和应急处理的需要确定。

2. 省级突发公共卫生事件应急指挥部的组成和职责

省级突发公共卫生事件应急指挥部由省级人民政府有关部门组成，实行属地管理的原则，负责对本行政区域内突发公共卫生事件应急处理的协调和指挥，作出处理本行政区域内突发公共卫生事件的决策，决定要采取的措施。

（二）日常管理机构

国务院卫生行政主管部门设立卫生应急办公室（突发公共卫生事件应急指挥中心），负责全国突发公共卫生事件应急处理的日常管理工作。各省、自治区、直辖市人民政府卫生行政主管部门及军队、武警系统要参照国务院卫生行政主管部门突发公共卫生事件日常管理机构的设置及职责，结合各自实际情况，指定突发公共卫生事件的日常管理机构，负责本行政区域或本系统内突发公共卫生事件应急的协调、管理工作。各市（地）级、县级卫生行政主管部门要指定机构负责本行政区域内突发公共卫生事件应急的日常管理工作。

（三）专家咨询委员会

国务院卫生行政主管部门和省级卫生行政主管部门负责组建突发公共卫生事件专家咨询委员会。市（地）级和县级卫生行政主管部门可根据本行政区域内突发公共卫生事件应急工作需要，组建突发公共卫生事件应急处理专家咨询委员会。

（四）应急处理专业技术机构

医疗机构、疾病预防控制机构、卫生监督机构、出入境检验检疫机构是突发公共卫生事件应急处理的专业技术机构。应急处理专业技术机构要结合本单位职责开展专业技术人员处理突发公共卫生事件能力培训，提高快速应对能力和技术水平，在发生突发公共卫生事件时，要服从卫生行政主管部门的统一指挥和安排，开展应急处理工作。

四、应对突发公共卫生事件的物资保障

国务院有关部门和县级以上地方人民政府及其有关部门，应当根据突发公共卫生事件应急预案的要求，保证应急设施、设备、救治药品和医疗器械等物资储备。

应保障突发公共卫生事件应急基础设施项目建设经费，按规定落实对突发公共卫生事件应急处理专业技术机构的财政补助政策和突发公共卫生事件应急处理经费。应根据需要对边远贫困地区突发公共卫生事件应急工作给予经费支持。国务院有关部门和地方各级人民政府应积极通过国际、国内等多渠道筹集资金，用于突发公共卫生事件应急处理工作。

五、突发公共卫生事件应急队伍建设

县级以上各级人民政府应当加强急救医疗服务网络的建设，配备相应的医疗救治药物、技术、设备和人员，提高医疗卫生机构应对各类突发公共卫生事件的救治能力。设区的市级以上地方人民政府应当设置与传染病防治工作需要相适应的传染病专科医院，或者指定具备传染病防治条件和能力的医疗机构承担传染病防治任务。县级以上地方人民政府卫生行政主管部门，应当定期对医疗卫生机构和人员开展突发公共卫生事件应急处理相关知识、技能的培训，推广最新知识和先进技术。因此，各级人民政府卫生行政主管部门按照“平战结合、因地制宜，分类管理、分级负责，统一管理、协调运转”的原则建立突发公共卫生事件应急救治队伍，并加强管理和培训。

六、建立完善突发公共卫生事件的技术保障

突发公共卫生事件的技术保障体现为信息系统、疾病预防控制体系、应急医疗救治体系、卫生执法监督体系“一系统三体系”建设。

（一）信息系统

国家建立突发公共卫生事件应急决策指挥系统的信息、技术平台，承担突发公共卫生事件及相关信息收集、处理、分析、发布和传递等工作，采取分级负责的方式实施。要在充分利用现有资源的基础上建设医疗救治信息网络，实现卫生行政主管部门、医疗救治机构与疾病预防控制机构之间的信息共享。

（二）疾病预防控制体系

依据《突发公共卫生事件应急条例》第十四条第一款，国家建立统一的突发公共卫生事件预防控制体系。各省（区、市）、市（地）、县（市）要加快疾病预防控制机构和基层预防保健组织建设，强化医疗卫生机构疾病预防控制的责任；建立功能完善、反应迅速、运转协调的突发公共卫生事件应急机制；健全覆盖城乡、灵敏高效、快速畅通的疫情信息网络；改善疾病预防控制机构基础设施和实验室设备条件；加强疾病控制专业队伍建设，提高流行病学调查、现场处置和实验室检测检验能力。

（三）应急医疗救治体系

按照“中央指导、地方负责、统筹兼顾、平战结合、因地制宜、合理布局”的原则，逐步在全国范围内建成包括急救机构、传染病救治机构和化学中毒与核辐射救治基地在内的，符合国情、覆盖城乡、功能完善、反应灵敏、运转协调、持续发展的医疗救治体系。

（四）卫生执法监督体系

国家建立统一的卫生执法监督体系。各级卫生行政主管部门要明确职能，落实责任，规范执法监督行为，加强卫生执法监督队伍建设。对卫生监督人员实行资格准入制度和在岗培训制度，全面提高卫生执法监督的能力和水平。

七、突发公共卫生事件的监测与预警

国家建立突发公共卫生事件监测预警制度。县级以上地方人民政府应当建立和完善突发公共卫生事件监测与预警系统。县级以上各级人民政府卫生行政主管部门，应当指定机构负责开展突发公共卫生事件的日常监测，并确保监测与预警系统正常运行。

日常监测工作主要由各级医疗、疾病预防控制、卫生监督和出入境检疫机构负责。省级人民政府卫生行政主管部门要按照国家统一规定和要求，结合实际，组织开展重点传染病和突发公共卫生事件的主动监测。国务院卫生行政主管部门和地方各级人民政府卫生行政主管部门要加强对监测工作的管理和监督，保证监测质量。监测与预警工作应当根据突发公共卫生事件的类别，制定监测计划，科学分析、综合评价监测数据。

各级人民政府卫生行政主管部门根据医疗机构、疾病预防控制机构、卫生监督机构提

供的监测信息，按照公共卫生事件的发生、发展规律和特点，及时分析其对公众身心健康的危害程度、可能的发展趋势，及时作出预警。

对早期发现的潜在隐患以及可能发生的突发公共卫生事件，应当依照《突发公共卫生事件应急条例》规定的报告程序和时限及时报告。

第三节　突发公共卫生事件的报告与信息发布

一、突发公共卫生事件的报告

国家建立突发公共卫生事件应急报告制度。为提高报告效率，国务院卫生行政主管部门制定突发公共卫生事件应急报告规范，建立重大、紧急疫情信息报告系统。

（一）报告主体

任何单位和个人都有权向国务院卫生行政主管部门和地方各级人民政府及其有关部门报告突发公共卫生事件及其隐患。

县级以上各级人民政府卫生行政主管部门指定的突发公共卫生事件监测机构、各级各类医疗卫生机构、卫生行政主管部门、县级以上地方人民政府和检验检疫机构、食品药品监督管理机构、环境保护监测机构、教育机构等有关单位为突发公共卫生事件的责任报告单位。执行职务的各级各类医疗卫生机构的医疗卫生人员、个体开业医生为突发公共卫生事件的责任报告人。

（二）应当及时报告的突发公共卫生事件

依据《突发公共卫生事件应急条例》第十九条第三款的规定，向卫生行政主管部门报告的突发公共卫生事件包括：

（1）发生或者可能发生传染病暴发、流行的。

（2）发生或者发现不明原因的群体性疾病的。

（3）发生传染病菌种、毒种丢失的。

（4）发生或者可能发生重大食物和职业中毒事件的。

（三）报告时间要求

突发公共卫生事件报告单位应当及时报告。“及时”要求不得“迟报”突发公共卫生事件。

依据《突发公共卫生事件应急条例》第二十条，突发公共卫生事件监测机构、医疗卫生机构和有关单位发现应当及时报告的突发公共卫生事件的，应当在 2 h 内向所在地县级人民政府卫生行政主管部门报告；接到报告的卫生行政主管部门应当在 2 h 内向本级人民政府报告，并同时向上级人民政府卫生行政主管部门和国务院卫生行政主管部门报告。

县级人民政府应当在接到报告后 2 h 内向设区的市级人民政府或者上一级人民政府报告；设区的市级人民政府应当在接到报告后 2 h 内向省、自治区、直辖市人民政府报告。

省、自治区、直辖市人民政府应当在接到报告 1 h 内，向国务院卫生行政主管部门报告。国务院卫生行政主管部门对可能造成重大社会影响的突发公共卫生事件，应当立即向国务院报告。

（四）报告内容要求

突发公共卫生事件责任报告单位应当准确报告突发公共卫生事件及其处置情况。

（五）不得隐瞒、缓报、谎报突发公共卫生事件

任何单位和个人对突发公共卫生事件，不得隐瞒、缓报、谎报或者授意他人隐瞒、缓报、谎报。

二、接报后的处置

接到报告的地方人民政府、卫生行政主管部门按照《突发公共卫生事件应急条例》的规定报告的同时，应当立即组织力量对报告事项调查核实、确证，采取必要的控制措施，并及时报告调查情况。

三、突发公共卫生事件的通报

国务院卫生行政主管部门应当根据发生突发公共卫生事件的情况，及时向国务院有关部门和各省、自治区、直辖市人民政府卫生行政主管部门以及军队有关部门通报。突发公共卫生事件发生地的省、自治区、直辖市人民政府卫生行政主管部门，应当及时向毗邻省、自治区、直辖市人民政府卫生行政主管部门通报。

接到通报的省、自治区、直辖市人民政府卫生行政主管部门，必要时应当及时通知本行政区域内的医疗卫生机构。

县级以上地方人民政府有关部门，对已经发生或者发现可能引起突发公共卫生事件的情形，应当及时向同级人民政府卫生行政主管部门通报。

四、突发公共卫生事件的举报奖励制度

国家建立突发公共卫生事件举报制度，公布统一的报告、举报电话。任何单位和个人有权向人民政府及其有关部门报告突发公共卫生事件隐患，有权向上级人民政府及其有关部门举报地方人民政府及其有关部门不履行突发公共卫生事件应急处理职责，或者不按照规定履行职责的情况。接到报告、举报的有关人民政府及其有关部门，应当立即组织对突发公共卫生事件隐患、不履行或者不按照规定履行突发公共卫生事件应急处理职责的情况进行调查处理。对举报突发公共卫生事件有功的单位和个人，县级以上各级人民政府及其有关部门应当予以奖励。

五、突发公共卫生事件的信息发布

国家建立突发公共卫生事件的信息发布制度。国务院卫生行政主管部门负责向社会发

布突发公共卫生事件的信息。必要时，可以授权省、自治区、直辖市人民政府卫生行政主管部门向社会发布本行政区域内突发公共卫生事件的信息。信息发布应当及时、准确、全面。

第四节　突发公共卫生事件的应急处理

一、对报告的突发公共卫生事件进行综合评估

突发公共卫生事件发生后，卫生行政主管部门应当组织专家对突发公共卫生事件进行综合评估，初步判断突发公共卫生事件的类型，提出是否启动突发公共卫生事件应急预案的建议。

二、启动应急预案

在全国范围内或者跨省、自治区、直辖市范围内启动全国突发公共卫生事件应急预案，由国务院卫生行政主管部门报国务院批准后实施。省、自治区、直辖市启动突发公共卫生事件应急预案，由省、自治区、直辖市人民政府决定，并向国务院报告。

应急预案启动前，县级以上各级人民政府有关部门应当根据突发公共卫生事件的实际情况，做好应急处理准备，采取必要的应急措施。

应急预案启动后，突发公共卫生事件发生地的人民政府有关部门，应当根据预案规定的职责要求，服从突发公共卫生事件应急处理指挥部的统一指挥，立即到达规定岗位，采取有关的控制措施。

医疗卫生机构、监测机构和科学研究机构，应当服从突发公共卫生事件应急处理指挥部的统一指挥，相互配合、协作，集中力量开展相关的科学研究工作。

三、突发公共卫生事件的应急处理督察和指导

全国突发公共卫生事件应急处理指挥部对突发公共卫生事件应急处理工作进行督察和指导，地方各级人民政府及其有关部门应当予以配合。省、自治区、直辖市突发公共卫生事件应急处理指挥部对本行政区域内突发公共卫生事件应急处理工作进行督察和指导。

四、专业技术机构的职责

省级以上人民政府卫生行政主管部门或者其他有关部门指定的突发公共卫生事件应急处理专业技术机构，负责突发公共卫生事件的技术调查、确证、处置、控制和评价工作。

五、宣布为法定传染病

依据《传染病防治法》第三条，传染病分为甲类、乙类和丙类。甲类传染病指：鼠

疫、霍乱。乙类传染病指：传染性非典型肺炎、艾滋病、病毒性肝炎、脊髓灰质炎、人感染高致病性禽流感、麻疹、流行性出血热、狂犬病、流行性乙型脑炎、登革热、炭疽、细菌性和阿米巴性痢疾、肺结核、伤寒和副伤寒、流行性脑脊髓膜炎、百日咳、白喉、新生儿破伤风、猩红热、布鲁氏菌病、淋病、梅毒、钩端螺旋体病、血吸虫病、疟疾。丙类传染病指：流行性感冒、流行性腮腺炎、风疹、急性出血性结膜炎、麻风病、流行性和地方性斑疹伤寒、黑热病、包虫病、丝虫病，除霍乱、细菌性和阿米巴性痢疾、伤寒和副伤寒以外的感染性腹泻病。国务院卫生行政主管部门对新发现的突发传染病，根据危害程度、流行强度，依照《传染病防治法》的规定及时宣布为乙类或丙类法定传染病；新发现的突发传染病宣布为甲类传染病的，由国务院决定。一旦宣布为法定传染病的，按照《传染病防治法》规定的处理措施进行处理。例如，根据该法第四十三条，甲类、乙类传染病暴发、流行时，县级以上地方人民政府报经上一级人民政府决定，可以宣布本行政区域部分或者全部为疫区；国务院可以决定并宣布跨省、自治区、直辖市的疫区。县级以上地方人民政府可以在疫区内采取该法第四十二条规定的紧急措施，并可以对出入疫区的人员、物资和交通工具实施卫生检疫。省、自治区、直辖市人民政府可以决定对本行政区域内的甲类传染病疫区实施封锁；但是，封锁大、中城市的疫区或者封锁跨省、自治区、直辖市的疫区，以及封锁疫区导致中断干线交通或者封锁国境的，由国务院决定。疫区封锁的解除，由原决定机关决定并宣布。

六、突发公共卫生事件发生后的物资保障

突发公共卫生事件发生后，国务院有关部门和县级以上地方人民政府及其有关部门，应当保证突发公共卫生事件应急处理所需的医疗救护设备、救治药品、医疗器械等物资的生产、供应；铁路、交通、民用航空行政主管部门应当保证及时运送。

县级以上各级人民政府应当提供必要资金，保障因突发公共卫生事件致病、致残人员得到及时、有效的救治。具体办法由国务院财政部门、卫生行政主管部门和劳动保障行政主管部门制定。

七、应急处理措施

（1）根据突发公共卫生事件应急处理的需要，突发公共卫生事件应急处理指挥部有权紧急调集人员、储备的物资、交通工具以及相关设施、设备；必要时，对人员进行疏散或者隔离，并可以依法对传染病疫区实行封锁。

（2）突发公共卫生事件应急处理指挥部根据突发公共卫生事件应急处理的需要，可以对食物和水源采取控制措施。县级以上地方人民政府卫生行政主管部门应当对突发公共卫生事件现场等采取控制措施，宣传突发公共卫生事件防治知识，及时对易受感染的人群和其他易受损害的人群采取应急接种、预防性投药、群体防护等措施。

（3）参加突发公共卫生事件应急处理的工作人员，应当按照预案的规定，采取卫生防

护措施，并在专业人员的指导下进行工作。

（4）国务院卫生行政主管部门或者其他有关部门指定的专业技术机构，有权进入突发公共卫生事件现场进行调查、采样、技术分析和检验，对地方突发公共卫生事件的应急处理工作进行技术指导，有关单位和个人应当予以配合；任何单位和个人不得以任何理由予以拒绝。

（5）对新发现的突发传染病、不明原因的群体性疾病、重大食物和职业中毒事件，国务院卫生行政主管部门应当尽快组织力量制定相关的技术标准、规范和控制措施。

（6）交通工具上发现根据国务院卫生行政主管部门的规定需要采取应急控制措施的传染病病人、疑似传染病病人，其负责人应当以最快的方式通知前方停靠点，并向交通工具的营运单位报告。交通工具的前方停靠点和营运单位应当立即向交通工具营运单位行政主管部门和县级以上地方人民政府卫生行政主管部门报告。卫生行政主管部门接到报告后，应当立即组织有关人员采取相应的医学处置措施。交通工具上的传染病病人密切接触者，由交通工具停靠点的县级以上各级人民政府卫生行政主管部门或者铁路、交通、民用航空行政主管部门，根据各自的职责，依照传染病防治法律、行政法规的规定，采取控制措施。

涉及国境口岸和入出境的人员、交通工具、货物、集装箱、行李、邮包等需要采取传染病应急控制措施的，依照国境卫生检疫法律、行政法规的规定办理。

（7）医疗卫生机构应当对因突发公共卫生事件致病的人员提供医疗救护和现场救援，对就诊病人必须接诊治疗，并书写详细、完整的病历记录；对需要转送的病人，应当按照规定将病人及其病历记录的复印件转送至接诊的或者指定的医疗机构。医疗卫生机构内应当采取卫生防护措施，防止交叉感染和污染。医疗卫生机构应当对传染病病人密切接触者采取医学观察措施，传染病病人密切接触者应当予以配合。医疗机构收治传染病病人、疑似传染病病人，应当依法报告所在地的疾病预防控制机构。接到报告的疾病预防控制机构应当立即对可能受到危害的人员进行调查，根据需要采取必要的控制措施。

（8）传染病暴发、流行时，街道、乡镇以及居民委员会、村民委员会应当组织力量，团结协作，群防群治，协助卫生行政主管部门和其他有关部门、医疗卫生机构做好疫情信息的收集和报告、人员的分散隔离、公共卫生措施的落实工作，向居民、村民宣传传染病防治的相关知识。

（9）对传染病暴发、流行区域内流动人口，突发公共卫生事件发生地的县级以上地方人民政府应当做好预防工作，落实有关卫生控制措施；对传染病病人和疑似传染病病人，应当采取就地隔离、就地观察、就地治疗的措施。对需要治疗和转诊的，应当依照《突发公共卫生事件应急条例》第三十九条第一款的规定，将病人及其病历记录的复印件转送至接诊的或者指定的医疗机构。

（10）有关部门、医疗卫生机构应当对传染病做到早发现、早报告、早隔离、早治疗，切断传播途径，防止扩散。

（11）在突发公共卫生事件中需要接受隔离治疗、医学观察措施的病人、疑似病人和传染病病人密切接触者在卫生行政主管部门或者有关机构采取医学措施时应当予以配合；拒绝配合的，由公安机关依法协助强制执行。

第五节　突发公共卫生事件法律责任

违反突发公共卫生事件应急法律义务的，应该承担相应的法律责任。这些法律责任散见于《突发事件应对法》《传染病防治法》《刑法》《突发公共卫生事件应急条例》等法律法规之中。例如，《刑法》规定了妨害传染病防治罪，依据该法第三百三十条，违反传染病防治法的规定，有下列情形之一，引起甲类传染病以及依法确定采取甲类传染病预防、控制措施的传染病传播或者有传播严重危险的，处三年以下有期徒刑或者拘役；后果特别严重的，处三年以上七年以下有期徒刑：①供水单位供应的饮用水不符合国家规定的卫生标准的；②拒绝按照疾病预防控制机构提出的卫生要求，对传染病病原体污染的污水、污物、场所和物品进行消毒处理的；③准许或者纵容传染病病人、病原携带者和疑似传染病病人从事国务院卫生行政主管部门规定禁止从事的易使该传染病扩散的工作的；④出售、运输疫区中被传染病病原体污染或者可能被传染病病原体污染的物品，未进行消毒处理的；⑤拒绝执行县级以上人民政府、疾病预防控制机构依照传染病防治法提出的预防、控制措施的。单位犯前款罪的，对单位判处罚金，并对其直接负责的主管人员和其他直接责任人员，依照前款的规定处罚。甲类传染病的范围，依照《传染病防治法》和国务院有关规定确定。本节主要介绍《突发公共卫生事件应急条例》中规定的违反突发公共卫生事件应急工作的法律责任。

一、县级以上地方人民政府和有关部门的法律责任

（一）隐瞒、缓报、谎报或者授意他人隐瞒、缓报、谎报的法律责任

县级以上地方人民政府及其卫生行政主管部门未依照《突发公共卫生事件应急条例》的规定履行报告职责，对突发公共卫生事件隐瞒、缓报、谎报或者授意他人隐瞒、缓报、谎报的，对政府主要领导人及其卫生行政主管部门主要负责人，依法给予降级或者撤职的处分；造成传染病传播、流行或者对社会公众健康造成其他严重危害后果的，依法给予开除的处分；构成犯罪的，依法追究刑事责任。

（二）完成突发公共卫生事件应急处理所需要的设施、设备、药品和医疗器械等物资的生产、供应、运输和储备的法律责任

依据《突发公共卫生事件应急条例》第四十六条，国务院有关部门、县级以上地方人民政府及其有关部门未依照本条例的规定，完成突发公共卫生事件应急处理所需要的设施、设备、药品和医疗器械等物资的生产、供应、运输和储备的，对政府主要领导人和政府部门主要负责人依法给予降级或者撤职的处分；造成传染病传播、流行或者对社会公众

健康造成其他严重危害后果的，依法给予开除的处分；构成犯罪的，依法追究刑事责任。

（三）不配合调查的法律责任

突发公共卫生事件发生后，县级以上地方人民政府及其有关部门对上级人民政府有关部门的调查不予配合，或者采取其他方式阻碍、干涉调查的，对政府主要领导人和政府部门主要负责人依法给予降级或者撤职的处分；构成犯罪的，依法追究刑事责任。

（四）突发公共卫生事件调查、控制、医疗救治工作中玩忽职守、失职、渎职的法律责任

县级以上各级人民政府卫生行政主管部门和其他有关部门在突发公共卫生事件调查、控制、医疗救治工作中玩忽职守、失职、渎职的，由本级人民政府或者上级人民政府有关部门责令改正、通报批评、给予警告；对主要负责人、负有责任的主管人员和其他责任人员依法给予降级、撤职的处分；造成传染病传播、流行或者对社会公众健康造成其他严重危害后果的，依法给予开除的处分；构成犯罪的，依法追究刑事责任。

（五）拒不履行应急处理职责的法律责任

县级以上各级人民政府有关部门拒不履行应急处理职责的，由同级人民政府或者上级人民政府有关部门责令改正、通报批评、给予警告；对主要负责人、负有责任的主管人员和其他责任人员依法给予降级、撤职的处分；造成传染病传播、流行或者对社会公众健康造成其他严重危害后果的，依法给予开除的处分；构成犯罪的，依法追究刑事责任。

二、医疗卫生机构的法律责任

医疗卫生机构有下列行为之一的，由卫生行政主管部门责令改正、通报批评、给予警告；情节严重的，吊销《医疗机构执业许可证》；对主要负责人、负有责任的主管人员和其他直接责任人员依法给予降级或者撤职的纪律处分；造成传染病传播、流行或者对社会公众健康造成其他严重危害后果，构成犯罪的，依法追究刑事责任：

（1）未依照《突发公共卫生事件应急条例》的规定履行报告职责，隐瞒、缓报或者谎报的。

（2）未依照《突发公共卫生事件应急条例》的规定及时采取控制措施的。

（3）未依照《突发公共卫生事件应急条例》的规定履行突发公共卫生事件监测职责的。

（4）拒绝接诊病人的。

（5）拒不服从突发公共卫生事件应急处理指挥部调度的。

三、有关单位和个人的法律责任

在突发公共卫生事件应急处理工作中，有关单位和个人未依照《突发公共卫生事件应急条例》的规定履行报告职责，隐瞒、缓报或者谎报，阻碍突发公共卫生事件应急处理工作人员执行职务，拒绝国务院卫生行政主管部门或者其他有关部门指定的专业技术机构进入突发公共卫生事件现场，或者不配合调查、采样、技术分析和检验的，对有关责任人员依法给予处分；触犯《中华人民共和国治安管理处罚法》，构成违反治安管理行为的，由公安机关依法予以处罚；构成犯罪的，依法追究刑事责任。

四、扰乱社会秩序、市场秩序的法律责任

在突发公共卫生事件发生期间，散布谣言、哄抬物价、欺骗消费者，扰乱社会秩序、市场秩序的，由公安机关或者工商行政管理部门依法给予行政处罚；构成犯罪的，依法追究刑事责任。

【本章重点】

1. 突发公共卫生事件，是指突然发生，造成或者可能造成社会公众健康严重损害的重大传染病疫情、群体性不明原因疾病、重大食物和职业中毒以及其他严重影响公众健康的事件。突发公共卫生事件具有突发性、多样性、广泛性和综合性等特点。

2. 根据突发公共卫生事件性质、危害程度、涉及范围，突发公共卫生事件划分为特别重大（Ⅰ级）、重大（Ⅱ级）、较大（Ⅲ级）和一般（Ⅳ级）四级。

3. 突发公共卫生事件应急工作的方针是预防为主、常备不懈。突发公共卫生事件应急工作的原则是统一领导、分级负责、反应及时、措施果断、依靠科学、加强合作。

4. 突发公共卫生事件应急预案分为国家突发公共卫生事件应急预案、地方突发公共卫生事件应急预案和有关部门的工作预案。

5. 国家突发公共卫生事件应急组织体系主要包括应急指挥机构、日常管理机构、专家咨询委员会和应急处理专业技术机构。

6. 各级人民政府卫生行政主管部门按照“平战结合、因地制宜，分类管理、分级负责，统一管理、协调运转”的原则建立突发公共卫生事件应急救治队伍，并加强管理和培训。

7. 突发公共卫生事件的技术保障体现为信息系统、疾病预防控制体系、应急医疗救治体系、卫生执法监督体系“一系统三体系”建设。国家建立突发公共卫生事件监测预警制度。县级以上地方人民政府应当建立和完善突发公共卫生事件监测与预警系统。

8. 国家建立突发公共卫生事件应急报告制度。突发公共卫生事件责任报告单位报告应当准确报告突发公共卫生事件及其处置情况。任何单位和个人对突发公共卫生事件，不得隐瞒、缓报、谎报或者授意他人隐瞒、缓报、谎报。

9. 突发公共卫生事件发生后，卫生行政主管部门应当组织专家对突发公共卫生事件进行综合评估，初步判断突发公共卫生事件的类型，提出是否启动突发公共卫生事件应急预案的建议。

10. 违反突发公共卫生事件应急法律义务的，应该承担相应的法律责任。

【课后习题】

1. 什么是突发公共卫生事件，其具有哪些特征?
2. 简述突发公共卫生事件的分级。
3. 突发公共卫生事件应急的方针和基本原则是什么?
4. 简述我国突发公共卫生事件应急组织体系。
5. 简述我国突发公共卫生事件报告的基本流程。
6. 简述我国突发公共卫生事件应急程序。

图书在版编目（CIP）数据

应急法治概论／范中启总主编；李遐桢主编．-- 北京：应急管理出版社，2023

高等教育应急管理系列教材

ISBN 978-7-5020-9879-7

Ⅰ．①应… Ⅱ．①范… ②李… Ⅲ．①突发事件—处理—行政法—中国—高等学校—教材 Ⅳ．①D922.14

中国国家版本馆 CIP 数据核字（2023）第 037820 号

应急法治概论（高等教育应急管理系列教材）

总 主 编 范中启
主　　编 李遐桢
责任编辑 郭玉娟
责任校对 张艳蕾
封面设计 罗针盘

出版发行 应急管理出版社（北京市朝阳区芍药居 35 号 100029）
电　　话 010-84657898（总编室） 010-84657880（读者服务部）
网　　址 www.cciph.com.cn
印　　刷 北京地大彩印有限公司
经　　销 全国新华书店

开　　本 787mm×1092mm $^{1}/_{16}$ **印张** 13$^{1}/_{4}$ **字数** 282 千字
版　　次 2023 年 4 月第 1 版 2023 年 4 月第 1 次印刷
社内编号 20221317 **定价** 48.00 元
